孙杰 著

大学知行录

甘肃省高等教育发展现状与对策研究

GANSUSHENG GAODENGJIAOYU FAZHANXIANZHUANGYUDUICE YANJIU

甘肃教育出版社

图书在版编目(CIP)数据

大学知行录：甘肃省高等教育发展现状与对策研究
孙杰著. —兰州：甘肃教育出版社，2011.10
ISBN 978-7-5423-2013-1

Ⅰ.①大... Ⅱ.①孙... Ⅲ.①高等教育—发展—研究
—甘肃省 Ⅳ.①G649.21

中国版本图书馆 CIP 数据核字(2011)第202022号

责任编辑:杨万玉 王文琴
书籍设计:徐晋林

大学知行录
——甘肃省高等教育发展现状与对策研究
孙杰 著
甘肃教育出版社出版发行
(730030 兰州市读者大道568号)
0931-8773255
兰州人民印刷厂印刷
开本 787 毫米×1092 毫米 1/16 印张 21 插页 2 字数 292 千
2011 年 11 月第 1 版 2011 年 11 月第 1 次印刷
印数:1~1 000
ISBN 978-7-5423-2013-1 定价:36.00 元

序

教育是国家发展、民族振兴、社会进步的基石。高等教育作为科技第一生产力和人才第一资源的重要结合点,承担着培养人才、发展科技、服务社会、传承创新文化的重要任务,在国家教育事业发展中处于龙头地位,在我国全面建设小康社会、加快社会主义现代化建设、实现中华民族伟大复兴的历史进程中具有十分重要的作用。

改革开放以来,特别是实施西部大开发战略以来,在国家的大力支持和甘肃省委、省政府的正确领导下,在全省各部门及社会各界的热情支持下,我省高等教育发展取得了辉煌成就, 成为科教兴省、人才强省的重要生力军,初步形成了中国特色社会主义的高等教育体系,为我省经济社会发展提供了强有力的智力支撑与人才保证。到 2011 年全省各类高等教育在校生总规模已达 60 万人, 高校招生录取率达到 68%, 高等教育毛入学率达到 22%,使我省高等教育进入了大众化发展阶段,实现了从“精英教育”到“大众教育”的伟大跨越,有效解决了广大人民群众“上大学难”的历史性难题。

与此同时,通过多年的体制改革与布局结构调整,我省高等教育形成了以兰州高等教育区、陇东天水高等教育区和河西高等教育区为主体的布局结构,形成了中央、省、市州(行业、企业)分级办学、统筹管理的办学体制,形成了包括农林、理工、财经、医学、政法、师范、综合等门类较为齐全的高等院校体系。在规模扩张和结构优化的基础上，我省高等教育质量也得到了可靠保证。从国家实施的质量工程建设成果来看，截至2011年9月，我省已产生国家级精品课程23门，国家级优秀教学成果34项，国家级教学名师7名，国家级特色专业57个，国家级实验教学示范中心9个，国家级教学团队13个；从国家实施的本科教学水平评估结果来看，兰州大学、西北民族大学、西北师范大学、兰州理工大学、兰州交通大学、甘肃农业大学等6所高校都获得了优秀，受到了政府和社会各界的广泛赞誉。

当今世界正处在大发展、大变革、大调整时期。世界多极化、经济全球化深入发展，综合国力竞争和各种力量较量更趋激烈，激烈的世界竞争越来越集中体现在高技术和创新人才拥有的数量和质量的竞争上，这归根结底取决于高等教育的发展程度和发展质量。从国内来看，当前和今后一个时期是全面建设小康社会的关键时期，是深化改革开放、加快转变经济发展方式的攻坚时期。综合判断国际国内形势，我省高等教育发展仍处于可以大有作为的重要战略机遇期，既面临难得的历史机遇，也面对诸多可以预见和难以预见的风险挑战。我们既要充分认识我省高等教育发展取得的伟大成就，也要清醒地看到，由于甘肃所处的地理环境和特殊区位，高等教育历史欠账很大，从总体上看，我省高等教育还不能完全适应地方经济社会发展的新需求和人民群众接受良好教育的新期盼，同国内外先进水平相比还有明显差距。

深化改革、提高质量已经成为新时期高等教育发展的核心任务。最近，胡锦涛总书记先后在庆祝清华大学建校100周年大会上和庆祝中国共产党成立90周年大会上发表重要讲话，深刻阐述了“全面提高高等教育质量”这一时代命题，指明了我国高等教育事业科学发展的正确方向。《国家中长期教育改革和发展规划纲要》也提出我国要到2020年基本实现教育现代化，基本形成学习型社会，进入人力资源强国行列。这就要求在新时期我省高等教育必须以中国特色社会主义理论体系为指导，面向世界，面向未来，面向现代化，加快实现从以规模扩张为基本特征的外延式发展向以质量提高为基本特征的内涵式发展转变，必须把各项工作的重心、各方面的力量都集中到全面提高高等教育质量这一最核心、最紧迫的历史使命上来。

作为一名甘肃省高等教育从精英教育阶段向大众化教育阶段过渡的见证者、实践者、组织者和探索者，在过去的工作中，在各级领导的亲切关怀、热情指导以及高校的广大同仁、专家学者的全力支持和帮助下，我在虚心学习别人的成功经验、认真总结我省高等教育发展经验的基础上，对甘肃省高等教育的历史、现状和未来进行了一些粗浅的研究和思考，现绘制于文，希望能够对甘肃省高等教育战线的同仁们起到一些借鉴作用，同时也希望通过此举能够对建设具有中国特色的现代高等教育体系略尽绵薄之力。

是为序。

目 录

目 录

"十二五"期间甘肃省高等教育改革与发展的若干思考

高等教育肩负着培养高级专门人才、发展科学技术文化、促进现代化建设的重要使命，对于提升全民文化素质，提升综合实力和核心竞争力具有极其重要的战略作用。"十二五"时期是甘肃省经济社会实现跨越式发展的关键时期，也是甘肃省高等教育深化改革、扩大开放、加快发展的重要战略机遇期。国内外形势新的变化和甘肃省经济社会新的发展，对高等教育人才培养也提出了新的任务和要求，高等教育人才培养面临着新的发展环境和新的挑战。为了进一步促进甘肃省高等教育更好地适应西部大开发新的要求，更好地为甘肃省经济社会发展服务，必须以科学发展观为指针，以提高人才培养的社会适应性和高等教育质量为核心，认真思考和规划下一步甘肃省高等教育的改革与发展。

一、甘肃省高等教育取得的阶段性成绩

近年来，在教育部、省委省政府的正确领导和大力支持下，我省高等教育发展取得了巨大的成就，进入了大众化教育阶段，实现了历史性跨越，为我省经济社会发展提供了强有力的智力支撑与人才保障。

（一）办学规模明显扩大

到2010年，全省共有普通高等院校35所（其中本科院校14所，专科院

校21所)，独立学院5所，成人高等学校8所，研究生培养机构17个，民办非学历高等教育机构31个。与2005年相比，新增普通本科院校2所、博士生培养单位1个、民办非学历高等教育机构2个，高等教育的发展重点正向优化结构与提高质量转变。2010年，全省高校共招生170797人，比2005年的116401人增加了54396人，年均增长7.97%；高等教育总规模为563629人，比2005年的407815人增加了155814人，年均增长6.69%；高等教育毛入学率22%，比2005年提高了7个百分点，缩小了与全国的差距。

表1　“十一五”期间甘肃省高等教育发展情况

年　份	2005年	2006年	2007年	2008年	2009年	2010年
在学人数(人)	407815	438154	454942	501300	534030	563629
招生数(人)	164014	135081	147865	163270	163506	170797
毕业生数(人)	196464	167942	197652	212791	281995	343538
毛入学率(%)	15	16.5	18	20	21	22
全国的毛入学率(%)	21	22	23	23.3	24.2	25

(二)教育质量稳步提高

“十一五”期间，全省各高校认真贯彻落实党的教育方针和教育部有关精神，坚持社会主义办学方向，坚持育人为本、德育为先，切实把工作重点转移到了提高教学质量上。通过开展高等教育教学成果、教学名师、精品课程、教学团队、实验教学示范中心等质量工程建设项目，不断深化教学改革，努力提高人才培养质量。截至2010年，专业设置涵盖了除军事学以外的11个学科门类；共有国家级重点学科9个，国家重点培育学科4个，省级重点学科90个。在教育部组织的本科教学质量评估中，兰州大学、西北民族大学、西北师范大学、兰州理工大学、兰州交通大学、甘肃农业大学都获得了优秀。

表2　甘肃省高等学校质量工程项目数

项目名称	数　量
国家“长江学者”特聘教授	10人
国家“百千万人才工程”学术技术带头人	19人

（续表）

项目名称	数量
教育部“长江学者和创新团队”	5个
教育部新世纪优秀人才	83人
国家级教学名师	6人
国家级精品课程	23门
国家级实验示范中心	9个
国家级本科特色专业	57个
国家级教学团队	13个
国家级人才培养模式创新实验区	4个
国家级双语教学示范课程	4门
国家级大学生创新性试验计划项目	2个
国家大学科技园	3个
国家重点实验室	1个
国家工程技术研究中心	1个
国家级人文社会科学研究基地	3个
教育部重点实验室	9个
教育部工程研究中心	4个
省级工程研究中心	15个
省级重点实验室	18个

（三）布局结构和专业设置渐趋合理

通过体制改革与布局结构调整，我省高等教育形成了以兰州高等教育区、陇东天水高等教育区和河西高等教育区为主体的布局结构，形成了中央、省、市州（行业、企业）分级办学、统筹管理的办学体制，形成了包括农林、医学、师范、综合、理工、财经、政法等门类较为齐全的院校体系。民办高等教育稳步发展，现有民办高校6所（其中独立学院5所），在校生3.93万人，占全省普通高等教育在校生总数的11.84%，成为高等教育的重要组成部分。专业调整取得新进展，各高校主动适应全省产业结构调整与优化升级需要，扩大了冶金、化工、机械制造、现代服务业和高新技术等紧缺人才和新兴产业人才的培养规模，压缩了一些就业率低、需求不旺的学科专业的招生规模。近五年来，我省本科院校因专业结构调整和布局调整的需要，对专业优势不够明显、行业人才过剩、毕业生就业渠道不畅的59个专业点先后停止招生,117 个专业点减少招生,招生总数减少 6087 人。五年来新增招生专业点 113 个,扩大招生专业点 165 个,招生总数增加 21738 人。五年来控制招生专业点 39 个,改造传统专业点 82 个。

(四)师资队伍整体水平明显提高

2010 年全省高校有专任教师 25683 人,比 2005 年增加了 9556 人,年均增长 9.75%。其中,研究生导师人数由 2005 年的 2495 人增加到 2010 年的 4080 人。专任教师中具有高级职称的比例达到 36.36%,具有研究生学历的教师占教师队伍总数的 47.74%。师资队伍中涌现出了一批学术带头人,在全省领军人才中,高校的比例达到了 36.67%。

表 3　　甘肃省高等教育师资队伍一览表　　(单位:人)

年　份	2005 年	2006 年	2007 年	2008 年	2009 年	2010 年
教职工数	28095	30371	31450	32665	33546	34288
专任教师数	16127	17471	18622	23124	24574	25683
硕士生导师数	2018	2072	2537	2644	2941	3178
博士生导师数	477	592	640	714	795	902

(五)科技创新和社会服务能力显著增强

全省高校共有国家级重点学科 9 个,博士后工作站、流动站 24 个,博士授予单位 6 个,博士学位授权点 121 个,硕士学位授权点 519 个。兰州大学和部分省属高校的重点学科达到了国内一流水平。"十五"以来,全省高校年均从事科研活动人员 13929 人,其中科技活动人员 8228 人,人文社会科学研究人员 5701 人。承担各类研究项目 36043 项,其中科技研究项目 22778 项,人文社科研究项目 13265 项;出版著作 4753 部,发表学术论文 95950 篇,获得科研成果奖励 1166 项,申请专利 1393 项,鉴定成果 1206 项,建成大学科技园 3 个。作为我省科技创新的主要源头和科技成果转化的重要载体,高校在科学研究、科技创新、高新技术成果转化和产业化等方面都作出了突出贡献,成为全省科技创新体系建设和产学研合作中的生力军。

（六）管理体制改革取得突破

在兰州医学院并入兰州大学、全面提升兰州大学综合水平的基础上，为充分发挥省属大学的优势和重要支撑作用，2009 年甘肃省人民政府与教育部共建西北师范大学。目前，又正在积极推进农业部与甘肃省共建甘肃农业大学的工作，为不断增强甘肃高校的整体综合实力和社会服务能力搭建了新的平台。同时，高校办学层次有所提升，2006 年，兰州师范高等专科学校升格为本科院校并更名为兰州城市学院，2009 年合作师范高等专科学校升格为本科院校并改名为甘肃民族师范学院，一些中专学校升格为高职院校，为我省更多的考生有机会进入高等院校学习创造了条件。

总结回顾“十一五”以来我省高等教育事业发展改革的历程，有一些宝贵的经验和体会确实值得我们发扬光大：

第一，坚持认真贯彻落实中央、省委省政府的整体部署，正确理解和把握国家的各项政策，是推进我省高等教育发展与改革的根本保证；

第二，坚持以“加强科学管理、合理设置专业、突出办学特色、提高培养质量、促进教育公平”为目标，是推进我省高等教育发展与改革的基本前提；

第三，坚持为教育事业做好服务，积极主动解决发展与改革中的突出矛盾，是推动我省高等教育发展与改革的主要途径；

第四，坚持依靠全省各级教育部门和各级各类学校的力量，使大家的积极性、创造性得到最大的发挥，是推进我省高等教育发展与改革的重要基础；

第五，坚持建立健全有效的组织协调机制，主动争取省上有关部门的大力支持和帮助，是推进我省高等教育发展与改革的有力保障；

第六，坚持以高度的责任感、强烈的进取心积极主动寻求新的发展途径，千方百计克服发展中的困难，是推进我省高等教育发展与改革的关键因素；

第七，坚持自觉检查和反思我们教育部门自身存在的不足和差距，进一步转变思想观念，不断改进工作作风，提高服务质量，增强工作的主动性、开拓性，是推进我省高等教育发展与改革的必备条件。

这些深刻的体会和成功经验，既是我们高等教育战线的广大同仁在理论与实践的结合中得出的科学总结，也是我们全省高等学校为推动高等教育事业的发展付出辛勤劳动、做出无私奉献的历史记录。

二、我省高等教育当前存在的主要困难和问题

虽然我省的高等教育获得了快速的发展，也取得了可喜的成绩，但是，由于甘肃所处的地理环境和特殊区位，经济发展水平相对落后，与全国平均水平相比，高等教育仍然存在着较大的差距和较多的问题。主要表现在以下几个方面。

（一）高校基本办学条件还不能满足学生规模增长的实际需要

高校扩招以来，虽然我省各高校都为加强基础建设、改善办学条件做出了极大的努力，但招生规模和在校人数的激增与办学条件改善速度较慢之间的矛盾十分突出，造成高校校舍、图书资料、运动场地、实验仪器设备等基本办学资源严重不足，一些基本办学条件，如教室、图书馆、实验室等未能达到国家规定的基本办学标准。2009 年，我省普通高校生均校舍建筑面积 24.24 平方米，而同年全国生均为 28.5 平方米。2009 年我省生均教学行政用房 11.4 平方米，生均图书 54.42 册，生均教学仪器设备 5255 元，均低于全国平均水平。

表 4　　2009 年甘肃省普通高等学校办学条件一览表

项　目	生均校舍建筑面积（平方米）	生均教学行政用房（平方米）	生均图书册数（册）	生均教学仪器设备值（元）
甘肃省	24.24	11.41	54.42	5255
全国平均	28.5	14	70.44	8124
与全国差距	2.42	1.69	12.78	2869

（二）高水平师资力量明显匮乏，领军拔尖人才培养能力比较薄弱

师资队伍在数量和质量方面都不能很好地适应高等教育发展的要求，与全国相比仍然存在很大的差距。突出表现在高级职称教师比例明显不足，生师比偏高。一方面，由于经费短缺和科研设备陈旧，高素质师资和拔尖创新人才培养能力薄弱，师资队伍整体实力不强，这直接影响着人才培养质量和科学研究水平。另一方面，由于甘肃地处西部，经济水平落后、自然环境恶劣、发展环境欠佳与事业平台不宽等多种原因导致高层次人才流失现象非常严重。这些都导致高水平学科带头人偏少，创新团队建设滞后，尤其是中青年领军拔尖人才相对匮乏。到目前为止，省属院校没有国家长江学者、特聘教授，没有人事关系在省属高等学校的两院院士；具有硕士以上学位的专任教师比例低于全国平均数近10个百分点。

（三）学科专业结构还需要进一步调整

部分高校在发展过程中"求大求全"，专业结构不尽合理，人才培养与产业发展脱节，学科结构体系与行业产业发展需求存在较大差距。工科、医学类人才培养能力不足，师范专业人才过剩；研究生教育中学术性研究生比例太大，专业性研究生比例太小；特别是一些涉及甘肃经济社会发展关键领域的学科，如新能源、石油化工、农产品加工、生态环境等的人才培养和科学研究与科技创新能力都不足；一些新兴战略性产业如动漫、生物制药、物联网等发展滞后，甚至近乎空白。

（四）高校的社会服务能力亟需进一步加强

一是高校服务地方经济社会发展的意识还不够强烈。仅仅满足于对现有专业的人才培养，不重视社会对人才的需求预测，人才培养与社会需求之间存在着较大的差距。二是高校科技创新与经济增长的结合存在障碍。产、学、研还没有形成有效的机制，科研成果与促进生产发展结合不够，往往是科研成果一旦结题就算了事，没有条件和机会投入生产，产生不了应有的经济效益和社会影响。三是社会服务的广度和深度不够。偏重于针对中心城市和大企业的发展服务项目，作为省属高校，在偏远地区特别是广大农村地

区开拓服务空间仍然显得不足，特别是农业院校、医学院校的毕业生仍然不能积极主动地去农村、山区就业，为广大农村服务，一些最基本的技术服务项目也不能直接到田间地头发挥作用。四是对甘肃省情和经济社会发展的研究不够。高等学校还没有真正起到“智囊团”和“参谋”作用。以上问题致使我省高等教育在经济社会发展中的作用没有得到充分发挥，大学在社会发展中的话语权较弱，对政府、企业和社会决策的影响力同样比较弱。

（五）投入不足制约了我省高校的持续健康发展

由于我省经济基础相对薄弱，财政困难，加上基础教育“两基”攻坚任务繁重，高等教育投入仍然严重不足。在地方财政不能满足高校快速发展的情况下，高校基本建设和办学条件的改善主要依靠学校领导千方百计寻求筹措资金的渠道，主要渠道是商业贷款。可以毫不夸张地说，这几年，为了加快学校发展，我们高校的党委书记、校院长最头疼、最辛苦的一项重要工作，就是把大量的时间和精力都花在找项目、跑资金上了，因此，每所高校基础设施的增强、办学条件的改善都凝聚着我们每位党委书记、校院长的艰辛劳动和辛勤汗水，尤其是发展比较快、变化比较大的高校更是如此。截至 2010 年 12 月，省属高校贷款总额已超过 70 亿元（不含日本协力银行贷款 46.6 亿日元），每年需要支付利息 5 亿多元；其中通过省级信用平台争取到的国家开发银行政策性贷款 31.39 亿元，其余为商业银行 3~5 年短期贷款。沉重的债务已成为制约我省高校持续健康发展的重要因素，给高校财务管理带来了很大风险。

表 5　2005-2008 年生均预算内教育经费一览表　（单位：万元）

年 份	甘肃省			全国平均	与全国差距
	中央属高校	地方属高校	所有高校		
2005 年	9636.22	4079.86	5123.42	5940.77	817.35
2006 年	11455.53	4815.97	6035.23	6395.38	360.15
2007 年	10428.37	5127.77	6090.94	6963.39	872.45
2008 年	12605.37	6029.69	7187.33	8241.58	1054.25

三、我省高等教育面临的新形势

(一)国家连续出台支持甘肃发展的政策和措施,为我省高等教育事业发展提供了良好机遇

全国教育工作会议和《国家中长期教育改革与发展规划纲要》要求实施中西部高等教育振兴计划,支持中西部高校发展。2012年国家财政性教育经费占GDP的比例将达到4%,国家强化政府在高等教育投入上的责任,"十二五"对高等教育的投入将大幅度提高,届时国家对我省高等教育的转移支付经费将会相应增加。国务院《关于进一步支持甘肃经济社会发展的若干意见》明确指出,支持我省高校改善办学条件,加强教师队伍特别是农村教师队伍建设,支持我省高校参与重大产业项目科技攻关等。教育部也专门出台了《支持甘肃教育事业发展的意见》,支持我省高校全面提升人才培养、科学研究和服务地方经济社会发展的能力,加之新一轮西部大开发各项政策的实施,都为甘肃高等教育发展与改革提供了良好的历史机遇。

(二)省委、省政府提出的跨越式发展战略,对我省高等教育提出了新的任务,新的要求

甘肃省《国民经济和社会发展第十二个五年规划》明确提出,"十二五"期间我省将实现跨越式发展,经济发展方式将发生重大转变,产业调整步伐将进一步加快。决定经过五年的奋斗,把我省打造成连接欧亚大陆桥的战略通道和沟通西南、西北的交通枢纽,西北乃至全国重要的生态安全屏障,全国重要的新能源基地、有色冶金新材料基地和特色农产品生产与加工基地,中华民族重要的文化资源宝库,促进各民族共同团结奋斗、共同繁荣发展的示范区。实施这一跨越式发展战略,必须依靠一大批高素质的劳动者。《甘肃省中长期人才发展规划(2010—2020年)》预测,到2020年,在我省经济迅速发展、产业结构不断调整过程中,对各类人才需求总量将大幅度增加。这些既对我省高等教育提出了人才培养和科技研发的新要求,也为我省高等教育的发展提供了广阔的空间和良好的机遇。

（三）我省高等教育进入大众化教育阶段，使高等教育发展的主题由原来的外延规模扩张转变为加强内涵建设、重在质量的提高，这就形成了各高校在人才培养、办学质量上更加激烈的竞争趋势

当前，我省高等教育已经进入了国际公认的大众化教育阶段。在这样一个新的历史阶段，我省高等教育呈现出鲜明的阶段性特征：一方面，高等教育规模的扩张在很大程度上缓解了需求与供给在量上的矛盾，使我省广大考生和家长强烈的升学愿望得到了较好的满足；另一方面，随着人民群众接受高等教育心理预期值的迅速变化，接受高质量高等教育的迫切需求与优质高等教育资源严重短缺之间的矛盾日益突出，已经成为当前我省高等教育发展的主要矛盾。也就是说，我们基本上解决了广大学子"上大学"的问题，但还没有能力很好地解决广大考生和家长要上"好大学"的问题。因此，"十二五"期间，我省的高等教育将和全国一样，必须把提高质量作为发展的核心任务，更加关注发展理念的战略性转变，更加关注培养模式创新和体制改革，更加关注培养具有创新精神和实践能力的高级应用型人才。这就要求我省的高等教育必须按照科学发展观所强调的人的全面发展的理论，将提高教育质量放在首位，必须在优化结构、突出办学特色和办学水平上下工夫，在为了满足人民群众不断增长的良好教育需求方面下工夫和发挥重要作用。

（四）我国经济社会发展已进入新的历史阶段，但由于区域间发展不平衡，高级专门人才的需求正在走向多样化

新中国成立以来特别是改革开放以来，经过不懈努力，到21世纪初，我国经济社会发展进入到新的阶段，即从建设小康社会进入到全面建设小康社会阶段。中央确定到2020年，我国要建成全面小康社会，进入创新型国家行列。21世纪前20年正在成为我国经济社会发展的重要战略机遇期。在中国经济快速发展的过程中，由于历史的积累，以及改革开放以来政策的倾斜和中西部地区自身条件的约束，我国东、中、西部地区经济社会发展存在不平衡的状况。当前，东部沿海地区已经进入到工业化后期，正在向资本市

场、知识经济、信息社会过渡，以高新科技为核心的第三产业，即信息和知识产业在社会经济中逐渐占据主导地位；而中西部还处于工业化的早期和中期，社会经济的主体仍然是以装备制造业为核心的工业生产活动，并以工业强省、资源能源强省作为社会发展的最主要战略。这种不平衡性必然造成各地区人才需求不一致，从而使区域间人才需求呈现出多样化的特点。这就要求高等教育必须按照科学发展观协调发展的理论，紧密结合区域经济发展需要，大力培养服务地方经济社会发展的各类高级专门人才，为开发本地区的优势资源、发展本地区的优势产业作出各自应有的贡献。

综上所述，虽然我省各所高校都在发展中面临着很多新的困难、新的矛盾，但从总体上来讲，当前，我省高等教育改革发展正处于可以大有作为的重要战略机遇期，各高校应紧紧抓住机遇，更加奋发有为，全面贯彻落实中央的一系列重大决策部署，深入研究并制定我省区域高等教育为地方经济社会发展服务的具体规划和措施，认真思考高等教育如何为区域发展培养“学得好，用得上，干得好，留得住”的人才；如何为区域发展出谋划策，提供智力支撑；如何把科研成果尽快转化为现实生产力，应用到生产中去等一系列重大问题，不仅能更好地促进全省经济社会跨越式发展，而且会使我们的每一所高校都能够在加快社会发展、促进社会文明进步的过程中真正有为、有位。

四、“十二五”期间我省高等教育改革发展的主要思路

根据《甘肃省国民经济和社会发展第十二个五年规划纲要》和《甘肃省中长期教育改革和发展规划纲要(2010—2020年)》，“十二五”期间，我省高等教育发展的指导思想是：以科学发展观为指导，贯彻党的十七大精神，围绕省委、省政府“科教兴省”和“人才强省”的总体要求，进一步解放思想，深化改革。围绕“中心带动、两翼齐飞、组团发展、整体推进”的区域发展战略，强化服务，重点突破。坚持内涵发展，以提升高等教育质量为核心，以体制机制改革为动力，以加大投入为保障，以增强服务经济社会发展能力为落脚

点，充分发挥高等学校人才培养、科技创新、社会服务和文化引领的作用，为全省经济社会跨越式发展提供强有力的智力支撑和人才保障。

我省高等教育的发展目标是：到“十二五”末，全省高校办学条件要得到明显改善，办学规模稳步扩大，高考录取率达到全国平均水平，高等教育毛入学率与全国平均水平的差距明显缩小；办学能力明显增强，教育教学质量、科研创新和服务社会能力明显提升。到2020年，高等教育毛入学率达到全国平均水平，办学条件显著改善，办学质量显著提高，建成一批有特色、在全国具有一定影响的高水平大学；高等教育真正成为经济社会发展和科研自主创新的主引擎，在全省科技创新体系中发挥主体作用，在科教兴省和人才强省战略中发挥引领作用。

第一，提高高等学校整体办学水平。按照我省在全国的战略定位和地域分工，根据我省跨越式发展的现实需要，从人才培养、科学研究和社会服务等各个方面全面提高我省高校在全国高等教育界的位置。重点建设1~2所在全国范围内有较大影响力的省属高水平大学；继续争取1~2所高校进入博士点授权单位；以重点学科建设为核心，建设150个省级重点学科、50个省级特色学科、20个省级重点实验室、100个省级特色实验室，使一批重点学科尽快达到国内领先水平，努力实现工作重心由重规模发展向更加注重质量提高的战略转移。

第二，优化人才培养结构。注重毕业生质量、特色、标准及学业成就，充分考虑我省经济社会发展和劳动力市场需求，增强学生的社会适应能力。优化高等教育层次结构和类别结构，进一步调整高校布局结构，促进规模、结构、质量、效益的协调发展。重点建设300个省级特色专业、100个省级重点专业、100个新兴战略性专业，改造传统专业100个，推动高校建立面向就业市场的专业设置和调整机制。

第三，稳步扩大高等教育规模。调整高等教育扩展规模和发展速度，规模扩展速度由“十一五”的年均增长6.7%放缓为“十二五”的2.2%。到2015年，高等教育毛入学率达到32%，在学总规模达到63万人，其中，普通本专科生达到45万人，普通高等学校在校研究生达到3.5万人。

第四，提升师资队伍的整体水平。大力推进高等学校实施人才强校战略，培养造就一支高素质、高水平的师资队伍。实施高等职业教育“双师型教师队伍建设计划”，普通高等学校“高层次优秀人才支持计划”、“创新团队建设计划”、“青年教师海外研修计划”。到2015年，本科院校专任教师中具有硕士以上学位的比例达到75%以上，专科学校达到50%以上，高职院校“双师型”教师比例达到45%以上。

第五，增强高校的科技创新能力。支持高校科技创新平台的建设，以学科交叉和技术集成为突破口，积极争取政府及相关部门的支持，推动我省高等学校、科研院所、科技中介机构、企业之间的科技资源共享与合作。重点建设10个校企共建工程研发中心，争取重点推进科技成果转化50项。

第六，大力推进体制和机制创新。要依据《高等教育法》，切实落实高等学校办学自主权，促进高等学校完善大学内部治理结构，建立面向社会自主办学、自我发展和自我约束的机制。推进高考制度改革，注重对学生的全面考核，进一步建立以统一考试为主、多元化考试和多样化选拔录取相结合，学校自我约束、政府宏观指导、社会有效监督的高等学校招生制度。要争取政府及相关部门的大力支持，真正健全毕业生就业工作的领导体制、运行机制、政策体系和服务体系。进一步深化高校办学体制改革，积极促进公办高等教育与民办高等教育协调发展。

表6　　甘肃省“十二五”高等教育发展规模指标

年　份	2010年	2013年	2015年
在学总规模（万人）	56.4	60	63
普通本专科（万人）	38.2	42	45
毛入学率（%）	22	26.5	32

按照这一指导思想和发展目标，“十二五”期间，我省高等教育改革与发展重点要做好以下几个方面的工作。

(一)全面推进特色办学,进一步明确办学定位

高等学校办学定位主要是指学校根据国家和社会需要、自身的办学条件和职能、学生需求,参照高等学校类型和层次的划分标准,在认清自己的优势和不足的基础上,明确自身在高等教育系统及同行中的位置,对学校在一定时期内的办学方向、办学目标、办学特色、办学水平、办学类型、办学层次、办学形式以及服务面向等做出的战略选择和科学设计。

当前我国高校在办学定位上有两个问题应引起重视:一是在办学类型上,不少高校不顾自身条件和当地经济社会发展需要,盲目照抄照搬部委属高校办学模式,都要办成综合性、多科性、学术性的大学;二是在办学层次上,大家都要办成本科、硕士、博士一体化,国(省)内一流,世界(中国)知名的高水平大学。高校办学定位中存在的这些趋同和攀升现象,不仅直接严重影响了学校的长远发展,也直接严重影响了学校很多基础性工作的开展,亟需下大力气加以解决。

我省高等学校特别是新建本科院校要遵循高等教育发展规律,结合省情、校情,对办学定位做出正确的选择。

1. 办学类型定位。除个别高校为教学研究型大学以外,我省大多数高校一般应为教学型或应用型,以应用型人才培养为核心职能。人才培养规格应定为“基础适度、口径适中、重视应用、强化素质、提高能力”。这可能与过去我们很多高校提出的“厚基础、宽口径”有些矛盾。而实际上,很多教学型的高校教育教学的实践证明,在以完成教学内容为主、培养应用型人才的高校里不可能培养出“厚基础、宽口径”的人才来,这个目标只能在教学研究型的大学或研究型大学里完成。

2. 办学层次定位。以普通本科教育为主,适时发展研究生教育。研究生教育是区域经济和应用学科水平发展到一定阶段的产物,是本科教育教学水平提高、人才培养质量不断提升的自然延伸。在以教学为主的应用型高校里,无论是本科教育还是研究生教育,都应当在以应用型人才培养为主要目标的同时,做好专业硕士研究生的培养工作。

3. 服务面向定位。我省的大多数高校都应当立足甘肃、服务区域(或服务西部)。学科专业的设置和调整都应当充分考虑我省当前和未来经济建设和社会发展的客观需要;在人才培养的目标上,应当十分关注我省经济文化建设的急迫需求与变化;在科研方面,应当着重从我省经济建设和社会发展的实际需求中选择课题,并尽一切可能加快科研成果向生产力的转化,让广大教师和科研人员的研究成果广泛地应用于促进经济建设和社会发展的实践之中。

根据上述原则,"十二五"期间,我省将进一步建立健全分类指导、分类管理和分类评估的新机制,对不同类型的高校实行不同的办学标准和质量评价体系。发挥政策指导和资源配置的作用,引导高校科学定位,克服同质化倾向,形成各自的办学理念和办学风格,在不同层次、不同领域办出特色,形成类别清晰、特色鲜明的高等教育体系。要重点促进天水师范学院、河西学院、陇东学院、兰州城市学院、甘肃民族师范学院等新建本科院校加快实现由专科向本科、由师范向多科性的全面转型,鼓励其努力为区域发展服务,培养应用型人才。我省几所新建本科院校主要分布在兰州以外的不同区域,这些地区依托其地域特点和资源优势,区域性发展特征比较鲜明。譬如,兰州中心城市的现代化城市管理和现代服务业,河西地区的新能源、新能源制造、生态农业和生态旅游业,陇东地区以煤炭、石油为主的能源开发,天水地区的装备制造业、农副产品深加工业,甘南地区的高原生态与民族区域经济产业等。所在区域的新建本科院校应根据地域特点,充分彰显地域的差异性,在学科专业结构上做出相应调整,根据地方产业结构大力发展相关应用型专业,在"中心带动、两翼齐飞"的区域发展战略中找到自己的位置,真正摆脱"千校一面"的困境。我省几所新建本科院校目前正处于这样的关键时期,能否取得今后发展的先机,在这一转型期的适应能力和转变结果将成为我们工作成败的关键所在。

(二)全面推进高等学校专业结构调整,为我省跨越式发展培养适用性人才

我省新一轮专业结构调整的指导思想应为：积极贯彻落实省委、省政府关于甘肃跨越式发展战略，以主动适应全省产业结构调整与优化升级对人才培养的要求为出发点，以提高人才培养适应性为核心，突出每个学校的办学定位和办学特色，打造品牌专业，基本形成适应新时期甘肃经济社会发展需要的人才培养结构和学科专业体系。到“十二五”末，部分学科专业建设水平达到真正的国内一流、西部领先，在全国具有重要影响力。

具体实施上，新一轮学科专业结构调整应仍然认真坚持二十字方针，即“积极拓展、稳步发展、严格控制、分类调整、全面统筹”。积极拓展是指要积极发展新兴战略性专业、工程能源类专业、高新技术类专业、一部分农业教育专业和医药卫生类专业等，拓展的具体策略是增设新专业和扩大招生规模。稳步发展是指一部分专业的招生规模按照年增长5%以内的速度稳定发展，不宜超过5%（5%的依据是：教育部曾于2006年提出最近10年高等教育规模增长应控制在5%以内）的增长速度，也不宜增加新布点。严格控制是指对因布点较多、需求饱和、使用方向不明确、专业属性不强等原因而导致教育过度的专业要严格控制招生规模，保持5年左右的零增长。分类调整是指根据不同专业的不同情况，按照停止招生、缩减规模、调整生源的办法调整相关专业。全面统筹是指统筹布局在甘肃省的部属院校和省属院校的专业布点和招生规模；统筹考虑省属不同院校同一专业的招生规模，不宜一哄而上，也不宜搞一刀切。在这里我要特别强调的是，请各校一定要结合省情和校情做出比较科学的选择。大家都很清楚地知道，上世纪80年代，我们很多高校积极发展计算机、英语、国际贸易专业，90年代，我们很多高校又积极发展音乐、美术、广告、艺术专业，现在很多高校又开始积极发展新材料、新能源专业。应当实事求是地说，上世纪80年代、90年代所上的这些专业，确实满足了家长和学生的升学愿望，满足了社会对这方面人才的需求。但由于受思想观念的影响以及当时我们缺少必要的科学论证、严格控制，也造成了后来的我省高校专业设置雷同和有的专业人才过剩、毕业生就业困难等现象。因此，现在我们有些高校在新设置和申报新材料、新能源专业时一定要慎重、科学。

关于新能源科学与工程专业的设置，这里我谈一点不成熟的认识，供大家参考。近年来我国经济持续高速增长，传统能源消耗大幅增长，引发的能源短缺和环境污染等问题成为制约我国经济又好又快发展的瓶颈，为此，发展新能源产业势在必行。一方面，发展新能源产业孕育着巨大的投资机会，将有效拉动经济增长；另一方面，也可以有效地改变经济增长方式，引领中国经济走向低碳化。目前，我国正大力推动新能源产业的发展，在加大水电、核电、太阳能和风能设施建设的同时，计划在2020年前使新能源消费比例达到15%，规划到2020年，中国在新能源领域的总投资将超过3万亿元。虽然我国新能源产业迅速发展，然而推动新能源行业前进的人才供给却显得捉襟见肘。高素质专业人才和核心技术的缺失，已严重阻碍了我国当前新能源产业的健康发展。据估计，到2020年，在风电领域的从业人员将会有几十万，其中包括几万名专业人员。根据《核电中长期发展规划(2005—2020)》，在未来10年内，国家每年平均要开工建设5~8台以上的核电机组，预计每年对核电人才的需求有数千人，而全国每年相关专业的毕业生总量不超过500人。对于快速发展的太阳能产业而言，人才供应同样面临严重不足。因此，亟待加大对新能源产业人才的培养力度，以满足新能源产业发展对高素质人才的迫切需求。

从目前相关专业开设现状来看，发达国家关于新能源人才的培养和核心技术的开发已远远走在我国的前面。世界上许多著名大学都设置了新能源相关专业，这对于培养新能源领域专业人才、推动当地新能源产业发展起到了重要作用。我国高校在新能源专业设置和专业人才培养方面还落后于发达国家。近几年国内仅有十几所高校增设了核能相关专业，如哈尔滨工业大学、哈尔滨工程大学等开设了核物理、核工程与核技术、核反应堆工程等专业，华北电力大学、长沙理工大学等近十所高校开设了风能与动力工程专业，山东建筑大学、南昌大学等几所高校开设了太阳能建筑一体化、光伏材料等专业。国内尚没有高校开设生物质能相关专业。大多数高校是在原有热能与动力工程等专业基础上增设了部分与新能源有关的选修课程，作为对新能源领域知识的一种补充，或进行了专业名称的更改。所有这些，无论是课程内容设置的科学性，还是人才培养的专业性，尚不能适应国家对新能源领域专业人才的需求。

从专业培养目标来看，新能源科学与工程专业面向新能源产业，根据能源领域的发展趋势和国民经济发展需要，培养在新能源科学研究及其利用的技术开发与实施等方面既有扎实的理论基础，又有较强的实践和创新能力的专门人才，以满足国家战略新兴产业发展对该领域教学、科研、技术开发、工程应用、经营管理等方面的专业人才的需求。学生的修业年限为4年，对于完成培养要求者授予工学学士学位。从专业课程体系来看，新能源科学与工程专业在课程内容体系的设置上紧密结合培养目标要求，既注重"厚基础"，突出基本理论与方法，又注重"宽方向"，丰富课程知识结构。注重学生"知识结构"的构建和"能力结构"的形成。理论部分在基础教育系列中重点强调基础性与综合性相结合的原则。包括高等数学、大学物理等工程技术基础课群；大学外语、马克思主义原理等社会科学课群。在专业教育系列中重点遵循"厚基础、宽口径"的原则，包括工程热力学、流体力学、传热学、能源系统工程、可再生能源及其利用、光伏科学与工程、风力发电原理、生物质能工程、核能利用基础等专业平台课群；光伏材料与太阳能电池、风力发电场等专业选修课群。实践部分重点培养学生的独立思考能力、动手能力和工程实践能力。单独设立"能源工程综合实验"课程，目的是充分利用学科的开放式实验室，指导学生开展设计性、综合性实验项目，培养学生发现问题、解决问题的创新能力。从毕业生就业去向来看，毕业生就业前景广阔，可在核能、风能、太阳能、生物质能等新能源和节能减排领域的企事业单位、高等院校和政府部门从事技术研发、工程设计、新能源科学教育与研究、新能源管理等相关工作。

通过以上所讲的国家对新能源开发的高度重视和重点投资的大背景，从目前全国涉及新能源专业的开设情况以及这些专业的人才培养目标、课程体系、毕业生就业去向的整体状况来看，根据省委、省政府关于加强新能源开发、风力发电和装备制造业等项目的开发建设目标任务对新能源相关专业人才的需求情况分析，在我省有些高校积极稳妥、有计划、有针对性地开设新能源科学与相关工程专业还是很有必要的。但是，这些新学科、新专业的开设决不能一哄而上，更不能盲目攀比。各高校必须在根据我省区域经济建设发展对这方面人才的实际需求量具体测评分析的基础上，结合学校教师队伍的储备情况、实验室及实验设备的实力情况以及实训基地情况，在综合考虑之后慎重决策。目前，我省有9所高校已分别开设或正在积极申报开设新能源的相关专业（其中，已开设新能源专业11个，正在申报拟开设新能源专业4个），这种适应社会发展需要、主动调整专业结构的积极态度是必须充分肯定和大力支持的。但我们必须保持清醒的头脑才行。一定要防止工科院校要开设新能源、新材料专业，文科院校也上这些专业，高职高专也要上这些专业的齐头并进的无序发展现象。如果这个问题把握不好，必然又会造成新的专业雷同、新的重复建设、新的毕业生供大于需的不良现象。

（三）积极主动推进新校区建设，下大决心努力改善办学条件

近期，省委省政府作出了在秦王川建设兰州新区的重大战略部署，省政府《关于加快推进兰州新区建设的指导意见》提出，经过5~10年建设，使兰州新区成为特色鲜明、功能齐全、产业集聚、服务配套、人居环境良好的现代化新区，成为发展战略性新兴产业、高新技术产业和循环经济的聚集区，国家经济转型和承接东中部装备制造业转移的先导区，“两型”社会和城乡统筹发展的示范区，生态建设和未利用土地综合开发的实验区，传统优势产业和现代化服务业的拓展区，向西开放的战略平台，沟通全省和西北地区的重要交通枢纽和物流中心，实现全省跨越式发展的重要增长极。

这一重大战略举措不仅是全省经济社会发展的一次机遇，也为我省高等教育改革发展提供了新的平台和广阔空间，是一次难得的机遇。目前，我省高等学校特别是位于省会兰州的有些高校，校园面积比较狭小，办学空间

十分有限，已经面临着多次遭遇"黄牌"的被动局面。因此，我们建议有条件的高校特别是占地面积不足500亩的院校，更要积极主动参与到兰州新城的建设中去，争取尽快启动在新城区建设新校区的立项、征地和总体规划设计工作。

目前我们已了解到，甘肃中医学院、兰州工业高等专科学校、甘肃交通职业技术学院和兰州外语职业学院都有在新城区建设新校区的意向，正在协商和努力中，但都没有实质性进展。在此我想特别提醒各位校领导，省委、省政府高度重视在兰州新区建设高教园区，刘伟平省长和郝远副省长非常关心教育园区的建设，也表示大力支持高校的新校区建设，多次提出希望大家不要错过这个大好机遇，一定要解放思想，创新理念，用战略眼光和战略思维来谋划新校区建设。

要充分发挥规划的先导作用，坚持统筹布局、突出特色、适度超前的原则，符合现代大学的校园要求，借鉴中外大学校园的先进经验和理念，高起点、高标准编制新校区建设规划，高起点、高标准建设新校区。规划一定要有前瞻性，要和国家"十二五"规划和省上"十二五"规划相衔接，与国家和省上产业政策相对接。同时在新校区建设中还要注意各校之间既要突出各自鲜明的特色和风格，又要有利于资源共享，着眼于整个兰州新区高等教育的发展。省教育厅将在职责范围内不遗余力地予以政策、资金和项目等各方面的积极争取以及服务工作上的全力支持。

（四）全面推进高等教育质量工程，努力提高人才培养质量

"十二五"期间，要在中央和省上的支持下，采取校级、省级、国家级逐级立项的方式，实施一系列工程项目。这些项目包括九大工程：

1. 教学名师工程。到2015年，计划培养产生国家级教学名师5名，省级教学名师50名。大力表彰在教学和人才培养领域作出突出贡献的教师，激励和引导高水平教师上本、专科学生课程。

2. 精品课程建设工程。建设国家级精品课程30门，省级精品课程300门，实现精品课程服务平台资源共享。力争在教学内容、教学方法和手段、

教学梯队、教材建设、教学效果等方面有较大突破，全面带动我省高等学校的课程建设水平和教学质量。

3. 教学团队建设工程。建设国家级教学团队 25 个，省级教学团队 100 个。形成团队合作的教学机制，在培养中青年教师方面起到示范作用。

4. 特色专业建设工程。建设国家级特色专业 100 个，省级特色专业 300 个。通过品牌专业和特色专业建设，引导不同层次、类型的高校根据自己的办学定位，确定自己的个性化发展目标，发挥已有的专业优势，办出自己的专业特色，从而实现对不同层次、类型高校的分类指导。

5. 实验示范中心建设工程。建设国家级实验教学示范中心 10 个，省级实验教学示范中心 50 个。大力加强实验、实践教学改革，推进高校实验教学内容、方法、手段、队伍、管理及实验教学模式的改革与创新，加强对学生实践能力和创新精神的培养。

6. 人才培养模式创新实验区建设工程。建设国家级人才培养模式创新实验区 5 个，省级人才培养模式创新实验区 30 个，进一步突出学生的实践能力培养和文化素质教育，引导高校形成加强素质和能力培养的、有利于多样化创新人才成长的培养体系和人才培养模式。

7. 大学生创新性实验项目建设工程。建设国家级大学生创新性实验计划项目学校 5 所，省级大学生创新性实验项目 100 个。将创新性实验计划与人才培养方案有机融合，搭建多层次创新平台，以学生为主体，以教师为主导，探索并建立以问题和课程为核心的人才培养模式。

8. 大学生科技竞赛项目建设工程。重点支持 6 项大学生科技创新竞赛，包括“CCTV 杯”全国英语演讲大赛、大学生英语教学竞赛、全国大学生电子设计竞赛、全国大学生数学建模竞赛、“挑战杯”计算机应用能力竞赛、全省高等职业教育技能大赛等，进一步扩大竞赛的知名度和学生的参与面，进一步激励、引导和培养学生的创新精神、协作精神和实践动手能力。

9. 双语教学示范课程建设工程。建设国家级双语教学示范课程 5 门，省级双语教学示范课程 50 门。通过引进和派出等方式培养、培训一批高水平的双语教学教师，进一步扩大对双语教学高层次人才的培养。

（五）全面推进教育资源共享，深化学分制改革

高校资源共享是一个双向和互动的过程，是在资源相对不足的条件下，穷省办大教育的有效途径。

1. 在大学相对集中的社区实行大学之间的紧密合作办学。"十二五"期间，拟在高校集中的兰州安宁区率先试点，逐步实现教师互聘、课程互选、学分互认等，全力推进区域内高校教育资源优化配置。近期拟首先推动西北师范大学与甘肃政法学院的课程互选工作。省教育厅将在有关政策方面予以倾斜和支持。

2. 逐步实现高校实验室全面开放和图书资料共享。各高校要充分发挥现有实验室和实训基地的作用，在整合和优化、实现校内实验实训资源共享的基础上，面向其他高校全面开放实验室和实训基地。要全面开放国家级、省级实验教学示范中心，进一步发挥其辐射和示范作用。各高校图书资料也要实行开放式管理，允许外校学生通过办理相关手续，自由借阅，就座阅览。

3. 构建沟通全省高校的教育信息网络。各高校要抓住机遇，加强对现代化教育技术和教育手段的推广和应用，加强计算机辅助教学软件的研制开发和选用，加快校园网建设步伐，尽快建成沟通全省高校的教育信息网，逐步实现网络资源共享。

在此需要特别提及的是，要进一步深化学分制改革，全面推行更加灵活的选课制和弹性学制，使学分制工作规范化、制度化、科学化。

另外，根据省物价局、省财政厅、省教育厅《关于推行高校学分制收费改革工作的通知》（甘价费[2009]286号）精神，从2010年秋季学期开始，我省省属本科院校开始全面实行学分制改革，《通知》同时要求全省高职院校要积极做好各项准备，待时机成熟后实施。

各本科院校要认真总结前一阶段学分制改革中形成的成功经验和做法，发现学分制、学分收费制实行过程中遇到的实际困难和问题，制定切实

有效的改进措施,全面推动学分制改革走向深入。

各高职高专院校要在科学总结本校管理经验和传统的基础上,认真学习和借鉴省属本科高校的成功做法,进一步加大内部管理体制改革,为实施学分制打下坚实的基础。从2011年开始,要在部分高职高专院校率先改革试点的基础上,“十二五”期间,力争在所有高职高专院校全面推开学分制教学、管理和收费改革。

与此同时,要进一步加大建立与按学分制收费相适应的监督监控机制的工作力度。做到六个确保:一是要确保教育消费者的知情权和根本利益不受侵犯;二是要确保收费政策出台依据的公正、公平和客观;三是要确保有与新收费标准相匹配的真正的优质教学质量和教育水平;四是要确保实行学分制收费政策后,任何高校都决不能再出现任何乱收费的问题;五是要确保各高等学校都要科学地规定本校各科类应修学分数,坚持做到学分制收费制度下不出现学分膨胀现象;六是要确保所有选修课程的任课教师都必须坚持高质量、高标准、按计划完成授课任务,决不允许有任何有意为难学生的现象发生。

(六)全面推进债务化解工作,破解高校发展难题

高等教育作为公共事业,不能走教育产业化的路子,而且也走不下去、走不通,仍然要坚持政府投入为主,充分发挥政府投入的主渠道作用。

《甘肃省中长期教育改革和发展规划纲要(2010—2020年)》明确指出:高等教育实行以举办者投入为主、受教育者合理分担培养成本、学校设立基金接受社会捐赠等筹措经费的机制,逐步提高高校生均拨款标准并达到全国平均水平。到2012年,实现全省财政性教育经费支出占全省国内生产总值的比例达到5%以上;省级预算内固定资产投资用于教育的投入也应不断增加,其中很大一部分将用于高等教育事业。要充分调动全社会办教育的积极性,鼓励和引导社会力量捐资、出资办学;扩大社会资源进入教育的途径,多渠道增加教育投入。按增值税、营业税、消费税的3%足额征收教育费附加,同时按2%征收甘肃地方教育费附加,统筹用于教育事业。以政府

贴息、地方国债等多种途径逐步解决省属高校债务问题。

2010年，在省财政厅的大力支持下，省教育厅启动了全省本科院校债务化解工程，虽然力度不算大，还没有从根本上解决问题，但这毕竟是向前迈进了一步，为下一步更有效地解决全省高校贷款债务问题探索了新的途径。今年省教育厅将进一步争取省上有关部门的支持，继续推进高校债务化解工程，进一步加大债务化解力度，为全省高等学校各项改革顺利开展奠定坚实的基础，提供可靠的保障。

百年大计，教育为本。站在新的历史起点上，以新的视角来思考、谋划我省高等教育未来5年的发展蓝图，我们相信，只要全省高校坚持不懈地努力奋斗，就一定能做出自己的特色，形成自己的优势，办出一流的水平，为推动我省经济社会跨越式发展作出新的贡献。

甘肃省高等教育事业科学发展的若干思考

一、甘肃省高等教育事业发展的基本情况

在省委、省政府的正确领导下，全省高校克服困难，挖掘潜力，不断创新，使甘肃高等教育实现了历史性跨越，迈进了大众化发展阶段，取得了显著成绩，为推进甘肃省经济社会全面发展，为国家培养各类专业技术人才作出了十分重要的贡献。

（一）办学规模迅速扩大

到2009年底，全省共有普通高等学校35所，其中本科院校14所，高职高专院校21所。另有5所独立学院，独立设置的成人高校8所。全省各类高等教育在校（学）生人数超过50万人，其中普通本专科在校生达到36.15万人，研究生2.35万人，成人高校在校生和普通高校中的成人生达到8.96万人；全省高校专任教师达2万人；全省高等教育毛入学率达21%，进入了大众化发展阶段。

表1　　甘肃省2007－2008年高等教育在校生规模增长情况

教育类别	在校生数（人）	增加人数（人）	比上年增长（%）	2007年比上年增长（%）
合计	441445	37991	9.42	9.00
研究生	21580	1546	7.72	10.87

（续表）

教育类别	在校生数（人）	增加人数（人）	比上年增长（%）	2007 年比上年增长（%）
博士	2953	188	6.80	7.05
硕士	18627	1358	7.86	11.51
普通本专科	331895	35903	12.13	12.24
本科	195006	21662	12.50	11.95
专科	136889	14241	11.61	12.68
成人本专科	87970	542	0.62	-1.07
本科	40475	845	21.32	9.16
专科	47495	-303	-0.06	-8.20

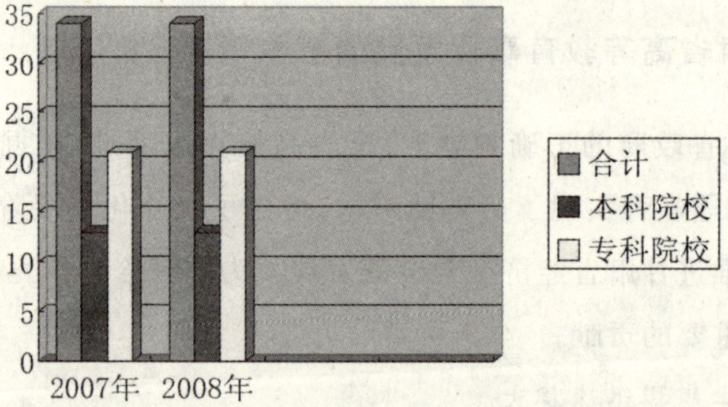

图 1　2007-2008 年甘肃省普通高等学校数

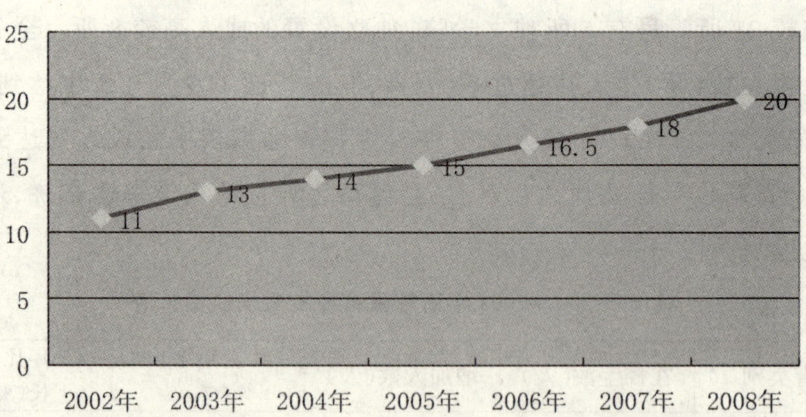

图 2　2002-2008 年甘肃省高等教育毛入学率变化情况

(二)办学质量明显提高

我省高等教育正在从规模发展转向内涵发展，提高教育质量已成为全省高等教育改革与发展的战略重点。在教育部本科教学水平评估中，兰州大学、西北师范大学、甘肃农业大学、兰州理工大学、兰州交通大学、西北民族大学等6所高校被评为"优秀";在国家示范性高等职业院校建设中,兰州石化职业技术学院和甘肃林业职业技术学院先后进入了被称为"高职211"的"百所国家示范性高等职业院校建设计划"行列,酒泉职业技术学院被教育部、财政部确定为"重点扶持国家示范性高职院校";在教育部质量工程建设中,已建设国家级精品课程23门,国家级教学名师6名,国家级特色专业57个,国家级实验教学示范中心9个,国家级教学团队13个,国家级人才培养模式创新实验区4个，国家级双语教学示范课程4门，国家级大学生创新性实验计划项目2个。

(三)布局结构日趋合理,管理体制逐步完善

通过多年的努力，我们结合甘肃产业结构调整要求，在沿西陇海兰新线经济带形成了三个高等教育区：以省会兰州为中心的省城高等教育区、以张掖市为中心的河西高等教育区、以天水市为中心的陇东高等教育区，使高等教育布局结构趋于合理。建立并逐步完善了中央、省、地(行业、企业、民办)分级办学、统筹管理的办学体制,初步形成了包括农林、医学、师范、综合、理工、财政等门类齐全的高等院校体系。

(四)人才培养模式改革进一步深化,专业布局结构调整进一步加强

近年来，我省高等学校面向区域经济建设主战场，进一步深化高等教育人才培养模式改革,积极推行高等学校的学分制、选课制、弹性学制、主辅修制等教育教学管理制度，深化教学内容和教学方法改革，强化实习实训基地建设,大力培养学生的实践能力和创新精神。

同时，进一步合理地调整学科专业布局结构，提高人才培养的适应性和竞争力,以更好地为全省经济社会发展服务。早在2001年,省教育厅就专门出台了《关于加强高等学校专业调整和建设工作的若干意见》(甘教厅发

[2001]149号),之后进一步提出要增加应用型专业、调整基础性专业、改造不适应专业。2008年,省教育厅再次出台了《关于进一步调整高等学校专业布局结构加强专业建设的若干意见》(甘教高[2008]47号),明确提出今后一段时期,我省高校专业结构调整的指导思想是:以主动适应全省产业结构调整与优化升级对人才培养的要求为出发点,以发展高新技术类和应用型学科专业、改造和提升传统学科专业为重点,全面进行学科专业结构调整;以提高人才培养质量为核心,由以数量扩展为特征的外延发展向以质量提升为特征的内涵发展转变,打造专业品牌,突出办学特色,形成具有鲜明时代特征的人才培养结构和学科专业结构体系。

正是在这一思想的指导下,我省各高校积极开展了新一轮专业结构调整。目前,全省本科院校都制定了比较合理的专业结构调整思路,都采取了许多行之有效的措施,都对面临的困难和下一步工作计划做出了比较切合实际的设想,并建设和形成了一批特色专业和优势专业。据统计,近三年来,我省14所本科院校已先后在专业结构调整或专业改造上做出了实质性的努力。已根据本校专业设置与经济社会发展不完全适应的现状积极调整相关专业,先后有39个专业点被停止招生,有41个专业点被减少招生,减少招生总数达2525人;同时,又根据生产结构的调整需要大力增加应用型专业,三年来新增招生专业点90个,新增招生总数达10769人,扩大招生专业点79个,扩大招生总量4475人;另一方面,有些学校紧密结合实际,积极稳步改造基础性专业,三年来共有39个专业被控制招生,改造传统专业(指赋予专业新内涵、新方向)达45个。总之,新一轮专业结构调整已有了良好的开端,取得了初步成果。

(五)我省高校科技工作、学位与研究生教育工作取得了显著成绩

1. 科技工作。到目前为止,我省高校有国家"长江学者"特聘教授岗位10个;国家"百千万人才工程"跨世纪学术技术带头人19名;入选教育部"长江学者和创新团队发展计划"3个(兰州大学李凤民教授的"干旱农业生态"团队,周又和教授的"西部灾害与环境力学"团队和兰州交通大学范多

旺教授的“真空光电子”团队），教育部新世纪优秀人才支持计划入选83人，其中省属高校11人（见下表）。

表2　　国家“百千万人才工程”跨世纪学术技术带头人

姓　名	学科名称	所在单位
郑晓静	力学	兰州大学
李　廉	计算机科学与技术	兰州大学
杜永峰	土木工程	兰州理工大学
党建武	交通信息工程及控制	兰州交通大学
李引珍	管理科学与工程	兰州交通大学
刘仲奎	基础数学	西北师范大学
涂永强	化学	兰州大学
李卫东	化学	兰州大学
刘伟生	化学	兰州大学
王　为	化学	兰州大学
陈发虎	地理学	兰州大学
潘保田	地理学	兰州大学
王　锐	生物学	兰州大学
黄高宝	作物学	甘肃农业大学
王彦荣	草业科学	兰州大学
赵兴绪	兽医学	甘肃农业大学
余四九	兽医学	甘肃农业大学
张　富	林学	甘肃农业大学
李并成	敦煌学	西北师范大学

表 3　　省属高校"新世纪优秀人才支持计划"入选者名单

所在单位	入选名单
西北师范大学	王荣民、王鉴、姜秋霞
甘肃农业大学	张峰
兰州理工大学	郭戈、喇培清
兰州交通大学	闫浩文
兰州商学院	傅德印、王必达、朱廷珺
天水师范学院	雍际春

全省高校有国家大学科技园 3 个(兰州大学、兰州交通大学、兰州理工大学);国家重点实验室 1 个(兰州大学有机化学);国家工程技术研究中心 1 个(兰州交通大学绿色镀膜);国家级人文社会科学研究基地 3 个(兰州大学敦煌学研究、西北少数民族研究和西北师范大学西北少数民族教育);教育部重点实验室 10 个，其中省属高校 5 个；教育部工程研究中心 6 个,其中省属高校 2 个;省级工程技术研究中心 15 个;省级重点实验室 8 个(见下表)。

表 4　　教育部重点实验室一览表

实验室名称	所在单位
生态环境相关高分子材料教育部重点实验室	西北师范大学
有色金属合金及加工重点实验室	兰州理工大学
数字制造技术与应用重点实验室	兰州理工大学
光电技术与智能控制重点实验室	兰州交通大学
草原生态系统教育部重点实验室	甘肃农业大学
磁学与磁性材料教育部重点实验室	兰州大学
西部环境教育部重点实验室	兰州大学
干旱与草地生态教育部重点实验室	兰州大学
西部灾害与环境力学教育部重点实验室	兰州大学
中国民族语言文字信息技术教育部重点实验室	西北民族大学

表 5　　教育部工程研究中心一览表

工程研究中心名称	所在单位
有色冶金新装备工程研究中心	兰州理工大学
西部土木工程防灾减灾工程研究中心	兰州理工大学
旱区农业与生态修复工程研究中心	兰州大学
草地农业工程研究中心	兰州大学
中子应用技术教育部工程研究中心	兰州大学
开源软件与实时系统教育部工程研究中心	兰州大学

表 6　　省级工程技术研究中心一览表

工程技术研究中心名称	所在单位
甘肃省西部草业工程技术研究中心	兰州大学
甘肃省制造业信息化工程技术研究中心	兰州理工大学
甘肃省有色金属及复合材料工程技术研究中心	兰州理工大学
甘肃省风力机工程技术研究中心	兰州理工大学
甘肃省工业交通自动化工程技术研究中心	兰州交通大学
甘肃省物流及运输装备信息化工程技术研究中心	兰州交通大学
甘肃省牛羊胚胎工程技术研究中心	甘肃农业大学
甘肃省畜产品加工工程技术研究中心	甘肃农业大学
甘肃省网络测试研究中心	兰州交通大学
甘肃省空间结构研究中心	兰州理工大学
甘肃省 CAD/CAM 技术咨询服务中心	兰州理工大学
甘肃省机电新产品中试基地	兰州理工大学

表 7　　甘肃省高校省级重点实验室一览表

实验室名称	所在单位
甘肃省高分子材料重点实验室	西北师范大学
甘肃省有色金属新材料重点实验室	兰州理工大学
甘肃省高原交通信息工程及控制重点实验室	兰州交通大学
甘肃省作物遗传改良与种质创新重点实验室	甘肃农业大学
甘肃省新药临床前研究重点实验室	兰州大学

2. 学位与研究生教育。2008 年,省学位委员会确定甘肃中医学院为我省 2008—2015 年博士学位授予单位立项建设单位。

2009 年,我省 6 所高校新增 10 类 14 个专业学位,其中博士专业学位点 2 个:兰州大学临床医学博士,西北师范大学教育博士。教育部批准北京师范大学等 15 所高校为首批教育博士专业学位教育试点单位,其中仅有 3 所地方高校入选,我省西北师范大学被列为首批试点高校之一,且为唯一一所非“211 工程”重点建设大学,这标志着西北师范大学教育学学科已进入全国一流行列。

在兰州大学增设了高级管理人员工商管理硕士(EMBA)。

新增硕士专业学位点 11 个:兰州大学口腔医学硕士和汉语国际教育硕士;西北师范大学体育硕士、汉语国际教育硕士、艺术硕士和社会工作硕士;兰州理工大学和兰州交通大学同时增列工商管理硕士;西北民族大学法律硕士和艺术硕士;甘肃政法学院法律硕士。

2008 年,我省高校新增 32 个学士学位授权专业;2009 年,新增 19 个学士学位授权专业。

由于全省高校的高度重视和不断努力,我们在学科建设上不仅使重点学科数量得到了发展,而且学科建设的质量也有了明显的提高。2008 年初,我省高校新增国家重点学科 2 个(兰州大学固体力学、民族学),新增国家重点培育学科 4 个(兰州大学大气物理学与大气环境、历史文献学;西北师范大学课程与教学论、中国古代文学)。目前,全省高校共有国家重点学科 9

个、国家重点培育学科4个,省级重点学科90个。

表8　甘肃省高校国家重点学科一览

序号	学校	学科
1	兰州大学	区域经济学
2	兰州大学	粒子物理与原子核物理
3	兰州大学	有机化学
4	兰州大学	自然地理学
5	兰州大学	植物学
6	兰州大学	生态学
7	兰州大学	固体力学
8	兰州大学	民族学
9	甘肃农业大学	草业科学

表9　甘肃省高校省级重点学科分布情况

单位	学科数	单位	学科数
兰州大学	27	西北师范大学	16
甘肃农业大学	12	兰州理工大学	12
兰州交通大学	9	西北民族大学	4
兰州商学院	4	甘肃中医学院	2
甘肃政法学院	2	天水师范学院	1
河西学院	1		

值得我们高兴的是,2009年,我省有9位专家入选国务院学位委员会第六届学科评议组。其中,兰州大学徐黎丽教授入选民族学学科评议组,薛德胜教授入选天文学、物理学学科评议组,刘伟生教授入选化学学科评议组,陈发虎教授入选地理学学科评议组,张镭教授入选大气科学学科评议组,潘保田教授入选地球物理学、地质学学科评议组,李凤民教授入选生物学学科评议组。甘肃农业大学余四九教授入选兽医学学科评议组,李发第教授入选畜牧学学科评议组。

同时,我省高校在全国优秀博士学位论文评选中也有了新的突破。2008年全国优秀博士学位论文评选中,我省1篇获得优秀论文(兰州大学任宏利的《动力相似预报的策略和方法》,指导教师丑纪范院士),2 篇获提名(兰州大学刘玉孝的《W 弦的新发展和引力规范理论与额外维新物理效应》,指导教师段一士教授和沙武田的《敦煌画稿研究》,指导教师郑炳林教授)。

2009 年全国优秀博士学位论文评选中,我省 1 篇获得优秀论文(兰州大学南志标教授指导的李彦忠博士的学位论文《沙打旺黄矮根腐病的研究》),2 篇获提名(兰州大学大气科学和生物学各 1 篇)。

至此,我省已有 5 篇学位论文入选全国优秀博士学位论文,9 篇论文入选全国优秀博士学位论文提名论文。

我省在联合培养研究生示范基地建设方面也有了新的发展。2008 年,我省新增兰州军区兰州总医院等 10 个联合培养研究生示范基地,使总数达到 16 个。

表 10　　甘肃省联合培养研究生示范基地名单

合作科研院所	牵头高校
甘肃省医学科学研究院	兰州大学
甘肃省化工研究院	西北师范大学
甘肃省科学技术情报研究所	甘肃农业大学
甘肃电力科学研究院	兰州理工大学
甘肃土木工程研究院	兰州理工大学
中国气象局兰州干旱气象研究所	兰州交通大学
甘肃省药品检验所	兰州大学
中国人民解放军兰州军区兰州总医院	兰州大学
甘肃出入境检验检疫局检验检疫综合技术中心	西北师范大学
甘肃省社会科学院	西北师范大学
甘肃省治沙研究所	甘肃农业大学
天华化工机械及自动化研究设计院	兰州理工大学
兰州电源车辆研究所	兰州理工大学
中国地震局兰州地震研究所	兰州交通大学
兰州市勘察测绘研究院	兰州交通大学
甘肃电力信息通信中心	兰州交通大学

(六)办学条件得到了明显改善,办学空间有了较大的发展

近几年来，全省高校为谋求发展机遇、寻找发展空间确实做了极大的努力，付出了艰辛的汗水和心血。尤其是学校的主要领导既要做好学校的内部管理和稳定，保证学校一切工作正常运行，又要花更多的时间和精力搞好校外各方面的协调,千方百计找经费、跑贷款、争项目。比如西北师范大学、兰州理工大学、兰州交通大学、兰州商学院、兰州城市学院、天水师范学院、陇东学院、河西学院等在学校坚持不懈的努力下,积极改造老校区,加快建设新校区，使学校的基础条件和办学空间发生了很大的变化，尤其是西北师范大学由于十分重视内涵建设与向外延发展的紧密结合，努力打造新的发展平台，终于成为省部共建的重点建设高校，列入教育部直属高校司管理，不仅使学校有了更大的交流平台，而且促使学校迈上了一个新的更高层次的发展平台。合作师范高等专科学校一方面由于学校的艰苦奋斗、不懈努力所取得的显著成果,为升本创造了基本条件,另一方面也由于西部民族师范教育的客观需求和维护藏区安全稳定的战略发展需要成功升格为甘肃民族师范学院,成为我省又一所具有办学特色的本科高校。

二、甘肃省高等教育事业发展中存在的主要问题

我省高等教育改革与发展也正面临着很多需要认真研究和解决的问题,发展的任务十分艰巨。

(一)我省高等教育规模仍然存在着不适应区域经济和社会发展的需要、不能完全适应人民群众日益增长的教育需求、也不能适应高等教育激烈的国际国内竞争形势的矛盾

近几年,我省高考录取率只有40%左右(2008、2009年,因国家对受灾地区的关怀,我省高考录取率达到50%左右),落后全国平均水平约16个百分点，约为全国高考录取率最高省份的一半。高等教育毛入学率虽然已经达到21%,但仍然远远低于全国高等教育毛入学率。目前全省高等教育的基本矛盾仍然是广大人民群众日益增长的教育需求与现有高等教育资源

尤其是优质高等教育资源不足的矛盾。

（二）由于高等教育经费明显不足，直接影响了学校基础设施和办学条件的改善

近年来，省委、省政府十分重视高等教育，并且已在经费投入上给了高等教育一定的倾斜和支持，但由于我省财政收入总量偏小，投入到高校的实际经费仍然十分有限，与学校建设和发展的实际需求差距实在太大，使高等学校建设与发展迫切需要的经费得不到应有的保障和支持，而多渠道筹措教育经费的机制还需要进一步健全和完善。目前各高校改善办学条件，扩大基本建设的经费主要依靠从商业银行贷款来解决。至2009年初，全省普通高校贷款余额近60亿元。所以，一方面一些高校贷款还债的任务比较重，另一方面一些急需贷款的高校又无法及时拿到贷款。因此，全省高等教育投入面临偿还以往欠账和未来继续发展仍然需要贷款的双重压力。也就是说，我们的高校领导为了学校的长远发展，为了高等教育事业，既要勇于吃苦耐劳，还要承担很大的压力，更是备受社会关注，是非常不容易的。我认为这就是我们高校领导的责任心和敬业精神最现实、最生动的体现。

（三）高等教育结构不尽合理，人才培养的适应性有待加强

高等教育纵向各层次间比例失调，衔接不当，专科、本科、研究生教育三个层次之间没有形成合理的“金字塔”比例结构。高等教育横向各类教育之间发展不协调，融合不够。尤其是各种不同类型的高校都把目标定位在学历教育或创建研究型、综合性大学上；一些高校对自身的基础和现实条件研究不够，盲目向综合性大学看齐，求大求全，有的甚至看别人办什么好，自己学校就马上办一个新专业，结果造成了既无广阔的生源又无良好的就业渠道，学校只好对该专业停招；成人高校、职业高校和民办高校规模偏小，条件较差，管理模式和办学模式还相对滞后，最终造成教育资源的浪费；高等教育内部学科专业的同构化现象比较严重。这种趋同化的追求，既不适应我省经济和社会发展对高等教育发展的需求，也不符合高等教育系统内部应有的层次结构和科类结构，其结果则是既造成了高等教育结构的

失衡,也造成了一些高校定位不明晰,特色、优势不突出,为社会提供的产品——人才,也因此而缺乏鲜明的个性特点,不能适应社会多层次的需求,出现了大学毕业生“结构性失业”的现象,也就是说一方面各行各业缺乏专业对口的人才,甚至一些单位和部门花重金到东南沿海城市招揽急需人才,而另一方面我省又有很多大学毕业生不能就业,到处为谋求职业而奔波,成为家长和毕业生的燃眉之急,甚至成为影响社会稳定的因素之一。当然,这里面也存在着大学生就业观念需要转变的问题。有的大学生一心想到外资企业、大型企业和效益好收入高的企业就业,有的一心想当国家机关公务员,更多的毕业生不愿去中小企业和基层就业,这也是导致大学毕业生不能广泛就业的原因之一。但是,主要的还是因为高校的专业结构不合理,毕业生“适销不对路”所致。当前和今后一个时期,我省高校毕业生就业工作形势比较严峻,高校毕业生规模成增加趋势,需要就业人数增多与全省社会经济发展总体滞后、新增就业岗位十分有限的矛盾更加突出;大学毕业生“结构性失业”的矛盾依然存在,至少要再经过二到三年左右才会有所缓解,这就对高等教育改革的进一步深化提出了新的要求、新的任务;高等学校根据人才培养方向结合区域经济建设和社会发展对人才的需求,积极进行专业结构调整,为国家和本地区培养和输送各行各业专门人才的任务更加艰巨;教育行政部门从加强宏观指导,充分利用宏观调控手段大力支持高校建设好重点学科、重点专业、特色专业,对招生困难,就业渠道不畅、甚至很难就业的专业实行减招、缓招、停招的工作必须逐步推进,从而有力推进我省高校重点学科、特色学科、重点专业、特色专业建设质量的提高和步伐的加快。

(四)高校科研经费十分紧缺,整合科技资源缺乏有效机制,直接影响了科技人员的积极性和科研成果的转化

近几年来,我省本科高校普遍开始重视科学技术研究和成果转化工作,尤其是兰州大学、西北师范大学、兰州理工大学、兰州交通大学、甘肃农业大学,不仅重视教学方法、教学成果的研究,而且十分重视与经济社会发

展关系紧密、能够直接服务和应用于区域经济社会发展项目的研究，有些研究成果处于国际或国内领先地位。除兰州大学科研经费比较有保障外，省属高校大都由于科研经费的紧缺，直接影响了科研成果的开发与推广。

三、对甘肃省高等教育事业发展中有关问题的思考

当前，我国高等教育正处于一个新的历史起点，处于改革发展的关键历史时期。在新时期，高等教育必须以科学发展观为指导，由注重规模、外延扩张、强调速度的发展模式转变为注重内涵提高、提升质量、提高办学水平的发展模式，也就是由又快又好地发展转变为又好又快地发展。“好”字当头，“好”字优先，“好”首先体现在注重内涵发展、强化办学特色上。温家宝总理在《政府工作报告》中提出要“优化学科专业结构”。高校各具特色，是整个高等教育体系充满活力的基础。学科是高校的基本组成要素，是高校办学特色的基础。“优化学科专业结构”就是要求高校发展要分清主次，集中资源，办好优势学科与新兴学科，建设成本校有特色的学科专业群，从而形成自己学校鲜明的办学特色。“好”要体现在提高办学水平上，教育现代化是新世纪国家全面现代化不断推进的必然要求。党的十七大报告首次确认了“提高教育现代化水平”的概念，这对高等教育发展和高等学校发展都具有非常重要的意义。以往大家都讲教育要面向现代化，要为现代化建设服务，但很少有人讲教育自身如何现代化的问题。提高办学水平就是要全面提升高等教育的现代化水平，在办出特色的基础上争创一流。办出特色与办出水平是密不可分的，没有特色上的优，就谈不上发展的好。贯彻落实科学发展观，要求进一步优化高等教育布局和学科专业结构，各个高校都要努力办出特色，办出水平，加快形成多样化、多层次、多类型的高等教育体系，从而全面提升高等学校办学水平与高等教育现代化的水平。根据党和政府对高等教育建设与发展提出的总体要求和目标，在认真分析我省高等教育现状，总结成功经验，认清和找出存在主要问题的基础上，从着眼未来发展的客观需求出发，我们应当重点认真思考以下几方面的问题。

(一)要促进我省高等教育又好又快地科学发展,必须认真总结经验,正确认识1999年扩招后的形势变化和所产生的积极效益

从改革开放到1998年,我国高等教育的发展取得了举世瞩目的巨大成就,高校招生规模年均增长率为8.5%。尽管如此,我国的高等教育仍然满足不了经济建设和社会发展对人才的需求,不能适应人民群众接受高等教育的要求。面对21世纪经济社会发展需要和新的入学人口高峰的到来,党中央、国务院决定进一步扩大高等教育规模,通过多种形式积极发展高等教育。

为了落实中央这一重大决策,1999年普通高等教育(含高等职业技术教育)大幅度扩大招生。至2002年,全国高校在校生已达1600万人,高等教育毛入学率已由1998年的9.8%提高到15%。此后高等教育招生数和在校生规模持续增加。2008年全国各类高等教育总规模达到2907万人,高等教育毛入学率达到23.3%。2009年,全国高校计划招生数达629万人。同时,全国研究生招生数量也由1998年的72508人增加到2008年的44.9万人。

表11　　普通高校本专科招生数量变化(1998–2008)

(单位:万人)

年份	1998	1999	2000	2001	2002	2003	2004	2005	2006	2007	2008
数量	108.36	159.68	220.61	268.28	320.5	382.17	447.34	504.46	546.05	565.92	599

我国高等教育在人均国内生产总值1000多美元的条件下,实现了从精英教育到大众化教育的历史性跨越,走完了其他国家需要三五十年甚至更长时间才能走完的道路。高校扩招满足了21世纪中国经济社会发展的需要,满足了提高国民素质的需要,满足了人民群众接受高等教育的需要。

具体来讲有以下几个方面的积极意义:一是扩招带来了高校思想上的大解放,激发了学校的活力。让我们思考怎样比较快地发展中国的高等教育,怎样使每所高校能为社会在人才培养上作出最大的贡献;二是扩招让高校的领导、教职工提高了适应经济社会发展的能力,增强了服务经济社会的责任感；三是扩招增强了高校的质量意识。扩招使我国高等教育实现了由精英教育向大众化教育的过渡，面对高等教育大众化，高校积极探索精英教育和大众化教育两者在培养目标与规格、社会适应等方面不同的质量标准，逐步确立了大众化背景下的高等教育多元化质量观；四是扩招调动了高校办学的积极性。扩招增加了高校教育投资，推动高校面向社会走自主发展之路，促进了高校内部管理体制的改革，进而充分利用教育资源，合理配置高校校舍、图书馆、食堂、教室、实验室等资源，加快高校后勤社会化进程。总之，扩招大大提高了各类资源的利用率；五是扩招推进了人才培养模式改革和专业结构调整。高校扩招后，师生比提高，使教师和学生之间离散度加大，这有效推动了学校根据扩招的实际，积极探索新形势下高校人才培养模式。扩招后，各个高校以素质教育思想为指导，加强专业建设，调整专业规格、层次的结构布局，使专业更加贴近社会，最大限度地提高了办学效益；六是扩招促使高校进一步明确自身的发展定位。扩招后，随着高校规模的扩大和综合化，每个学校都在充分挖掘自己的特色，创办特色学校。北大、清华等名校和国家重点大学以精英教育为发展方向，限制招生规模，减少大众化教育任务；更多的地方高校以大众化教育为发展方向，大规模培养应用型本科人才；高职高专院校以技术教育为发展方向，大规模培养生产一线的操作人才。可以说，扩招改变了我国高校精英教育一统天下的局面，形成了定位不断明晰的多元化的高校生态群落。

当然，任何事物都有它的两重性，既有有利的一面，也有不利的一面，扩招也是如此。对这个问题我们也应当辩证地看、辩证地认识。在充分估计1999年以来扩招所取得的显著成就和巨大变化的同时，也应当清楚地认识到扩招所带来的现实问题：一是由于财政性投入跟不上高校规模发展的需要，致使大部分高校基本教学条件得不到满足，不能完全适应教育教学的服务需求，在一定程度上也影响办学水平和人才培养质量的提高；二是由于受编制和物质条件的限制，学校不能及时补充急缺的师资和引进拔尖人才，迫使许多学校的本科生直接走上讲台承担授课任务，出现了教师忙于应付教学完成课时计划的现象；三是学校的机制创新、制度创新相对落后，还没有建立起相应的“宽进严出”的大众化教育模式，大部分高校的学分制还没有完全建立起来并真正发挥其应有的作用。

但是，我认为这是发展中的问题、前进中的问题，而且原因是多方面的，不能片面地说只是由于高校扩招造成的，既有社会对高校缺乏全面正确认识和政府明显的投入不足的问题，也有人民群众和广大学生对高等教育期望值太高的问题，当然，也还有我们教育行政部门和学校自身努力不够的问题。这些问题在一定程度上或者一个时期内也是很难避免的，因为在任何时期、任何阶段，我们对任何问题都有一个不断学习、不断认识、不断提高的发展过程。只要我们能够清楚地认识到问题的实质，有针对性地提出解决现存问题的政策和有力措施，坚持用发展的眼光、用科学的办法解决问题，就一定能够实现高等教育的持续、健康、协调、快速的发展。

（二）要促进我省高等教育又好又快地科学发展，必须根据国情、省情、校情并遵循教育发展规律，对办学定位做出正确的选择

众所周知，高等教育已成为广大人民群众和全社会共同关注的热点之一，这反映出中国社会的进步，说明社会各界对高等教育的诉求是各不相同的。比如，政府希望少拿钱多培养人，又要求高校既能成为促进国家经济发展和社会进步的重要支柱，又能保持政治稳定和稳步发展；老百姓希望自己的孩子既能到质量好的大学上学又不要花费太多；大学生及其家庭既希望学业和前途有保障，毕业后前途广阔，就业容易，又希望岗位稳定，薪酬较高；中学生及其家长既希望能进国家办的“名校”，又要费用低、出路好；高教理论界既要求实现教育公平，各类高校都能恰当定位，又能各自办出特色，建立多样化的中国高等教育体系；学术知识界则期盼高等学校既能培养出杰出的思想家、科学家、诺贝尔奖获得者，又希望能培养出理论家、教育家；高校领导也有自己的愿景：既希望自己学校能成为社会的中心，办学实力不断增强，社会地位不断提高，学校发展不断加快，又希望没有教育行政部门过多的干预，少一些同行之间的激烈竞争以及学生和家长

的苛刻挑剔,尤其希望能够得到教育部门和政府在政策、资金、项目上的支持和帮助,使学校资源不足和办学经费紧缺的困境尽快得到改善,能够减轻一点校领导的压力和负担,从而让学校领导把更多的精力投入到教育教学质量的提高和教学管理改革上,投入到人才培养水平的创新上。总之,政府要求少拿钱办好大学,老百姓要求少花钱上好大学,学校要到处找钱办好大学。这些诉求都是合理的、现实的,也都是人们站在各自不同的位置和角度追求的良好愿望。同时,也反映了现实当中优质高等教育资源稀少与公众对教育公平、教育质量、教育服务要求不断提高的落差。

面临这些具体的困难和严峻的挑战,我们高校只能从自己的历史、传统、优势、特色出发,根据所处的地域、隶属关系和行业背景找准自己的恰当定位,在特定方向上去满足地区与部门、行业等某些社会群体的特定要求,在保证社会部分利益中去实现自己不可或缺的、独特的社会价值。选择需要遵从四条基本原则:一是基本的国情与国策、基本的省情和校情;二是高等教育的本质功能和规律;三是学校在全国、全省高等教育系统中的地位以及学校的办学历史与现状;四是定位的合理性,以及实现的可能性、科学性。因为我省大多数高校是属于教学型、应用型的大学,所以,在认真坚持和把握这四个基本原则的基础上,对于学校的定位还应当分别从以下三个方面进行考虑。

1. 办学类型定位。除个别高校为教学研究型大学以外,我省大多数高校一般应为教学型或应用型。教学内容应以应用型人才培养为核心职能,人才培养规格应定为“基础适度、口径适中、重视应用、强化素质、提高能力”。这可能与过去我们很多高校提出的“厚基础、宽口径”有些矛盾。而实际上,很多教学型的高校教育教学的实践证明,在以完成教学内容为主、培养应用型人才的高校里不可能培养出“厚基础、宽口径”的人才来,这个目标只能在教学研究型的大学或研究型大学里完成。

2. 办学层次定位。以普通本科教育为主,适时发展研究生教育。研究生教育是区域经济和应用学科水平发展到一定阶段的产物,是本科教育教学水平提高、人才培养质量不断提升的自然延伸。在以教学为主的应用型高校里，无论是本科教育还是研究生教育，都应当在以应用型人才培养为主要目标的同时,做好专业硕士研究生的培养工作。

3. 服务面向定位。我省的大多数高校都应当立足甘肃、服务区域(或服务西部)。学科专业的设置和调整都应当充分考虑我省当前和未来经济建设和社会发展的客观需要；在人才培养的目标上，应当十分关注我省经济文化建设的急迫需求与变化；在科研方面，应当着重从我省经济建设和社会发展的实际需求中选择课题，并尽一切可能加快科研成果向生产力的转化，让广大教师和科研人员的研究成果广泛地应用于促进经济建设和社会发展的实践之中。从这些原则出发，只要我们每所高校能够真正为社会作出应有的贡献,就必然能得到社会的认同,取得社会对办学的支持和回报。

(三)要促进我省高等教育又好又快地科学发展,必须坚持适度控制规模与着力提高质量并重

尽管我省高校数量、在校生人数已经发展很快，成为我省高等教育事业发展最好的历史时期，但一方面，目前全省高等教育的基本矛盾仍然是广大人民群众日益增长的需求与现有高等教育资源尤其是优质教育资源明显不足的矛盾。我省作为西部欠发达省份，高等教育毛入学率虽然已达到20%,但仍然远远低于全国高等教育毛入学率。另一方面,由于历史原因,我省大多数高校都处于占地面积小、发展空间小、办学规模小的困境。尽管有的学校在校生规模已达万人以上,但全省高校平均在校生规模仍在8000人左右。应当说,我省各高校都已为扩大规模尽了最大的努力,基本都处于满负荷或超负荷招生状态。大多数高校现有的办学条件已不能再继续扩大招生规模,而要适度控制规模。面对我省经济欠发达、财政压力大和全面建设小康社会新的历史任务下劳动力整体素质不高的现实状况，我省高等教育正面临着适度控制规模和着力提高质量的双重任务。因此，在适度控制我省高等教育规模的同时，必须把大力发展职业教育和提高教育质量放在重要位置。只有解决了这一基本矛盾,才能真正实现党的十七大提出的“学有

所教”的目标。与此同时,必须以大力发展职业教育和提高高等教育质量为目标,坚持以学生为本,深化高校教育教学改革,建立和完善高等教育质量保证体系;既要以就业为导向,积极整合职业教育资源,挖掘职业教育潜力,办好有特色、有优势、生源广阔、就业前景好的职业院校,更应当努力办好各类中等职业教育,加快广大中职学生的就业速度,提高就业率。这样,既可以缓解我省高考升学的压力,适度控制高校的招生规模,又可以提高职业院校毕业生的就业率,缓解考生及家长,尤其是农村家庭的经济负担,帮助更多的农村家庭脱贫,提高农民的物质文化生活水平。要采取有力措施提高教师队伍的整体素质,实行启发式教学,注重培养学生的社会责任感、实践能力和创造精神;要在认真总结本科教学水平评估成功经验的基础上,进一步加强高校内部管理,推进校风、学风和制度建设,确保学生健康成长和校园和谐。总体来说,我省的高等教育要以提高质量和优化结构为重点,继续抓好深化高等教育改革,全面推进高等教育质量建设工程,提高人才培养质量,充分发挥高校在科技创新中的引领作用,为全面建设小康社会提供人才智力支持。

(四)要促进我省高等教育又好又快地科学发展,必须坚持高等教育的公益性质,不断加大高等教育投入

十七大报告指出:“要坚持教育公益性质,加大财政对教育投入。”从政府角度而言,我们所盼望的就是政府能够确保高等教育的有效投入,解决制约高等教育发展的关键问题。近年来,在省委、省政府的正确领导下,目前,我省的财政状况正在不断好转,高等教育事业发展的经济支撑能力也进一步增强。全省国民经济的持续快速发展,经济实力的不断增强,公共财政体制的建立和不断完善,都有利于加大对高等教育这一公益事业的投入。省委、省政府主要领导不但非常重视和关心高等教育事业的发展,教育工作的主管领导都有很超前的教育理念和办好教育的决心,能够经常主动地对我们的工作提出很具体的指导意见。而且省委常委和省政府的各位省长都联系了一所高校,每位领导都能够及时了解到高校改革与发展的基本

情况，也更有机会帮助学校解决一些具体困难。这对指导高校的改革与发展、帮助高校解决具体问题起到了非常重要的促进作用。这一非常受高校欢迎而且很有成效的做法应当继续巩固和发展。根据我省经济不断向前发展的良好态势，在当前的条件下，省上用更多的财力支持高等教育事业的进一步发展，不仅必须，而且可能。我们应当充分相信，随着省上经济建设的发展和财政状况的好转，省委、省政府一定能够做到经济社会发展规划优先安排教育发展，财政资金优先保证教育投入，公共资源优先满足教育和人力资源开发需要。同时，也能够根据高等教育事业的发展需要适当改革现行教育经费、特别是专项经费的分配方式，使各个层次和类型的高校都能够获得相应的办学经费保障，消除高校发展中的资金之忧。

从社会角度讲，我们希望能够进一步拓展高等教育资源，优化高等教育投入结构，拓宽经费筹措渠道，引入市场融资机制，广泛吸纳社会资金投入，调动社会各方面的力量兴办和扶持高等教育事业，建立教育投资滚动发展的良性运行机制。就高等教育自身而言，省教育厅和各高校要共同积极努力，转变教育理念，更新发展思路，创新发展模式，调整发展措施，坚持走加强内涵建设的发展道路，努力提升各高校自身的办学水平，尤其是要注重办好特色专业，建设好优势学科，从而逐步形成政府投入为主，社会各方面力量共同参与的办学主体多元化的高等教育发展机制。这是落实教育优先发展战略，增加教育投入，促进我省高等教育发展的必然选择。

（五）要促进我省高等教育又好又快地科学发展，必须加强引导和调控，解决好高校学科建设和专业结构的趋同化问题，构建多样化、多层次的高等教育体系

根据高等教育发展的规律和国际国内教育发达地区的经验，各高校之间应有类型和层次的区分，不同的高校应有不同的定位，形成不同的优势和特色，以形成多样化、多层次的高等教育体系。但由于宏观规划的欠缺和有些高校自身发展战略的不明晰，高校之间存在着趋同化现象，几乎所有的学校都在追求综合化、大规模，一些高校只注重外延的拓展而忽视内涵

的丰富和提高，一些高校不考虑自身的基础和现实条件，盲目向综合性大学看齐，求大求全。从学校的个体行为看，学校作为教育市场中的主体，追求社会、市场的认可度，追求报到率、考研率、就业率，向综合化、大规模发展，是无可厚非的。因为这不仅是学校生存与发展的客观需要，也是社会对高校职能提升的要求。但就高等教育整体而言，这种趋同化的追求，既不适应我省经济和社会发展对高等教育发展的需求，也不符合高等教育系统内部应有的层次结构和科类结构，其结果是既造成了高等教育结构的失衡，也造成了高校定位不明晰，特色、优势不突出，各高校的学科优势和专业特色还没有完全展现出十分明显的人才效益和社会效益。

根据教育厅调查统计数据显示，以 2007 年为例，甘肃省域内设置本科专业的高等学校有 18 所（含兰州大学和西北民族大学），在读本科生达 173344 人。如果不含兰州大学和西北民族大学，有在读本科生 139679 人，本科专业结构现状如下：

1. 专业种类结构。到 2007 年，甘肃省属高等学校设置的本科专业覆盖了教育部于 1998 年所颁布的哲学、经济学、法学、教育学、文学、历史学、理学、工学、农学、医学、管理学等 11 个学科门类中的全部学科。在教育部所颁布的 71 个二级类学科中，甘肃省属高等学校设置的本科专业覆盖了其中的 54 个，占全部二级类学科的 76%。只有马克思主义理论类、天文学类、地质学类、地球物理学类、大气科学类、海洋科学类、材料科学类、地矿类、海洋工程类、航天航空类、武器类、林业工程类、基础医学类、预防医学类、口腔医学类、法医学类、图书档案学类等 17 个二级类学科下没有设置本科专业。但是，在甘肃省属高校没有设置本科专业的这 17 个二级类学科中，兰州大学在其中的地质学类、大气科学类、材料科学类、地矿类、预防医学类、口腔医学类等 6 个二级类学科下设有本科专业。这样，如果将兰州大学设置的本科专业包含在内，甘肃省域内的高等学校所设置的本科专业覆盖了 71 个二级类学科中的 60 个，占全部二级类学科总数的 84.5%。

在教育部于 1998 年颁布的普通高等学校本科专业目录中，共有 249 种专业。甘肃省属高等学校设置了其中的139种，占目录内全部专业总数的56%。另设置目录外专业32种，这样，甘肃省属高校共设有171种本科专业。如果将兰州大学和西北民族大学包含在内，甘肃省域内的高等学校设置目录内专业192种，占目录内全部专业总数的77.1%。另设置目录外专业39种，共设有231种本科专业。

在甘肃省域内高校设置的231种本科专业中，人文社会科学类专业共有81种，占35%；理工农医类专业共有150种，占65%。在甘肃省属高校设置的171种本科专业中，人文社会科学类专业共有69种，占40%；理工农医类专业共有102种，占60%。专业种类基本情况如下表所示。

表12　　甘肃省高等教育本科专业种类分布一览表

含兰州大学和西北民族大学					不含兰州大学和西北民族大学				
一级学科覆盖	二级学科覆盖	专业种类	人文社科类专业种类	理工农医类专业种类	一级学科覆盖	二级学科覆盖	专业种类	人文社科类专业种类	理工农医类专业种类
11	60	231	81	150	11	54	171	69	102
100%	84.5%		35%	65%	100%	76%		40%	60%

（表中数据来源于甘肃省教育厅，截止时间为2007年底，以下各表同。）

2. 专业数量结构。到2007年底，甘肃省属高校共布点本科专业462个，含目录外专业50个，每校平均布点本科专业29个；甘肃省域内的高等学校共布点本科专业617个，含目录外专业60个，每校平均布点34个。

其中，在11个学科门类下布点的专业数量如表13所示。

从学科门类所属本科专业布点数量来看，在11个学科门类下布点的专业数量，工学最多，分别为144个和127个，占专业总数的23.34%和27.49%；哲学最少，分别为2个和1个，占专业总数的0.16%和0.22%。人文社会科学专业布点319个，占总布点数的52%，理工农医类专业布点298个，占48%。如果不含兰州大学和西北民族大学，甘肃省属高校的人文社会科学专业布点214个，占总布点数的46%，理工农医类专业布点248个，占54%。

表 13　　11 个学科门类本科专业布点数量一览表

学科门类	含兰州大学和西北民族大学		不含兰州大学和西北民族大学	
	各学科专业布点数量	各学科专业布点数占专业总数的比例(%)	各学科专业布点数量	各学科专业布点数占专业总数的比例(%)
哲学	2	0.16	1	0.22
经济学	37	6.00	30	6.49
法学	32	5.19	24	5.19
教育学	35	5.67	29	6.28
文学	106	17.18	74	16.02
历史学	13	2.11	7	1.52
理学	101	16.37	59	12.77
工学	144	23.34	127	27.49
农学	21	3.40	18	3.90
医学	27	4.38	11	2.38
管理学	100	16.21	82	17.75
合计	617	100.00	462	100.00

另外，二级类学科所属本科专业布点数量排名前 10 位的学科如表 14 所示。

表 14　　二级类学科本科专业布点数量前 10 位一览表

含兰州大学和西北民族大学			不含兰州大学和西北民族大学		
排序	二级类学科名称	布点专业数量	排序	二级类学科名称	布点专业数量
1	工商管理类	64	1	工商管理类	53
2	电气信息类	46	2	电气信息类	39
3	艺术类	44	3	艺术类	33
4	经济学类	37	4	经济学类	30
5	外国语言文学类	28	5	外国语言文学类	20
6	教育学类	22	6	土建类	19
7	土建类	21	7	管理科学与工程类	18
8	管理科学与工程类	20	8	机械类、教育学类	17
9	中国语言文学类	18	9	中国语言文学类	12
10	数学类	17	10	数学类、化学类	11

由表14可知，在二级类学科中，专业布点数量最多的是工商管理类，分别为64个和53个。在已经布点的二级类学科中，布点专业最少的是哲学类、地矿类、工程力学类、公安技术类、森林资源类、水产类、力学类、草业科学类、动物生产类、动物医学类、护理学类、临床医学与医学技术类、测绘类、环境科学类等，分别只布点1~2个专业。

另外，布点数量最多的本科专业是英语和计算机科学与技术，均布点16个，紧随其后的是汉语言文学、艺术设计、法学、信息管理与信息系统，均布点10个，其后是会计学、国际经济与贸易、工商管理、市场营销，均布点9个。财务管理、电子信息工程、音乐学、经济学等专业均布点较多，具体情况见表15。

表15　甘肃省属院校布点数量较多的22个本科专业

排序	专业名称	布点数量	所属学科
1	英语	16	文学
	计算机科学与技术	16	工学、理学
2	汉语言文学	10	文学
	艺术设计	10	文学
	法学	10	法学
	信息管理与信息系统	10	管理学
3	会计学	9	经济学
	国际经济与贸易	9	经济学
	工商管理	9	管理学
	市场营销	9	管理学
4	财务管理	8	管理学
5	电子信息工程	7	工学
6	土木工程	6	工学
	机械设计制造及其自动化	6	工学
	数学与应用数学	6	理学
	金融学	6	经济学
	历史学	6	历史学
	音乐学	6	文学
	旅游管理	6	管理学
	应用化学	6	理学
	生物工程	6	工学
	经济学	6	经济学

3. 专业规模结构。统计显示,自 1999 年高校扩大招生规模以来,甘肃省高校各专业学生规模稳步增加,从 1999 年的每专业平均 183 人逐步增加到 2007 年的每专业 281 人(含兰州大学和西北民族大学)。如果不含兰州大学和西北民族大学,2007 年甘肃省属高等学校专业规模每专业平均为 302 人。从 2004 年到 2007 年,甘肃省属高校本科专业所覆盖的 11 个学科门类中,除哲学、医学门类外,其他门类的学生规模逐年增长。基本情况如表 16 所示。

表 16　甘肃省高校 2004-2007 年 11 个学科门类学生规模增长情况一览表

	含兰州大学和西北民族大学				不含兰州大学和西北民族大学			
	2004	2005	2006	2007	2004	2005	2006	2007
哲学	30	29	36	41	0	0	0	0
经济学	2083	1911	2018	2808	1727	1571	1679	2387
法学	2628	2592	2939	3198	2210	2137	2505	2604
教育学	1504	1741	2104	2441	1315	1503	1786	2124
历史学	499	603	662	849	374	467	486	673
文学	6484	7169	8534	9144	4744	5567	6530	7084
理学	5543	5875	6627	7368	3921	3944	4424	5310
工学	10100	11022	12294	14052	9294	9942	10992	12577
医学	2044	1693	1474	1427	923	781	703	541
农学	1014	947	1140	1322	962	858	1044	1106
管理学	5079	5743	6484	7505	4409	5073	5767	6780

从甘肃省属高校学生规模增长情况来看,从 2004 年到 2007 年,历史学增长率为 79.9%,教育学增长率为 61.5%,管理学增长率为 53.8%,文学增长率为 49.3%,经济学增长率为 38.2%,理学增长率为 35.4%,工学增长率为 35.3%,法学增长率为 17.8%,农学增长率为 14.9%,哲学增长率为 0%,医学增长率为-41.3%。历史学专业是学生规模增长率最高的专业,医学类专业学生规模下降幅度最大。

表 17　　2007 年甘肃省属高校 11 个学科学生规模情况表

学科名称	在校生数量	各学科所含专业平均规模	学生数量占总数比例(%)
工学	42992	339	30.78
文学	23925	323	17.13
管理学	22029	269	15.77
理学	17599	298	12.60
法学	9456	394	6.77
经济学	7364	245	5.27
教育学	6728	232	4.82
农学	3970	221	2.84
医学	3616	329	2.59
历史学	2000	286	1.43
哲学	0	0	0
合计	139679	302	100.00

从甘肃省属高校 11 个学科门类学生规模分布情况来看，工学门类所属专业在校生数量居第一，占省属高校学生总数的 30.78%；法学门类所属专业平均规模居第一；哲学的在校生数量和专业平均规模都是最少的。

另外，学生规模相对较大的前 20 个二级类学科如表 18 所示。

表 18　　规模较大的前 20 个二级类学科一览表

含兰州大学和西北民族大学				不含兰州大学和西北民族大学			
排序	二级类学科名称	在校学生数量	学生比例(%)	排序	二级类学科名称	在校学生数量	学生比例(%)
1	工商管理类	18180	10.49	1	工商管理类	15973	11.44
2	电气信息类	15185	8.76	2	电气信息类	12942	9.27
3	土建类	10118	5.84	3	土建类	9520	6.82
4	外国语言文学类	9847	5.68	4	外国语言文学类	8243	5.90
5	艺术类	9338	5.39	5	机械类	8181	5.86
6	经济学类	8820	5.09	6	经济学类	7364	5.27
7	中国语言文学类	8724	5.03	7	艺术类	7352	5.26
8	机械类	8181	4.72	8	中国语言文学类	6432	4.60
9	数学类	6021	3.47	9	法学类	4947	3.54
10	法学类	5996	3.46	10	数学类	4796	3.43
11	化学类	4624	2.67	11	管理科学与工程类	3802	2.72

（续表）

含兰州大学和西北民族大学				不含兰州大学和西北民族大学			
排序	二级类学科名称	在校学生数量	学生比例(%)	排序	二级类学科名称	在校学生数量	学生比例(%)
12	临床医学与医学技术类	4589	2.65	12	教育学类	3508	2.51
13	教育学类	4230	2.44	13	化学类	3338	2.39
14	生物科学类	3946	2.28	14	生物科学类	2799	2.00
15	物理学类	3612	2.08	15	体育学类	2571	1.84
16	新闻传播学类	3422	1.97	16	公安学类	2310	1.65
17	体育学类	2911	1.68	17	历史学类	2000	1.43
18	历史学类	2613	1.51	18	中医学类	1932	1.38
19	公安学类	2310	1.33	19	新闻传播学类	1898	1.36
20	政治学类	2223	1.28	20	能源动力类	1785	1.28

从二级类学科下学生规模分布情况来看，超过50%的本科生集中在工商管理、电气信息、土建、外国语言文学、艺术、经济学、中国语言文学、机械等8个二级类学科下设置的专业中学习。另外，规模在200人以下的二级类学科是哲学类、力学类、测绘类、工程力学类、水产类等。

表19　　甘肃省属高校学生规模超过2000人的专业一览表

排序	专业名称	学生规模	所属学科
1	英语	7749	文学
2	土木工程	6497	工学
3	汉语言文学	6328	文学
4	会计学	5929	经济学
5	法学	4947	法学
6	计算机科学与技术	4237	工学、理学
7	机械设计制造及其自动化	4129	工学
8	数学与应用数学	3800	理学
9	艺术设计	3383	文学
10	国际经济与贸易	3028	经济学
11	工商管理	2919	管理学
12	电气工程及其自动化	2877	工学
13	金融学	2522	经济学

（续表）

排序	专业名称	学生规模	所属学科
14	化学	2303	理学
15	信息管理与信息系统	2240	管理学
16	自动化	2204	工学
17	物理学	2155	理学
18	体育教育	2143	教育学

由表 19 可知，英语、土木工程、汉语言文学、会计学等 4 个专业在校生人数均超过 5000 人，是甘肃省属高校中学生人数较多的 4 个专业。

4. 专业行业分布结构。高等教育是专业教育，职业性是专业教育的基本内涵之一，所以，分析本科专业的行业分布情况对优化本科专业结构具有十分重要的意义。统计显示，在甘肃省属高校中，有 63.56%的专业布点和 69.46%的在校生分布在工程教育类、教师教育类、管理教育类这三大行业类别中。如果将兰州大学和西北民族大学计算在内，有 55.76%的专业布点和 61.06%的在校生分布在工程教育类、教师教育类、管理教育类这三大行业类别中。

表 20　　甘肃省属高校本科专业行业分布一览表

行业类别	各类别专业布点数量	专业布点数占专业总布点数比例（%）	在校学生数量	在校学生数占在校学生总数比例（%）
教师教育类	88	19.09	33540	24.01
工程教育类	123	26.68	41454	29.68
农业教育类	18	3.90	3970	2.84
管理教育类	82	17.79	22029	15.77
政法教育类	19	4.12	7953	5.69
财经教育类	30	6.51	7364	5.27
医药教育类	11	2.39	3616	2.59
体育与艺术教育类	25	5.42	4997	3.58
新闻传播教育类	9	1.95	1898	1.36
语言教育类	21	4.56	6043	4.33
其他教育类	35	7.59	6815	4.88
合计	462	100.00	139679	100.00

表 21　　甘肃省域内高校本科专业行业分布一览表

行业类别	各类别专业布点数量	专业布点数占专业总布点数比例（%）	在校学生数量	在校学生数占在校学生总数比例（%）
教师教育类	106	17.18	35015	20.20
工程教育类	139	22.53	46077	26.58
农业教育类	21	3.40	4419	2.55
管理教育类	99	16.05	24761	14.28
政法教育类	27	4.38	9919	5.72
财经教育类	36	5.83	8766	5.06
医药教育类	27	4.38	8893	5.13
体育与艺术教育类	36	5.83	7297	4.21
信息媒体教育类	16	2.59	3422	1.97
语言教育类	33	5.35	9791	5.65
其他教育类	77	12.48	14984	8.64
合计	617	100.00	173344	100.00

5. 目前我省高校本科专业结构存在的问题。高等教育专业结构是否合理，其主要判断依据之一是专业结构是否适应产业结构。经济产业结构和教育专业结构之间存在着相互依存的关系，这是高等教育的基本规律之一。产业结构制约着专业结构，产业结构的比例关系及其有机构成的程度、技术水平制约着不同专业所培养的人的数量、层次、规格等。产业结构的发展变化往往制约着专业结构的发展变化。教育专业结构对经济产业结构也具有促进或阻碍作用，专业结构要有较强的弹性适应产业结构的能力。在专业结构中，专业层次结构的调整要根据产业结构的技术水平和服务水平而定，专业种类结构和专业数量结构要根据产业结构比例的调整而调整，专业数量结构和专业规模结构要适应产业发展速度和发展规模，专业布局

结构要依据区域产业结构而定。由于历史原因和专业建设经费投入不足等原因,甘肃省高等教育专业结构在专业种类结构、专业规模结构、专业行业分布结构等方面在体现甘肃产业特色和区域特色方面还不够突出。这主要表现在以下几个方面:

(1)与甘肃省优势特色产业有关的材料类、地矿类、能源动力类等专业布点少、规模小,甚至处于空白状态。甘肃省的产业结构以第二产业为主,能源、原材料工业是甘肃省的传统支柱产业。以冶金、有色、石化等高耗能、高污染行业为主的重工业增加值自 2002 年以来一直保持上升势头。工业内部的 36 个行业中,有色金属冶炼及压延加工业、石油加工及炼焦业、石油和天然气开采业、有色金属矿采选业、电力、热力的生产和供应、烟草制品业的比较优势度高于全国平均水平。但是,甘肃高校的专业结构中,与上述优势、特色、支柱产业相关的材料类专业如冶金工程、金属材料工程、材料科学与工程等专业分别只布点 2 个,无机非金属材料工程、高分子材料与工程分别只布点 1 个,材料类专业布点数量仅占专业总布点数的 1.95%,在校生人数仅占总人数的 1.1%;地矿类所含的采矿工程、石油工程、矿物加工工程、勘查技术与工程、资源勘查工程等专业至今仍是空白;能源动力类专业的在读学生人数仅占学生总人数的 1.28%。

(2)与甘肃省新兴产业有关的专业有的规模偏小,有的专业建设水平较低。近年来,甘肃省草业、草食畜、马铃薯、制种、酿酒、果品蔬菜、中药材等发展较快,与草业有关的设置在甘肃农业大学的草业科学专业的综合实力在全国排名第一,但该专业在读学生数量仅 579 人,占学生总人数的 0.41%,毕业生供不应求;与草食畜产业有关的动物生产类专业只在甘肃农业大学布点 1 个动物科学专业,该专业综合实力也比较强,但在校生只有 371 人,占学生总人数的 0.27%;与马铃薯有关的农学专业、与制种有关的种子科学与工程专业,与酿酒有关的食品科学与工程专业、生物工程专业,与果品蔬菜有关的园艺专业,与中药材有关的中草药栽培与鉴定专业、药物制剂专业等专业建设水平较低。由广东管理科学院武书连所研制的全国大学专业评价排名中,除农学获得C级评价外,其余的评价均为D级和E级,专业建设水平亟待提升。

(3)与甘肃乃至甘肃周边区域特色有关的专业设点少、规模小,专业水平有待进一步提升。甘肃省及其周边地区是我国生态环境十分脆弱的地区，水土流失和沙漠化较为严重，随着资源开发程度的提高和经济社会活动的加剧,生态环境也日益恶化,"风吹草低见牛羊"的美景已不存在,"蓝天碧水"的环境已成历史,"风调雨顺"的年景已经久违,相反,各种自然灾害纷至沓来。环境恶化已成为甘肃省乃至甘肃周边省份人民生存、生产、生活面临的最大问题，环境保护和建设的任务艰巨而繁重。而甘肃省高校与这一区域特色有关的专业建设明显滞后。如植物保护专业只设有1个专业点,在校生只有318人;水土保持与荒漠化防治专业也只设1个专业点,在校生只有240多人。在全国高校专业评价排名中,植物保护、水土保持与荒漠化防治专业只获得D级评价。

(4)部分专业出现了教育过度现象。所谓教育过度亦称教育过剩或教育膨胀，是教育所培养的劳动力和专门人才在总量和水平结构上超过了经济和社会发展的需求。其表现形式为:第一,受教育人口的失业率比较高,甚至超过未接受过教育的人口或教育层次较低的人口；第二，受教育人口的专业技能未得到充分利用或就业不充分,或学非所用;第三,高才低用,大学毕业生从事通常由高中毕业生承担的工作,等等;第四,接受过同一水平教育的人现今的实际收入要比以前低。从不同部门的调查统计和笔者的访问调查来看，甘肃省属高校部分专业毕业生至少在表面上已经出现了供大于求的教育过度现象。

据甘肃省人事厅提供的资料,2008年高校毕业生供过于求的同时,结构性矛盾依然没有缓解。从专业学历结构上看,紧缺专业供不应求,长线专业供大于求,研究生紧缺,本科生持平。从甘肃省人事厅提供的2008年全省非师范普通高校本科毕业生就业率统计数据来看，兰州理工大学和兰州交通大学各专业的平均就业率都接近90%;兰州商学院、甘肃农业大学、甘肃中医学院、甘肃政法学院的就业率超过了70%;西北师范大学知行学院、兰州商学院长青学院、兰州商学院陇桥学院的就业率在60%左右。从兰州交通大学2008届毕业生就业率统计来看,就业率低于80%的专业有国际经济与贸易、环境工程、工商管理、包装工程等;从西北师范大学2008届毕业生就业率统计来看,就业率低于80%的专业有学前教育、教育技术学、艺术设计、音乐表演、音乐学等专业。在我们对相关高校就业部门和地州市有关部门的访谈中得知,目前,就业比较困难的专业主要是经济学类的国际经济与贸易、财政学、贸易经济;法学类的法学、社会学、社会工作;教育学类各专业;文学类非师范专业中的大部分专业;历史学类专业;理学类的应用心理学、统计学、信息与计算科学等;管理学类的大部分专业。上述专业的大部分毕业生即使就业,也学非所用。

(5)品牌专业、特色专业数量较少。品牌专业、特色专业是指在全国范围内知名度较高、比较独特、实力较强的专业。根据广东管理科学院武书连先生领导的中国大学评价课题组提供的研究结果,甘肃省属高校中被评价为A++级的本科专业只有甘肃农业大学的草业科学专业;评为A+级的本科专业只有西北师范大学的美术学、舞蹈学;评为A级的有西北师范大学的应用心理学、资源环境与城乡规划管理、教育学、教育技术学、体育教育、音乐学、音乐表演,甘肃中医学院的藏医学等11个专业,这些专业只占专业总种数的6.4%。

6. 本科专业结构调整和发展的机遇。未来几年,随着甘肃省和我国经济社会发展速度的加快、产业结构的调整和升级,将给甘肃省高校本科专业结构调整和发展带来良好的机遇。

(1)工业强省战略的实施,将为我省高校工学类专业提供广阔的发展平台。目前,甘肃省正在实施“十大超百亿工程”,这些重大战略性工程总投资约2500亿元,涉及公路、铁路等基础设施;电力、煤炭、石油、天然气、甲醇等能源工程;煤化工综合开发、乙烯及其深加工等化工工业;钢铁产业技术升级、镍铜冶炼深加工、以铝工业为核心的“冶—电—加”一体化等金属采选加工工程；石羊河流域综合治理和甘南黄河重要水源供给区生态保护与建设工程等。

除了“十大超百亿工程”之外，甘肃省正在加速发展县乡交通运输网；已经投资建设或准备投资建设煤炭、火电传统能源工程和以太阳能、风能、生物质能、小水电、地热资源为代表的一批能源工程，十年后将建成全国最大的风电基地；正在进行或准备进行一批水利灌溉工程和饮用水水源工程、信息基础设施工程；陇东石化基地建设；钨、钼、黄金等资源的勘探和开发利用；石油钻采及炼化设备、新型采矿设备、数控机床、电工电器、风力发电设备、真空设备、军工及电子信息等制造业的重点发展；正在实施以草畜产品、马铃薯加工、啤酒原料、葡萄酿造、果蔬制品、保健食品、民族食品等为重点的农产品加工工程，要建成全国重要的啤酒原料生产、马铃薯精深加工、草畜产品加工基地；正在加快发展特色中药饮片、中藏药、生物制品及化学制药。逐步形成石油化工，冶金、有色，装备制造业，农产品加工，制药等五大特色优势产业。

这些项目的顺利实施和建成以后的正常运行，必然需要一大批工学类专业技术人才。因此，甘肃高校应积极发展工学类专业，进一步扩大相关专业的招生规模，以适应甘肃省“工业强省”战略。

(2)社会主义新农村建设工作的推进，为农学类、管理类专业的发展提供了机遇。甘肃省新农村建设的重要举措之一是发展特色农业。特色农业的布局是重点发展以定西为中心，辐射带动兰州、白银、天水、临夏北部、平凉的马铃薯种植业；以甘南、临夏、河西地区、陇东地区为重点的草食畜牧业；以河西地区为主的酿造葡萄、啤酒大麦、玉米制种、蔬菜种植业；以平凉、庆阳、天水为重点的优质林果业；以定西、陇南为重点的中药材种植业。继续发展百合、油橄榄、花卉、花椒、黄花菜、玫瑰、黑白瓜子等地方特色农产品。其次，为了促进传统农业向现代农业的转变，政府将推动建立和完善种养业良种、农业科技创新与应用、动植物保护、农产品质量安全、农产品市场信息、农业资源与生态保护、农业社会化服务与管理等七大服务体系，推广应用动植物新品种培育、旱作农业区雨水资源高效利用、高产优质高效耕作栽培、农业生物和农业信息等先进技术。这些举措将增加农村对植物生产类、动物生产类、动物医学类、工商管理类、农业经济管理类专业人才的需求。

（3）第三产业的加快发展将为高等教育各专业提供较大的发展空间。产业经济学根据社会生产活动历史发展的顺序把产业结构划分为第一、二、三产业，产品直接取自自然界的部门称为第一产业，初级产品进行再加工的部门称为第二产业，为生产和消费提供各种服务的部门称为第三产业。它是世界上通用的产业结构分类，但各国的划分不尽一致。我国的三次产业划分是：第一产业：农业（包括种植业、林业、牧业、副业和渔业）；第二产业：工业（包括采掘工业、制造业、自来水、电力、蒸气、热水、煤气）和建筑业；第三产业：除第一、第二产业以外的其他各业。由于第三产业包括的行业多、范围广，根据我国的实际情况，第三产业分为两部分：一是流通部门，二是服务部门。具体又分为四个层次：第一层次：流通部门，包括交通运输业、邮电通讯业、商业、饮食业、物资供销和仓储业；第二层次：为生产和生活服务的部门，包括金融、保险业，地质普查业，房地产业，公用事业，居民服务业，咨询服务业和综合技术服务业，农、林、牧、渔、水利服务业和水利业，公路、内河（湖）航道养护业等；第三层次：为提高科学文化水平和居民素质服务的部门，包括教育、文化、广播电视、科学研究、卫生、体育和社会福利事业等；第四层次：为社会公共需要服务的部门，包括国家机关、党政机关、社会团体以及军队和警察等。

在三次产业中，第三产业有较强的就业吸纳能力。根据《甘肃省国民经济和社会发展第十一个五年规划纲要》文件精神，未来几年，甘肃省将加快发展第三产业，第三产业的比重要占到41%以上，城镇化水平提高到35%以上。政府将完善公共卫生和医疗服务体系，从2008年开始，甘肃省将实施“医疗卫生大学生进农村计划”和“招聘执业医生到乡镇卫生院工作”两个人才支农项目，通过公开考试，每年招募460名优秀卫生人才到省内乡镇卫生院工作。从2009年开始每年又招录5000名医学生到农村乡镇卫生院从事医疗卫生工作。力争到2010年,使全省八成乡镇卫生院在职人员达到大专以上学历;继续扩大高中阶段教育和职业教育规模,高等教育毛入学率达到20%以上;60%以上的县文化馆和图书馆达标;积极发展咨询评估、会计审计、工程设计、广告和市场信息等中介服务业;建设兰州商贸中心,在区域中心建设一批物流园区;建成40个左右国家4A级重点旅游景区,2~3个4A级红色旅游景区;大力发展地方资本市场,壮大地方金融机构,进一步完善社会保障体系等。上述产业的发展,将为各类专业毕业生提供较多的就业岗位,为我省高校本科专业的建设和发展提供良好的机遇。

(4)我国新农村建设重点工程的实施、国家工业化的加快发展、产业结构的进一步调整是甘肃省高等教育专业结构进一步调整和优化的有利条件。尽管甘肃省属高校的主要服务空间是甘肃省,但是由于各高校面向全国招生和就业,特别是非教师教育类高校大部分毕业生在省外就业,这就决定了国家经济社会发展环境对甘肃省属高校专业结构的调整和优化具有直接影响。

目前和未来一段时间,我国的经济增长方式将由主要依靠工业带动和数量扩张带动向三次产业协同带动和结构优化升级带动转变;由主要依靠增加资源投入带动向主要依靠提高资源利用效率带动转变;由主要依靠资金和物质要素投入带动向主要依靠科技进步和人力资本带动转变。正在实施的新农村建设重点工程,如大型粮棉油生产基地和优质粮食产业工程、植保工程、种养业良种工程、动物防疫体系建设、农产品质量安全检验检测体系建设、农村公路建设、农村沼气建设工程、农村医疗卫生服务体系建设等将为高校农学类专业、土建类、交通运输类、农业工程类、医学类等学科所属的本科专业毕业生提供大量就业岗位。

以发展高技术产业和振兴装备制造业为主轴的我国工业由大变强战略、世界制造业向中国转移趋势等更是为甘肃省高校工学类专业进一步拓展和壮大提供了有利时机。

以交通运输业、现代物流业、金融服务业、信息服务业为主体的生产性服务业的发展,为经济学各专业、文学类一部分专业、管理类专业提供了机遇。

7. 我省高校本科专业结构调整的不利因素。

(1)甘肃省第二产业结构与就业结构呈低度相关关系。专业结构调整的主要依据是产业结构，因为产业结构决定着高校专业所培养的人的规模数量、使用方向、使用规格、种类结构和分布结构,而就业结构是高校专业结构是否适应产业结构的最直接表现。产业结构中的第二产业结构直接影响着经济类、管理类、工学类专业结构的调整和发展。

据甘肃省统计局于2008年发布的研究报告分析:甘肃省第二产业结构与就业结构呈低度相关关系,通过分析得到的相关系数为0.33,第二产业GDP的增长对就业的拉动作用非常有限，第二产业就业空间趋于饱和。甘肃省第二产业的就业弹性系数在1999年开始出现负值,2006年降到0.11,说明工业吸纳就业的能力在逐步减弱。再从结构偏离度来看，当结构偏离度等于0时，就业结构与产业结构关系完全协调。而甘肃省第二产业的结构偏离度在2006年达到2.10,说明甘肃省第二产业就业结构和产业结构极不协调,并有加剧趋势。另据甘肃省统计局在2007年发布的《甘肃省大学生就业调查报告》称:“甘肃省是老少边穷省份,经济发展远远落后于沿海发达省区，特别是第三产业的发展和非公经济的发展滞后，国有大中型企业数量有限，民营企业发展缓慢，致使社会各界向大学毕业生提供的就业岗位有限。”“一部分中小企业自身也因经济效益不佳、技术含量偏低等种种原因不愿意接纳或缺乏接纳能力。”

而与上述报告相反的是，甘肃省媒体和一些政府部门经常释放出工科人才需求量较大的信息。我们重点就兰州理工大学和兰州交通大学工学类专业就业情况进行了访谈。据两校学生就业部门的人员提供的情况，两校工学类专业就业率很高,某些专业比较紧俏,但甘肃省需求较少,甘肃省主动来学校招聘毕业生的单位不多见，绝大部分毕业生到省外就业。有色金属冶炼为甘肃省支柱产业之一，但省内企业对大学毕业生的需求却很少。

以兰州理工大学冶金工程专业为例,该校2007届毕业生共有59名,其中省外就业57名,省内就业的只有2名,而这2名在甘肃省就业的毕业生1人为兰州军区国防生,1人为省委组织部选干生。石油化工也是甘肃省的支柱产业之一,但甘肃石化企业对相关专业的大学毕业生需求量也很少,如兰州理工大学2007届化学工程与工艺专业有91名毕业生,在甘肃省就业的只有11人。有色金属材料也是甘肃省的优势产业,但有关企业对相关专业本科毕业生的吸纳能力也不强,如兰州理工大学2007届材料类专业有本科毕业生360多人,在省内就业的只有30多人。

(2)甘肃省第三产业的开放化和市场化程度较低,新的服务领域和服务需求点尚未形成。据甘肃省统计局的报告,甘肃省第三产业结构与就业结构呈高度相关关系。第三产业GDP结构比重每提高1%,可使第三产业就业人员增加0.61万人,对就业变动有较强的影响力。但是,甘肃省第三产业发展存在增长比较缓慢、开放程度和市场化程度低的问题。据《2007—2008年甘肃省经济社会发展分析与预测》提供的信息显示,目前甘肃省第三产业发展缓慢,第三产业产值占GDP的比重有所降低。第三产业仍以运输邮电仓储业、批发零售贸易和餐饮业为主,这几个行业的开放程度和市场化程度最高。其余行业中,金融电信等行业长期垄断经营;开放程度和市场化程度较低的行业依次是房地产业、金融保险业、邮电通讯业;开放程度和市场化程度最低的行业依次是卫生、体育、社会福利业、教育、文化艺术出版、广播电视电影业、科学研究和综合技术服务业。这些行业处于或部分处于垄断经营、管制经营、限制经营状态,民间资本难以有效进入,制约了第三产业的发展。一方面使社会对于第三产业的部分需求难以得到有效满足,另一方面导致第三产业效率低下,缺乏竞争力。

甘肃省第三产业的这一发展现状,对高校专业结构的调整和专业拓展造成了极为不利的影响。因为处于垄断、管制、限制经营的行业正是需要高等教育程度的劳动者就业的行业,而这些行业的垄断、管制、限制经营抑制了其发展活力和发展规模,无法形成新的服务领域和服务需求点,降低了这些行业吸纳高等教育程度劳动者就业的能力，致使高校相关专业的毕业生就业困难，出现了假教育过度现象。例如，甘肃省医学类、艺术体育类等专业的人才实际需求与毕业生就业之间就存在悖论。据甘肃省卫生厅的统计数据，按照温饱型每千农业人口卫生人员数 1.2 人（目前甘肃省仅 0.78 人）测算，甘肃省乡村卫生院缺编 8539 人。甘肃全省共 1423 所乡镇卫生院工作人员中本科大专学历者仅占 14.5%，且大多数年老体弱，无正规学历者占 27.2%，具备高级职称者仅为 1.9%，初级职称及其以下者占 67.7%，无执业助理医师及从医资格的人员占 29%。甘肃省有村卫生所 17892 个，乡村医生中无正规学历者占 75.1%，具有执业助理医师资格的不足 2%。同时，乡镇卫生院院长和技术骨干中，有 40%的人员是临时聘用的集体人员，待遇很低，乡镇卫生院缺编问题严重。而以培养医学卫生人才为主的甘肃中医学院，2006 届 20%的毕业生却没有就业。笔者在访谈过程中了解到，各地中小学均缺少音乐、体育、美术教师，而这些专业的毕业生却是高校各专业中就业率最低的专业。

（3）甘肃省社会就业渠道不够畅通。目前，大学生社会就业渠道主要有考录公务员、企事业单位招考工作人员、自主创业等，随着高等教育出现面向大众化、服务于大众化的发展趋势，大学毕业生的就业主渠道已转向基层一线、中小型企业、非公有制企业。但因有关政策引导力度不大或难以得到落实等原因，致使大学毕业生不愿或无法到基层或企业工作。据调查，大学毕业生不愿或无法到基层或企业工作的原因有五个：一是基层或企业的工资及福利、工作及生活条件与机关、城市反差巨大，使毕业生心理上难以接受。二是受编制制约，无法到基层就业。从 2003 年起，全省开始选拔毕业生到乡镇事业单位服务，各乡镇对此次活动持支持态度，但又均表示因无编制而无法接收这些毕业生。三是政府部门政策相互抵触。2006 年全省人事编制工作会议明确指出，5 年内确保各乡镇基层不得增加人员及编制，而另一方面，政府及有关部门又强调要积极引导和鼓励毕业生面向基层就业。四是一部分中小企业自身也因经济效益不佳、技术含量偏低等种种原因不愿意接纳或缺乏接纳能力。五是部分毕业生专业知识不足，综合能力较低，不能胜任岗位工作要求，造成用人单位需求毕业生的积极性不高。另外，受当前劳动力市场供大于求的影响，部分用人单位有意提高招聘条件，而不从单位实际需要和长远利益出发，不是窗口单位，也对身高、外表提出要求，有的单位甚至招聘前台接待也需要对方具备高学历和较好仪表；各级政府明文规定在招用人员时不准有性别歧视，但有的单位招聘人员时仍然只要男性，不要女性；有很多单位招聘时特别注明要有工作经验的人，把刚毕业的大学生拒之门外。还有一些单位要求对方具备研究生以上学历，令许多大学生望而兴叹。处于强势地位的用人单位，在就业岗位僧多粥少的优势心态之下，人为设置的“经验歧视”和“高学历”，成为大学生就业的双重门槛。上述现象，使高校专业结构调整和专业拓展面临进退两难的局面，一方面社会事业发展实际上对大学毕业生有一定的需求，而另一方面由于就业渠道不够畅通，使高校拓展相关专业或增加甘肃生源顾虑重重。

另外，甘肃省城镇化率较低、非公经济发展缓慢、县域经济落后、高校本身学科建设和专业建设受经费限制而不能进一步提高办学水平等因素也对高校专业结构调整和专业拓展造成了较大的消极影响。

8. 对我省高等教育本科专业结构调整的政策性建议。根据对甘肃高等教育本科专业结构的 SWOT 分析，我们认为，未来 5 年，甘肃省高等教育本科专业结构调整应根据“积极拓展、稳步发展、严格控制、分类调整、全面统筹”的方针来进行。具体策略如下：

(1)积极拓展。积极拓展是指要积极发展工程教育类专业、一部分农业教育专业、医药教育类专业和个别理学专业，拓展的具体策略是增设新专业和扩大招生规模。

第一是增设新专业。这些专业包括地矿类所覆盖的采矿工程、石油工程、矿物加工工程、勘查技术与工程、资源勘查工程等专业。此外还有安全工程、水文与水资源工程、油气储运工程等。

增设地矿类专业的理由是甘肃省及其周边地区矿物资源丰富，矿产品开采及加工是甘肃及其周边地区的支柱产业，相关企业对相关专业人才有需求。建设这类专业也符合甘肃省的区域特点，容易得到社会认同。

增设安全工程专业的理由是生产安全已经越来越受到政府和社会的关注，对企业安全生产的要求越来越高，企业必然将加强安全生产并需要这类专业人才。

增设水文与水资源工程专业的原因是甘肃省乃至周边省份的水资源问题日益尖锐，社会对于能在水利、能源、交通、城市建设、农林、环境保护等部门从事水文、水资源及环境保护方面进行勘测、规划设计、预测预报、管理、技术经济分析的工程技术人才必然有一定的需求。

增设油气储运工程专业的原因是中国已经和中亚地区相关国家签订了石油开采协议，中国为了降低对海运原油的依赖程度和风险，拟修建两条通向中亚地区的铁路线来增加原油供应来源。同时，甘肃和新疆将成为我国的战略石油储备基地。在这一背景下，甘肃省高校设置油气储运工程专业是适应甘肃省及周边地区油气资源开发利用的需要。

第二是扩大有关专业的招生规模。这些专业包括大部分工学类专业，植物生产类、草业科学类、动物生产类和动物医学类专业，医学类专业，地理科学类专业等。

首先，扩大工学类专业招生规模的原因是我国正在加速实现工业化，世界制造业正在向中国转移。特别是我国农村地区县域经济正在向农业产业化、农村工业化、农村城镇化迈进，新农村建设已在全国范围内展开。甘肃省正在实施和将要实施十大超百亿工程；甘肃省正在由工业化初期阶段走向工业化中期阶段。近年来，全国对工学类专业人才需求旺盛，甘肃省有一定的需求基础和需求潜力。很显然，高校应该通过培养大量工科人才以适应我国工业化进程，在我国工业化进程中寻找发展机遇。

其次，自 1990 年代以来，我国农学类专业经历了一个发展低潮期，影响了农业人才的培养，农村地区农学类人才储存有限。而随着我国新农村建设战略的实施，以特色种植和特色养殖为主导的农业产业化进程发展速度很快，农村地区对农学类人才的潜在需求较强，因此有必要扩大农学类相关专业的招生规模。

第三，今后几年，应积极创造条件扩大医学类专业的招生规模，这主要是由于甘肃省属的兰州医学院于2004年并入兰州大学以后，在甘肃的招生人数骤降，而恰在此时，政府加大了构建和完善农村医疗卫生体系建设的力度，甘肃农村地区对本科层次医疗卫生人才的需求较多。

第四，目前甘肃基础教育阶段地理教师奇缺，尤其是定西、陇南等市地理教师更为紧缺。因此地理科学专业应适当扩大招生规模，以满足基础教育对地理教师的需求。

（2）稳步发展。稳步发展是指一部分专业的招生规模按照年增长5%以内的速度稳定发展，不宜超过5%（5%的依据是：教育部曾于2006年提出最近10年高等教育规模增长应控制在5%以内）的增长速度，也不宜增加新布点。这些专业包括以下几类：

第一类是潜在社会需求较大，但目前的社会需求不多，并且显现出初步教育过度现象的专业。如经济学类的经济学、金融学、保险、金融工程；工学类的电子信息工程、测控技术与仪器、城市规划、环境工程、包装工程、生物工程等；农学类的园艺、种子科学与工程、设施农业科学与工程、森林资源类和环境生态类各专业；理学类大部分专业；教育学类的小学教育专业等。

第二类是就业渠道比较狭窄，适应面较小的专业。如公安学类各专业；各种小语种专业。

第三类是社会有需求，但由于布点过多，培养规模太大，已经出现教育过度现象的专业。如管理学类大部分专业等。

（3）严格控制。严格控制是指对因布点较多、需求饱和、使用方向不明确、专业属性不强等原因而导致教育过度的专业要严格控制招生规模，保持5年左右的零增长。这些专业包括哲学类各专业；法学类大部分专业；经济学类的国际经济与贸易、财政学、贸易经济、税务；理学类的信息与计算科学、生物科学、应用心理学等；管理学类的管理科学、信息管理与信息系统、人力资源管理、公共管理类专业和农业经济管理类专业;教育学类的教育技术学、学前教育学专业;职业教育类各专业;非教师教育类的汉语言文学、对外汉语、新闻传播学类专业、艺术类专业;教师教育类的计算机科学与技术、历史学、生物科学等。

(4)分类调整。分类调整是指根据不同专业的不同情况,按照停止招生、缩减规模、调整生源的办法调整相关专业。

第一类是停止招生专业,包括教育学、水产养殖学2个专业。停止招生的原因是我国教师教育体系从三级迅速向二级过渡，中等师范学校大部分已经改建为普通高中或高等师范专科学校，主要为中等师范学校培养教育学、心理学师资的教育学专业的就业平台已经大大萎缩。而水产养殖学专业由于受区域特征限制,招生、就业均存在严重困难。所以,上述两种专业应该停止招生。

第二类是缩减规模的专业,包括体育学类各专业、统计学类各专业等。这些专业就业平台较少，就业渠道狭窄，毕业生就业困难情况已经持续多年,所以在未来5年,应在现有招生规模的基础上,将招生数量减少30%~50%。在缩减相关专业的招生规模问题上,要将布局在不同院校的同一专业区别对待。例如体育学类专业,要在确保办学历史比较长,有比较优势的西北师范大学体育教育专业的规模的前提下，削减其他院校体育教育专业和其他体育类专业的招生规模。统计学专业要全面缩减招生规模，但在缩减幅度上,不同院校应区别对待,即西北师范大学的统计学专业有比较优势,缩减规模可小一些,其他院校应大幅度缩减招生规模。

第三类是调整生源专业,包括科学教育、人文教育专业。这两个专业的使用方向是培养初级中等学校的综合课程——《科学》和《社会》课师资,但是由于甘肃省基础教育课程改革采纳了课程分科设置的方案，致使这两个专业的毕业生在甘肃的就业竞争力弱，就业比较困难。但全国有一部分省份的基础教育课程改革采纳了综合课程方案，所以这两个专业应该面向中学设置综合课程的省份招生。

(5)全面统筹。全面统筹是指统筹布局在甘肃省的部属院校和省属院校的专业布点和招生规模；统筹考虑省属不同院校同一专业的招生规模，不宜一哄而上，也不宜搞一刀切。如果部属院校已经设置了甘肃省需要增设的新专业或与需要增设的新专业相关的专业，就要主动与其沟通，动员增设甘肃省急需的相关专业。如果部属院校已经设置有需要扩大招生规模的专业，甘肃省教育行政主管部门就应与其沟通，增加在甘肃省的招生数量。不论是增设新专业、扩大招生规模，还是稳步发展、严格控制、分类调整，均应考虑相关院校的办学传统和比较优势，发挥优势，回避劣势，突出特色。例如，以工程教育、农业教育见长的院校，不应发展法学类等专业。

甘肃省属12所普通本科院校中有6所是以教师教育见长的院校，而随着甘肃省人口增长波谷的到来，学龄人数的减少，必然要求教师教育规模作出相应调整。甘肃省长期保持较大的教师教育规模将必然置一些以教师教育为主的院校于被动境地。所以，从长远来看，甘肃省最好保留2所以教师教育为主的院校，其余几所应积极稳步地向综合化方向发展，逐步缩减教师教育规模。

表22　　**甘肃省未来五年应积极拓展的本科专业**

专业名称	拓展性质	所属学科
采矿工程、石油工程、矿物加工工程、勘查技术与工程、资源勘查工程	增设	工学
安全工程	增设	工学
水文与水资源工程	增设	工学
油气储运工程	增设	工学
除电子信息工程、计算机科学与技术、测控技术与仪器、城市规划、环境工程、包装工程、生物工程之外的所有工学类专业	扩大招生规模	工学
农学、植物保护、草业科学、动物科学、动物医学	扩大招生规模	农学
医学类各专业	扩大招生规模	医学
地理科学	扩大招生规模	理学

表 23　　甘肃省未来五年应稳步发展的本科专业

专业名称	发展性质	所属学科
经济学、金融学、保险、金融工程	增速 5%以内,不宜增加新布点	经济学
公安学类各专业	增速 5%以内,不宜增加新布点	法学
汉语言文学(教师教育类)、英语(教师教育类)、已经设置的小语种	增速 5%以内,不宜增加新布点	文学
除信息与计算科学、生物科学、应用心理学、统计学专业之外的所有已经设置的理学类专业（包括教师教育类的数学与应用数学、物理学、化学等）	增速 5%以内,不宜增加新布点	理学
电子信息工程、计算机科学与技术、测控技术与仪器、城市规划、环境工程、包装工程、生物工程	增速 5%以内,不宜增加新布点	工学
工业工程、工程管理、工商管理、市场营销、会计学、旅游管理、财务管理、审计学、电子商务、物流管理	增速 5%以内,不宜增加新布点	管理学
园艺、种子科学与工程、设施农业科学与工程、森林资源类和环境生态类各专业	增速 5%以内,不宜增加新布点	农学
小学教育	增速 5%以内,不宜增加新布点	教育学

我们之所以重视和强调专业结构调整的科学性、合理性,一方面是要适应和满足经济社会发展的客观需要，另一方面是要充分发挥各校的办学特色。办学特色是一所高校在发展历程中形成的比较持久稳定的发展方式和被社会公认的、独特优良的办学特征。特色是学校独特而持久的本质内涵,是学校立足与发展的根本,是生存与竞争的前提,具有独占性、特有性、优势性。办学特色与高等学校的办学定位及其所具有的人才培养、科学研究、社会服务和国际文化交流等四项职能是密切相关的。具体而言,办学特色可以体现在许多方面,择其要者至少有五个方面:一是学科结构特色。这是一所大学形成其办学特色最基本的因素,决定着学校在哪

些学科领域发挥自身的职能。二是人才培养目标和模式特色。即使高等学校的学科领域相类似，也可因学校的人才培养目标和培养模式不同而形成特色。三是社会服务的地域和领域特色。不同学校由于管理体制、办学历史和学科特点不同，其社会服务面向和人才培养的走向因空间、地域和社会领域的不同而形成特色。四是办学传统的特色。不同学校因不同的办学理念、不同的发展轨迹和历史积淀而形成特色。五是校园文化特色。校园文化特色体现着学风、教风和校风的鲜明特点，是办学特色的一个重要方面。

办学特色是在长期办学过程中孕育、生长、积淀、发展起来的，所以办学特色的形成离不开发扬传统，要充分尊重传统和历史。但发扬传统并不意味着因循守旧，同时更需要解放思想。学校的特色既应起源于历史，尊重传统，又能够与时俱进，不断创新。特色只有在历史的洗礼和创新发展中，才能得以形成和不断发扬光大。

（六）要促进我省高等教育又好又快地科学发展，必须加强对高等学校的分类指导，特别是不断提升新建本科院校的管理水平和教学质量

高等教育的实践证明，多层次的高等教育格局的形成过程，或者是通过高校之间激烈竞争、自然淘汰而形成，或者是通过有计划的引导而形成。在当前高等教育资源有限的情况下，自然的竞争和淘汰无疑会造成资源的严重浪费。因此，政府应当加强对高等教育的宏观规划，我们希望教育部能够尽快出台中国高等学校分层与分类定位标准，充分运用政府宏观调控职能，对高校实行分类指导、分层次管理，促使不同基础、不同条件、不同类型、不同层次的高校形成不同的发展目标、重点和特色，引导不同层次和不同类型的高校进一步优化学科结构，突出办学特色，推进有序竞争，坚持和谐发展。特别是要十分重视近年来新建本科院校的教学质量和学校内部管理水平的提升。就已经新升本科院校来讲，应当对以下几个方面的问题进行认真的研究和实践。

1. 如何实现真正意义上的内涵升本。毫无疑问，我们大家都十分清

楚地知道本专科是两类不同的教育，在办学指导思想、办学理念、办学定位、人才培养目标、知识结构、职能结构、学科专业结构、师资结构、组织结构、办学模式等方面有着很大差别。校名更改了，学制延长了，并不意味着学校内涵的自然提升，将专科办成合格的本科不仅是一个质的变化过程，也是一个任务十分繁重、压力很大、艰苦的教育教学工作的实践过程。值得我们重视和研究的是，有的学校目前仍然是以规模扩张、粗放型、外延式发展为主，不少学校还习惯于过去专科的办学理念和办学模式。

2. 如何根据定位和目标办好应用型本科。按联合国教科文组织的《国际教育标准分类法》，我国已有的办学历史较长的本科院校大多是学术型大学。在国外，应用型大学已有多年的办学历史；而在我国尤其是在我省应用型大学则为新生事物，即使建校时间比较长的学校，大多数也都是上世纪 70 年代末或 80 年代初才创办的，无现成的办学模式可供借鉴。我国的高职高专也培养应用型人才，并且有许多成功的办学经验，但新建本科院校与它们的办学层次不一样。由于既不能照搬办学历史较长的学术型大学和高职院校的办学经验，也不能完全抄袭国外应用型大学的办学模式，新建本科院校在办学定位、人才培养模式、学科建设、师资要求等方面至今尚处于模糊阶段。因此，如何办有中国特色的应用型大学成为迫切需要探索的另一大问题。

3. 如何根据社会需求办好多科性院校。新建本科院校升本前，多为师专，或是以工、以经济、以农为主的单科性学校，升本后，特别是近几年升本的学校，大多以“地名+院名”冠名，这意味着国家需要学校由单科性向多科性转变。由单科向多科转变，绝不仅仅是数量的增加，学科建设是高校发展的龙头、平台，是牵一发而动全身的系统工程，发展什么学科、如何进行专业学科结构的布局、如何整合原有师资力量、如何引进人才等都需要研究。

4. 如何服务区域经济。现代社会高校已从“社会边缘”逐渐步入“社会中心”，新建本科院校大多设在非中心城市，是所在地(市)的唯一的本科院校。作为一所地方性院校，如何由原先的面向行业转为面向所在地(市)或区域，培养“下得去、用得上、留得住”的地方人才；如何从过去的封闭走向开放；如何实施产学研结合；如何成为所在区域的科教文化中心与信息中心，在所处区域的城市建设、地方小康社会建设、新农村建设中做到“以服务求支持，以贡献求发展”等一系列问题，同样迫切需要学校去研究。就教育行政部门来讲，有责任、有义务积极支持新升本院校的建设与发展，有责任、有义务和学校共同努力做好相关工作。

(1)要指导新建本科院校树立清晰的本科教育理念，这是提高教育教学质量的前提。高等教育意识与本科教学理念是课堂教学活动的指南，对高校人才培养的定位、模式的选择、质量标准的确立，特别是对满足学生的发展和社会需要的课程设置起着重要的指导作用。高校教学活动又是高等教育意识和本科教学理念的主要表现形式，也是实践高等教育意识和教学理念的主要途径。可以说，高等教育意识和本科教学理念对高校的教学发展的作用，比各项规章制度、办学经费的作用更大。因为如果教育意识和教学理念有违高等教育要求，经费再多、制度再好、设施再先进也不可能保证教学质量的提高和教育目标的实现。相反，如果高等教育意识和教学观念科学先进，管理制度会不断完善，有限的经费会不断产生放大效应，新的经费渠道也会应运而生。新建本科院校教师作为教学活动的主导，是否能形成基本的高等教育意识，是否能较好地感悟本科教学理念，直接影响着他们对学科专业培养方案的理解和认识，以及对教学内容和教学方法的选择，这些均影响课堂教学效果，并最终影响一所高校的教学质量。从这个意义上讲，新建本科院校的教师对本科教学理念的感悟和他们对高等教育意识的形成，是提高教学质量的前提。

(2)要指导新建本科院校必须建立科学规范的管理制度，这是贯彻本科教育理念的保障。围绕提高高校教学质量这个核心的课题，有教学规范化管理、教学改革、师资队伍建设、学科建设、校园文化建设等一系列管理内容。对于新建本科院校来说，教学规范化管理制度的制定和严格实施，是首要的管理工作。为什么说教学规范化管理应当优先于其他管理内容？因为高等教育意识和本科教学理念是人们经过长期的教育教学实践探索和理性思考所形成的理论化、系统化的观念体系，它对高校教师的精神品格、教学思维模式、发展方向等起着统领作用。具体表现为：教师的主体精神应有积极向上的价值取向，教学秩序的氛围应该是人人自觉遵纪守规且高效有序，教学要求和教学目标的实现应成为教师队伍主体的内在自觉要求，并且这种精神和氛围已融入了校园文化中。新建本科院校面临从专科教育意识到本科教育意识、从专科教学理念到本科教学理念的转变发展过程，本科教学管理薄弱，管理制度不完善，教师队伍的主体尚处于对新的本科教学要求的认知、理解和适应的过程中。如果因为强调大学的学术民主和自由，要营造宽松自由的学术环境，就放松和弱化教学制度的建设和规范化管理，必然使两者对立，其结果不仅不能有效保障教学质量的提高，也不利于教师高等教育意识和本科教学理念的确立。制定科学的教学管理制度，实施严格的规范化的教学管理，是大学学术民主自由发展和宽松自由学术环境的前提和基础，两者不是矛盾对立的，而是辩证统一的关系。只有实现教学管理有规定，教学监控有制度，教学质量有评价，才能出现真正意义上的学术民主和自由。所以相对于教学改革与其他管理内容，新建本科院校教学规范化管理是首要的。

（3）要指导新建本科院校根据省情和校情，充分发挥学校自身的优势，突出办学特色，增强竞争力。办学特色是一所大学区别于其他大学的独特品质和行为模式，它一旦形成，不仅能对学校产生潜移默化的影响，而且对社会也将产生深远的影响，具有鲜明的文化特性。办学特色体现着一所大学的办学水平，它既看不见，也摸不着，难以被其他大学复制和模仿，具有独特的价值，代表着一所大学的核心竞争力，是大学最重要的无形资产和财富。办学特色形成于大学发展成长的过程之中，是办学者不断创新、努力探索、培育凝练的成果；办学特色贯穿于学校的办学理念、治校方略、组织结构、管理制度、师生行为及办学成果等各个层面，是一所大学整体个性的体现。因而，局部的或个别要素上零散的亮点、成绩不是特色；随波逐流或照搬模仿、或靠临时突击的大学办不出特色。在教育部《普通高等学校本科教学工作水平评估方案（试行）》中将办学特色解释为“在长期办学过程中积淀形成的本校特有的，优于其他学校的独特优质风貌，特色应当对优化人才培养过程、提高教学质量作用大，效果显著。特色有一定的稳定性并应在社会上有一定影响，得到公认”。显然，这一定义特别强调了办学特色在人才培养中的作用。办学历史虽然是一所大学办学特色形成的重要因素，但办学时间长短与办学特色的形成并没有必然的联系，办学历史悠久的大学未必都一定具有鲜明的办学特色，办学时间短的大学也并非一定办不出特色。中外许多大学以鲜明的办学特色脱颖而出，超越办学历史相对较长大学的案例也充分证明了这一点。新建本科院校只有牢固树立特色化的办学理念，比较准确地选择定位，实现科学规划，又能够勇于创新，严格教学管理，精心培育自己的特色，才能加快办学特色的形成；另一方面，高校的办学层次、服务面向、学科专业结构的不同，以及所处地区的经济与社会发展的差异，决定了高校在选择办学目标和实现途径上的差异，这些也为新建本科院校创建办学特色提供了客观条件。

面对日趋激烈的竞争形势，新建本科院校必须冷静思考自己的生存环境，全面分析自己学校在全国全省所处的位置，认真制定发展规划，努力谋求自己学校在高等教育这个广阔的市场中能够占据一席之地。因此，办学特色就成为新建本科院校发展阶段中一个十分重要的战略选择。再说得具体点，高校的办学特色实质上就是强调高校遵循高等教育发展规律，认真分析和研究社会需求，立足学校自身优势，着眼未来，找准办学定位，明确发展目标，以非均衡和非常规的思维，选择切实可行的发展路径，采取相应的可行措施，抓好自己的特色建设，促进核心竞争力的形成。新建本科院校在抓好特色建设过程中，要选择可以支配或能够影响全局的重点学科、重点专业、重点研究领域为突破口，集中人、财、物和国家以及校内政策方面的优势资源，进行重点建设和发展，积极打造学校的品牌学科和特色专业，不断创新人才培养模式，形成学校独特的办学风格和文化氛围，从而全面提升学校的核心竞争力和社会影响力，不断扩大学校的生存与发展空间。当然，新建本科院校要做的工作和需要提高的方面是很多的，但就现实状况和长远发展来讲，目前最重要、最迫切的要从以上这三方面抓起。通过全省各不同层次高校的努力，我们要逐步做到“分类靠政府，分层靠市场，定位靠学校，评价靠社会”的有序发展态势，并积极引导各级各类高校树立“有所先为、有所后为；有所少为、有所多为；有所不为、才能有为；有所作为、才能有位”的思想，从而各安其位，各尽其责，办出特色，确保质量，形成多样化、多层次的和谐有序发展的高等教育体系。

总之，如果没有我们全省高校的共同努力，没有我们高校领导的辛勤工作，就不会有我省高等教育事业发展的今天，更不会有全省各高校开拓创新的发展空间。现在，我省高等教育事业和全国一样已经进入一个新的历史发展阶段，站在发展的新起点上，我们必须进一步认真贯彻落实科学发展观，进一步解放思想，深入分析和冷静思考我省高等教育面临的机遇和挑战。说到解放思想，我们高校的每一位同志，无论是校领导，中层干部，还是教学科研骨干，都必须把自己摆进去，不能一说解放思想，好像就是别人不解放，似乎与己无关。扪心自问，我们自己做得怎么样，我这个学校为什么发展得慢，我这个部门的工作为什么上不去？为什么有的事情、有的工作在别的高校同样有困难，人家却办成了，而在我这个学校还是争论不休、举棋不定？为什么同样的省情、同样的政策、同样的困难，别的高校能得到政府和银行的支持，既能得到项目又能贷到款，也能征到土地扩大校园面积？学校在快速发展，规模在扩大、质量在提高，学校在同类高校和区域内的地位越来越重要，而自己的学校困难和问题也越积压越多，人才流失越来越严重？这就非常需要我们教育行政部门和学校一起研究一下，面对现实，进行认真的分析，究竟问题出在哪里？我们可以采取什么措施，帮助学校克服发展中的具体困难，从而推进发展？

综上所述，当前我省高等学校最迫切的任务就是必须立足国情、省情、校情，遵循高等教育发展规律，从长远建设与发展的目标出发，坚持科学定位，合理调整专业结构，突出办学特色，稳定办学规模，着力提高质量。只有坚持用发展的眼光认识前进中的困难，用发展的办法解决前进中遇到的新问题，才能促进发展，加快发展。只有用新的思想观念、新的思维方式、新的精神面貌、新的工作态度主动适应新形势对高等教育提出的新要求和新挑战，才能把省委省政府对高等教育事业的重视、关心、支持用我们扎扎实实卓有成效的工作落实到促进我省每所高校又好又快发展的实际行动之中，才能真正体现科学发展观在我们每所高校的具体落实。

甘肃省学位与研究生教育工作的形势分析和改革发展的思考

作为国民教育的顶端，学位与研究生教育不仅是高层次创新型人才的主要来源和科学研究潜力的主要标志，也代表着一个地区的教育发展水平，对一个地区科技创新能力的提升和经济社会的快速发展具有十分重要的战略意义。“十一五”期间，我省学位与研究生教育工作在全省各高校和科研院所的辛勤努力下，结合各自实际情况，不仅积极开拓进取、承前启后，而且主动抢抓历史机遇，克服地处经济欠发达地区办学的多种困难，积极改善培养条件，有效扩大培养规模，大力提高培养质量，取得了显著成绩，实现了跨越式发展，为区域经济社会发展培养了一大批各级各类高层次创新型人才。

当前，我省的学位与研究生教育事业既有很多成功的工作经验做基础，也有已取得的辉煌成绩做鼓舞，更有面临的艰巨任务做动力，正处于十分难得的重要战略机遇期，既面临着前所未有的发展机遇，也存在着一系列发展中的问题和困难。“十二五”期间，我省的学位与研究生教育工作必须认真贯彻落实国家中长期教育、人才改革和发展规划纲要，紧紧围绕区域发展战略，进一步加强导师队伍建设，不断优化学科布局结构，大力推进研究生培养机制改革，积极开展专业学位研究生教育，深入实施研究生教育创新计划，切实提高研究生培养质量，努力开创全省学位与研究生教育的新局面，承担起为区域经济社会发展培养所需高层次人才的历史重任，为实施科教兴省战略、人才强省战略作出新的更大的贡献。

一、"十一五"期间全省学位与研究生教育工作成绩显著

"十一五"时期，是我省学位与研究生教育快速发展，取得巨大成绩的重要阶段。在这一历史时期，我省的学位与研究生教育在改革与发展的进程中，坚持立足省情，同时广泛吸收和借鉴国内外学位与研究生教育的成功经验，努力完善学位授权与研究生培养体系，积极构建人才培养的多样化新格局，各项工作均得到了长足的发展。

（一）各研究生培养单位积极创造条件，推动了研究生培养规模稳步发展

"十一五"期间，我省博士、硕士研究生的招生规模不断扩大，年均增长率达到8.3%。"十一五"开局之年，全省共招收研究生7942人，其中博士研究生591人，硕士研究生7351人，在校研究生为18069人。2010年，全省研究生招生规模达到9687人，其中博士研究生727人，硕士研究生8960人，在校研究生人数达到25540人。

（二）紧密结合经济社会对人才的需求，主动开展结构调整，促进了研究生培养的学科结构不断优化

"十一五"期间，我省学位与研究生教育的学科布局进一步完善，结构更趋合理。2006年，甘肃政法学院获得硕士学位授权，省内9所研究生培养单位新增博士学位授权一级学科7个，博士学位授权学科11个，硕士学位授权一级学科56个，硕士学位授权学科71个。2008年，甘肃中医学院获准成为2008—2015年新增博士学位授予单位立项建设单位。2010年，兰州大学自行审核通过一级学科博士点10个，一级学科硕士点11个。西北师范大学中国语言文学等13个一级学科博士点通过新增博士一级学科点初审，兰州理工大学化学工程与技术等56个一级学科硕士点通过审核。"十一五"期间，全省高校共新增博士后科研流动站6个。对照国务院学位委员会不久前颁布的《学位授予和人才培养学科目录（2011年）》，目前，我省高校学

科群涵盖了除军事学之外的12个学科门类，构建起了基础理论与应用技术并重的综合性高层次人才培养体系。

（三）主动适应改革与发展的新形势，加快了专业学位研究生教育迅速发展

“十一五”期间，我省专业学位研究生教育得到长足发展。2007年，甘肃农业大学获准成为兽医博士专业学位研究生培养单位，兰州商学院喜获工商管理硕士（MBA）培养单位资格。2009年，兰州大学、西北师范大学分别获准成为临床医学博士和全国首批教育博士专业学位研究生培养单位。同年，我省6所高校还新增艺术硕士、社会工作硕士等7类12个硕士专业学位授权点。2010年，国务院学位委员会批准设置金融硕士等19种专业学位，我省8所高校获批新增应用心理硕士等17个类型25个专业硕士学位授权点。截止2010年底，我省专业学位博士点达到3个，专业学位硕士点达到46个，其中兰州大学8个，西北民族大学2个，西北师范大学11个，甘肃农业大学3个，兰州理工大学4个，兰州交通大学3个，兰州商学院12个，甘肃中医学院2个，甘肃政法学院1个。

“十一五”期间我省专业学位的迅速发展，不仅对于完善我省专业学位研究生教育体系和优化专业学位教育结构具有重要意义，而且对于在更高的领域为甘肃乃至西部地区培养高水平的实务人才奠定了坚实的基础。

（四）加强科学管理，重视师资队伍建设，导师队伍整体水平明显提高

“十一五”期间，我省研究生导师数量增长较快，从2006年的2864人增加到2010年的4080人。其中博士研究生导师从2006年的592人增加到2010年的902人，硕士生导师由2006年的2272人增加到2010年的3178人。为切实增强导师的指导能力，保证研究生培养质量，全省各研究生培养单位不断完善导师遴选、考核制度，制定有关的指导手册，对导师与研究生在指导过程中各自的权利和责任进行明确规定，根据导师的科研项目及指导能力合理分配指导人数。同时，积极建立导师学术进修制度，有效促进了导师学术水平和指导能力的提升。2009年，我省9位研究生导师入选国务

院学位委员会第六届学科评议组。

（五）注重内涵建设，突出专业特色，为社会培养了一大批各级各类高层次人才

“十一五”期间，省内各研究生培养单位结合本单位研究生培养和学科专业的优势与特色，不断深化研究生教育制度改革，调整和制定新的研究生培养方案，加强研究生培养的过程监督与管理，积极采取有效措施强化研究生创新能力的培养，研究生教育水平与学位授予质量明显提高，为社会培养出了一大批具有创新能力和国际竞争力、能够满足我省经济建设和社会发展需要的各类高层次人才，对于实施科教兴省和人才强省战略、促进经济社会发展和提升科技创新能力作出了积极的贡献。据统计，“十一五”期间，省内各研究生培养单位共计培养博士研究生 2246 名，硕士研究生 22596 名，这些研究生毕业后主要充实到省内及陕西、河南等中西部省份的高等院校、企业、科研机构等行业部门，为全省乃至中西部地区经济社会的发展贡献才智。

二、“十一五”期间全省学位与研究生教育工作的成功经验与存在的问题

总结回顾“十一五”期间我省学位与研究生教育工作，既有许多值得我们继承和发扬光大的成功经验和做法，也有一些发展中存在的问题和不足，需要我们认真研究加以解决。

（一）取得的成功经验

1. 大力加强学科建设，以重点学科、优势学科带动学位与研究生教育持续健康发展。学科建设是高等学校建设与发展的龙头，是学校发展的主线，是一项长期而艰巨的任务。它是以学科方向、师资队伍、科学研究、人才培养、学科平台、学科管理和条件保障等为要素的一项系统工程，其目的是通过采取凝聚学科方向、汇聚人才队伍、构筑学科平台等措施，将学科建设成果转化为经济效益与社会效益，转化为优质教学资源与教学效果，大幅

提升高校的学位与研究生教育能力、科学研究与技术创新能力及社会服务能力,培养高质量的人才,提升科技创新水平和社会服务能力。

一直以来，我省各高校高度重视学科建设，积极发挥学科建设对学校各项工作的带动和引领作用，特别是注重通过学科建设来推进学位与研究生教育持续健康发展。2007 年,我省新增国家重点学科 2 个,从而使我省国家重点学科总数达到 9 个;新增国家重点培育学科 4 个。“十一五”期间,90 个省级重点学科建设也取得显著成绩,学术队伍结构不断优化,学科梯队培养体系更趋合理,创新能力显著提升,高层次人才培养能力进一步提高,服务区域经济社会发展的能力明显增强。同时，各高校不断加强校级重点学科建设,各重点学科大力发挥学科在导师队伍、科研资源、学术环境等方面的优势,培养了一大批高层次人才,为建设创新型甘肃提供了强有力的人才支持。

2. 切实加强导师队伍建设,保障研究生培养水平。研究生培养质量的关键在于导师。“十一五”期间,省内各研究生培养单位进一步明确了导师在研究生培养中的主导地位与责任,采取有效措施,不断加强研究生导师队伍建设,有力地保障了研究生培养质量。

一是不断提高研究生指导教师队伍学历水平，提高具有博士学位研究生指导教师在导师队伍中的所占比例,努力建设师德高尚、业务精湛的研究生导师队伍；二是进一步健全研究生导师选拔、考核等制度，制定评选办法,坚持择优支持、公正合理的原则,开展优秀导师和优秀导师团队评选活动,培养了一批品德高尚、学术造诣较高、教学科研成果突出并在省内外有一定影响的优秀导师和优秀导师团队，充分发挥导师和导师团队在研究生教育中的作用和影响；三是积极发挥学科创新团队在学位与研究生教育中的支撑和保障作用,强化培养机制,建设一支高水平的管理服务队伍和技术支撑专家队伍。

3. 深入实施研究生教育创新工程,切实提高研究生培养质量。实施研究生教育创新计划,其目的是要深入探索新形势下研究生教育规律,更新观念，深化改革，推进创新，建立科学的研究生教育体制和运行机制，加强研究生培养基地建设，改善培养条件，促进优质资源共享；建立研究生科研创新激励机制，营造创新氛围，强化创新意识、创新精神和创新能力的培养，切实提高研究生培养质量。

"十一五"期间，我省大力实施研究生教育创新计划，加强研究生创新平台建设。以培养和训练研究生创新能力为中心，改革研究生培养模式，通过研究生联合培养基地等多种模式的培养平台建设，优化整体培养环境，形成多方位、立体式培养研究生的开放局面，有力地保障了高层次人才培养质量。"十一五"期间，省内 6 所高校联合甘肃电力科学研究院、中国人民解放军兰州军区兰州总医院等科研院所建成 19 个联合培养研究生示范基地。"十一五"期间，各示范基地有 70 多名副高级职称以上技术人员被牵头高校聘为研究生导师，培养的研究生总数超过 150 名，涉及电气工程、药学等 18 个学科领域。部分联合培养的研究生在学期间在核心期刊及国际会议上发表了高水平的学术论文，参与国家及省、部级科技项目并获得专利。已经毕业并取得学位的近 30 名研究生，就业去向十分喜人。可以说，研究生教育创新计划的深入实施，使我省研究生培养质量和研究生教育的整体水平不断接近发达省份水平，为实施科教兴省战略和人才强省战略奠定了坚实的人才基础。

4. 有效实施研究生教育质量监控工程，完善教育质量评估体系。研究生教育质量监控是保障学位与研究生教育质量的重要手段。在国务院学位委员会负责实施学位条例，依法对学位质量进行监督的基础上，"十一五"期间，省学位委员会高度重视全省学位授予质量的检查和评估工作，同时各学位授予单位负责所授学位的质量，效果显著。

一是积极构建学位与研究生教育分级分类评估指标与制度体系。借鉴国际国内先进的评估经验，坚持过程性评估与终结性评估相结合、单项评估与综合评估相结合、奖惩性评估与发展性评估相结合的评估方式，以评促建，切实加强学位点建设与研究生培养的评估与考核；二是加强学位授予单位内部管理制度建设，强化办学责任和服务意识。在规范导师遴选程序、保证导师资质的基础上，抓住研究生招生制度建设、课程设置、研究选题和论文答辩等主要环节，强化研究生教育的过程监管，完善学位授予单位自我发展、自我评估、自我约束的质量保障体系，确保研究生教育质量稳步提高。

5. 深入开展学位与研究生教育调研工作。根据全省学位与研究生教育实际，积极开展全省学位与研究生教育调研、研究工作，用科学的调研报告和实际的政策建议指导学位与研究生教育工作科学发展。“十一五”期间，为了对全省高校研究生培养过程及其相关情况进行全面的调查研究，根据省学位委员会主任委员郝远副省长的指示精神，省学位办委托甘肃省学位与研究生教育学会成立课题组，设计发放了各类问卷万余份，走访了有关专家和研究生导师，与部分研究生进行了座谈。在汇总、整理、分析调研数据的基础上，形成了《甘肃省研究生教育发展与改革调研报告》。调研报告基本反映了我省研究生教育的现状和存在的问题，并提出了七条有针对性的建议，对于各研究生培养单位结合本单位实际情况创新培养模式，强化质量意识，切实做好学位与研究生教育各项工作，确保高层次人才培养质量提供了有益的借鉴。为了进一步了解区域经济社会发展对专业学位的需求情况，探讨在非硕士学位授予单位中开展硕士专业学位教育工作的可能性和现实性，完善我省专业学位教育总体设计，还开展了面向天水师范学院、河西学院、陇东学院、甘肃民族师范学院及兰州城市学院等相关院校的关于非硕士学位授予单位开展硕士专业学位教育需求的调查。

(二)存在的主要问题

当前，我省研究生教育发展面临前所未有的机遇，但也存在着诸多问题和挑战。

1. 由于条件限制，研究生招生规模仍然偏小。从博士研究生的招生规模来看，“十一五”期间，我省的招生规模一直远低于全国平均水平。2006年，全国各省博士研究生平均招生人数为1749人，至2010年达到1938人，而我省的招生人数则分别仅为591人和727人。

从硕士研究生的招生规模来看,"十一五"期间,我国各省硕士研究生平均招生人数从2006年的10687人增加到2010年的14750人,增幅为38.02%。我省的招生人数增幅则为33.67%,明显低于全国平均发展水平。

总体来看,我省研究生招生规模仍然偏小,尚不能满足未来经济社会的发展需求。以2008年为例,我省研究生招生规模增长率为7.72%,与青海(13.35%)、宁夏(13.82%)、西藏(19.91%)、贵州(8.57%)相比增长率明显较低。

2. 导师队伍的数量、质量都不能满足需要,遴选机制必须进一步完善。

首先,导师数量总体不足,研究生与导师交流较少。据调查,我省研究生与导师见面次数每月不足三次的所占比例高达60%,其中每月只见两次面的比例为13.2%,每月只见一次的比例为19.96%,每月见面不足一次的比例为26.6%。而当导师因调离、出国等特殊原因无法指导所带研究生时,有一半的研究生得不到其他导师的及时指导。

其次,从遴选机制看,现有导师遴选标准过于看重职称和科研项目等因素。调查显示,制约研究生导师遴选的前三位因素分别是学术水平、职称和科研项目。这反映出我省高校遴选研究生导师在达到一定学术水平的前提下,首先重视的就是教师的职称及其所主持的科研项目。获评副高或正高职称,申请并主持的科研项目越多的教师,其获准研究生导师资格的可能性也就越大。因此,造成了现有研究生导师队伍的学科结构、专业结构、职称结构的不合理现象,在一定程度上影响了对研究生的学术指导和培养质量。

3. 学位与研究生教育的经费投入严重不足。由于我省经济基础相对薄弱,财政困难,加上基础教育"两基"攻坚任务繁重,高等教育特别是学位与研究生教育、学科建设投入相对不足。在地方财政不能满足高校快速发展的情况下,高校基本建设主要依靠商业贷款。截至2010年12月,省属高校贷款总额已超过70亿元(不含日本协力银行贷款46.6亿日元),每年需要支付利息5亿多元;其中通过省级信用平台争取到的国家开发银行政策性贷款31.39亿元,其余为商业银行3~5年短期贷款。沉重的债务已成为制约我省高校持续健康发展的重要因素,给高校财务管理带来了很大风险,也制约着人才培养和学科建设的发展水平和发展步伐。

4. 学科发展不平衡，类型结构不尽合理。

（1）学科发展不平衡，需要进一步调整。部分高校在发展过程中“求大求全”，结构调整不尽合理，人才培养与产业发展脱节，应用学科结构体系与行业产业发展需求存在较大差距。工科、医学类人才培养能力不足，师范专业人才过剩；研究生教育中学术性研究生比例太大，专业性研究生比例太小；特别是一些甘肃经济社会发展关键领域的学科如新能源、石油化工、农产品加工、生态环境等人才培养和科学研究与科技创新能力都不足；一些新兴战略性产业如动漫、生物制药、物联网等尚属空白。

（2）类型结构也需要调整。从2009年开始，我省高校已经开展研究生分类培养工作，全日制硕士研究生招生分为学术型硕士研究生和专业学位硕士研究生两种。目前，我省学术型硕士研究生培养占硕士生总人数的85.2%，专业学位硕士研究生仅占全部硕士生的14.8%。这表明研究生培养中仍然以学术型人才培养为主，这与国际上的学位类型正好相反（一般来说，学术型研究生和专业型研究生的比例为2:8）。

5. 学位授予标准仍然比较单一。我省从事研究生教育的各高校都有发表文章的要求，但研究生发表的论文质量普遍不高，不仅没有帮助研究生提高科学研究的能力和水平，反而加大了研究生的负担。以2010年甘肃省省属高校研究生科研情况为例，博士生发表中文核心期刊（包括CSSCI篇）平均人数比例为24.5%，硕士生为7.6%；博士生发表EI平均人数比例为9%，硕士生为0.1%；博士生发表SCI平均人数比例为5.7%，硕士生为0.3%。

从学位授予标准看，59%的研究生同意建立多元化的学位授予标准，认为标准不仅仅局限于发表论文，31.8%的研究生非常同意该做法；在发表论文方面，44.3%的研究生支持将研究生必须发表论文改为鼓励发表论文，并对优秀论文给予奖励，35.9%的研究生非常支持该做法。

6. 人才培养质量与社会效益还需要进一步提高。省学位办组织开展的全省研究生培养质量及就业情况调研显示，目前我省研究生培养单位的研究生培养的专业设置在适应区域经济社会需求、提高就业率等方面还存在着一些较为明显的问题。

(1)专业内涵建设有待进一步改革提高。调研结果显示,我省研究生对其专业发展在拓展知识面、了解学科前沿、掌握研究方法、开拓国际视野以及培养创新精神等各方面的平均满意度较低,表明研究生专业发展水平较低,需要采取多种措施切实提高专业发展水平。

(2)研究生就业形势不容乐观。调研结果显示,2006—2009年,我省高校研究生就业率分别为92.1%、82.8%、73.2%。2010年,甘肃省研究生毕业生人数为6380人,就业人数为4222人,就业率为66.1%。2006—2010年本科生就业率分别为90.7%、86%、87%、91%。我省研究生就业率明显低于本科生就业率,培养质量和效益尚不能很好适应经济社会发展的需要。

三、“十二五”期间全省学位与研究生教育工作发展的基本思路和战略举措

(一)“十二五”期间全省学位与研究生教育发展的基本思路

新的历史时期,我国学位与研究生教育发展的基本思路是深入贯彻教育规划纲要、人才规划纲要,加深对高层次人才培养规律和学位与研究生教育战略地位的认识,以提高质量为核心,以改革发展为动力,不断更新教育观念,创新人才培养模式,完善结构类型,统筹区域发展,加快建设结构优化、布局合理的高质量学位与研究生教育体系。

“十二五”期间,我省的学位与研究生教育工作将认真学习贯彻国家学位与研究生教育工作的总体思路和目标任务,以适应国家和地方经济建设、社会发展、科技进步的重大需求为导向,以培养高层次拔尖创新人才为根本,优化结构,重点建设,强化优势,突出特色,拓展规模,注重质量,创新机制,改进管理,稳步扩展学位与研究生教育规模,努力提高学位与研究生教育质量,不断改进学位与研究生教育管理工作,为建设创新型甘肃,实施区域发展战略提供更加强有力的人才和智力支撑。

(二)"十二五"期间全省学位与研究生教育发展的战略措施

1. 突出重点,争创特色,大力加强学科建设。学科建设是一项系统工程,必须要认真谋划,要"有所为,有所不为"。每所学校的资源总是有限的,不可能无限扩展,没必要也不可能建设所有的学科。因此,必须防止资源的过度"稀释",确定一批学科进行重点建设,充分发挥重点学科在人才培养等各方面的巨大辐射和引领作用,为区域经济社会发展培养所需的各级各类高层次人才。

(1)要大力加强重点学科建设。根据国家和区域经济社会发展特别是创新体系建设的需求,通过对学科方向等方面的积极调整,加强原有 9 个国家重点学科和 4 个国家重点培育学科建设,积极培育新的国家重点学科。大力支持省级重点学科建设,力争在"十二五"期间建设 150 个左右的省级重点学科。鼓励各高校根据自身特色建设一批校级重点学科,完善学科建设体系。

(2)切实推进优势学科建设。将学科建设与我省经济建设和社会发展的重大需求以及支柱产业发展相结合,积极发展高新技术学科和现代工程技术学科,鼓励传统特色学科与其他学科领域的交叉,并向应用方向延伸和发展。选择 40 个左右国内一流、国际上有一定影响的学科,建成"重中之重"学科,使学科结构更为科学,布局更趋合理,充分发挥其在理论与技术创新、服务区域经济社会发展方面的重要作用。

(3)在建设过程中要注重学科发展规律,进一步凝练学科方向,努力汇聚学科队伍,大力构筑学科平台,积极争创学科立项。学科建设的基础是学科方向建设,确立有特色的学科方向,并以此为重点加强建设。学科建设的关键是学科梯队建设,要真正形成由学科带头人、学术带头人和学术骨干构成的合理的学科队伍。学科建设的依托是学科平台建设,要从基础设施条件方面保障有足够的现代的实验仪器设备、网络信息环境、丰富的图书文献资料、科学的学科管理体制和良好的学科运行机制。学科建设的载体是项目建设,要争创学科立项,包括"985"工程、"211"工程、重点学科、重点实验室、社科重点研究基地等重大专题立项,还要包括国家级、省部级各级各类科研立项。通过立项,既可筹集更多的研究经费,又可以进一步明确研究的目的、内容和重点创新之处。

2. 以提高质量为核心,继续实施研究生教育创新计划。

(1)要加强研究生创新平台建设。以培养和训练研究生创新能力为中心,改革研究生培养模式,优化整体培养环境,形成多方位、立体式培养研究生的开放局面,把研究生培养建立在通用性基础平台和专业性交叉平台的基础上,以此培养、提高研究生的综合素质,确保高层次人才培养质量,推动全省学位与研究生教育模式的改革与创新。

(2)要启动甘肃省优秀博士、硕士学位论文评选工作。支持、鼓励优秀研究生的学术活动和创新实践,每年分别评选出 10 篇、70 篇左右的优秀博士、硕士学位论文,并给予专项奖励,激励优秀高层次人才脱颖而出。

(3)要加强精品学位课程和优质教材建设。重视研究生教育课程体系、教材内容和教学方法的创新,设立专项基金,加强对教学工作的投入和研究生教育开放资源的开发,构建校际交流平台,资助优秀研究生导师建成一批教学内容上有分量、教学形式上有新意的研究生精品学位课程,使其成为我省研究生教学的示范性载体。

(4)要推进联合培养研究生示范基地可持续发展。积极酝酿、建立联合培养研究生示范基地建设工作评价体系,加强对联合培养研究生示范基地的质量督导和评估检查,推进基地建设可持续发展,使科研院所成为我省研究生培养的一支重要力量。各高校及科研院所要紧密合作,制定和完善适合示范基地培养研究生的各项制度和实施细则,建立和完善与之相适应的管理体制和运行机制,扩大示范基地的合作导师队伍、研究生规模和合作领域,密切双方导师的交流和沟通,建立学科研究平台,共同申报科研项目和探讨创新人才培养的机制,形成高校、科研院所联合培养研究生的新局面。

3. 以加强与企业的融合为重点,深入推进专业学位研究生教育培养模式改革。专业学位是相对于学术性学位而言的学位类型,其目的是培养具有扎实的理论基础，并适应特定行业或职业实际工作需要的应用型高层次专门人才。专业学位与学术性学位处于同一层次，培养规格各有侧重，在培养目标上有明显差异。目前，专业学位教育正处于发展的大好时机，我们一定要抓住这一难得的机遇，采取有效措施，积极促进专业学位教育较快地发展，努力开创全省专业学位研究生教育的崭新局面。

(1)要大力推进专业学位研究生教育课程模式改革。专业学位研究生教育课程设置要以实际应用为导向，以职业需求为目标，以综合素养和应用知识与能力的提高为目的。其教学内容要强调理论性与应用性课程的有机结合，突出案例分析和实践研究；教学过程要重视运用团队学习、案例分析、现场研究、模拟训练等方法；专业学位研究生在学习期间，可采用集中实践与分段实践相结合的方式，必须保证不少于半年的实践训练；学位论文选题应来源于应用课题或现实问题，要有明确的职业取向和良好的应用价值。

(2)要加大研究生实训基地的建设，在企业、公司、事务所(会计、审计、律师)和政府职能部门建立长期、稳定的实训实践基地，为研究生提供数量充足的实训实践平台，使学生能够根据自身的能力、兴趣以及社会需求，有更多的选择机会。

(3)要建立健全校内外双导师制，注重实践研究和创新能力的培养。要充分调动社会、行业和有关用人单位的积极性，聘任实务部门的高级人才作为兼职导师。要充分发挥学校、院系和导师的作用，大力拓宽研究生就业渠道。

4. 积极创造条件，切实提高导师队伍整体水平。研究生在读期间的专业学习与科学研究主要由指导教师来指导，导师的学术水平，甚至非学术素质的高低都直接影响到研究生的培养质量。要实施导师队伍建设工程，努力改善导师队伍学历结构，扩大导师队伍规模，提高导师队伍质量。

(1)要努力提高导师的学术能力，形成学术特色，科学指导研究生从事科研工作。研究生的研究方向是指导教师的学术水平、科研特色以及学科优势的集中体现，一名优秀的导师理应有自己的学术领地和学术特色，要有新的学术增长点，这样才能指导研究生不断提高科研水平，培养和提高研究生的创新思想、学术品质和科研道德，引导研究生在德智体美等方面全面发展。

(2)要采取有效措施,大力改善导师工作条件。要积极争取加大投入,保障导师一定的科研经费，在精神和物质上尽可能满足导师的需要，以吸引优秀人才扎根甘肃。要打破研究生招收的平均主义，科研项目及经费较充足、科研成果较多的导师,招生数量可以适当增加。力争每年培养和选拔30名左右优秀导师和10个左右的优秀导师团队,建成20门左右的省级精品研究生学位课程，充分发挥导师在研究生教育创新及高层次人才培养中的重要作用。

(3)要实行导师考核制度,建立相应的质量保证监督机制,打破导师终身制,实行优胜劣汰。完善研究生导师选聘和考核制度,对于没有科研课题和科研经费、学术水平不高、教书育人能力差的导师停止招收研究生或取消导师资格。要建立导师岗前培训基地,新增导师必须参加岗前培训。

(4)要建立多元化、高质量的兼职导师队伍。各研究生培养单位要进一步解放思想,提高认识,增强管理水平和能力,采取切实有效的措施多方吸纳人才和社会精英充实导师队伍。

5. 合理调整研究生培养规模,努力实现规模与效益协调发展。合理调整全省研究生招生培养规模，就是要认真研究并处理好研究生培养的规模和效益问题，也就是要在确保研究生培养质量不断提高的基础上，稳步扩大研究生招生培养规模。

(1) 要进一步明确各研究生培养单位在学位与研究生教育中的定位,努力形成各自不可替代的优势和特色。在此基础上,统筹学校发展目标、导师队伍发展建设的质量和数量以及不同学科、方向的研究生的社会需求,综合确定我省研究生教育发展的规模和结构调整的策略。同时，还要积极改革生源选拔模式,在生源选拔中充分考虑区域经济社会发展的需求。

(2)要努力加强对全省经济社会发展急需领域高层次人才的培养。根据我省经济社会发展重点产业、重点领域对新能源、新材料、装备制造、生物医药、农副产品加工、循环经济、节能减排、生态环境、节水技术、城镇基础设施以及现代物流等方面人才的需求，有重点地开展联合招收、培养工作，为全省经济社会发展定向培养一大批急需优秀人才。在重视应用型人才培养的同时，加强对基础理论学科人才和哲学社会科学人才的培养。

(3)要大力发展专业学位研究生教育，努力申请增加新的专业学位类型，积极扩大硕士专业学位研究生的招生规模，主动面向区域经济社会发展需求培养应用型、创新型的高素质人才。

6. 逐步完善学位与研究生教育质量保障体系。质量是学位与研究生教育的生命线。建立和完善学位与研究生教育的检查与评估体系，是保障学位与研究生教育科学发展的关键。"十二五"期间，我们要进一步加强全省学位与研究生教育的质量检查和评估工作，健全和完善相关法规、办法，构建合理的评估体系，使学科建设评估、学位授权点评估、学位与研究生教育质量评估等各项评估工作进一步规范化、制度化。

(1)要不断完善研究生教育和学位授予质量的自我评估制度。各研究生培养单位要按照国家有关规定，在规范导师遴选程序、保证导师资质的基础上，紧紧抓住研究生招生制度建设、课程设置、研究选题和论文答辩等主要环节，切实强化研究生教育的过程监管，完善学位授予单位自我发展、自我评估、自我约束的质量保障体系，确保研究生教育质量稳步提高。

(2)要建立和完善研究生教育质量管理体系、质量监督体系和质量反馈体系。建立健全研究生教育质量管理制度和研究生教育自我评估制度；改进和完善研究生教育质量评估方法、技术和手段，逐步建立社会评估的体系，实行行政评估和社会评估相结合的方式，形成一套科学合理、符合实际、具有较好导向性和操作性的研究生教育质量评估体系。

(3)要实施博士、硕士学位论文抽检制度。要切实完善博士、硕士学位论文评估指标体系，抓好博士、硕士学位论文的评估抽检工作，确保研究生学位论文质量。严格论文评阅和答辩程序，积极推进学位论文的"双盲"送审制，使评阅人对论文具有客观的评价。

7. 多渠道增加投入，努力改善学科建设和学位与研究生培养条件。

（1）要设立研究生科研创新计划。力争在“十二五”期间每年设立5个左右的研究生创新实验室和创新中心，提高研究生科研创新意识，增强创新能力。设立甘肃省研究生科研创新计划，鼓励研究生紧紧围绕我省区域发展战略和重大项目，积极踊跃地参与科学研究活动。

（2）进一步加大重点学科的投入，逐步增大重点学科专项经费。在省财政厅的大力支持下，积极争取对省级重点学科建设的更大投入，加大对省级重点学科建设的扶持力度，尽力为各高校的学科建设创造必要的更加良好的工作条件和氛围，力争将部分学科培育成为在国内同类学科中具有较大影响的优势学科和特色学科，努力使2~5个省级重点学科能够顺利进入国家重点学科行列。

（3）要健全以政府投入为主、多渠道筹集经费的体制，切实保证对学位与研究生教育事业的投入。积极争取政府在财政预算中安排必要的资金，加大对全省学位与研究生教育事业人才培养的经费投入，通过培养条件和环境的改善，带动我省高校实现一级学科博士点、硕士点和高层次人才建设等的新突破。

回顾刚刚过去的“十一五”，在省学位委员会正确有力的指导下，经过全省高校与科研院所的共同努力，我省的学位与研究生教育得到了很快的发展，取得了明显的成绩。“十二五”时期，我省的学位与研究生教育工作依然任重道远。我们将认真总结反思过去的工作，找准存在的差距，深入研究应对的策略和方法，不断开创我省学位和研究生教育事业更加崭新的局面，为促进区域经济社会又好又快发展和实施“科教兴省”、“人才强省”战略，作出新的更大的贡献！

高等学校学科建设与研究生教育科学发展的思考

当前，我国学位与研究生教育正处在一个十分重要的转折点，面临着新的挑战和新的发展机遇。研究生教育工作的重中之重，是通过大力推进研究生教育创新计划，将工作的重点真正转移到提高质量和结构的优化调整上来。我省高校学科建设和研究生教育也同样面临着新的问题和挑战，一系列相应的重要问题需要我们在理论上进行深入的探讨，在工作实践中不断改进和完善。

一、我国学位与研究生教育工作的现状与发展趋势

改革开放30年来,我国高等教育事业取得了举世瞩目的伟大成就。作为高等教育重要组成部分的学位与研究生教育事业同样获得了前所未有的发展,实现了历史性跨越。

我国学位与研究生教育的改革和发展，以恢复研究生招生为起点,以《中华人民共和国学位条例》实施为标志,迈出了改革开放的历史性步伐。改革开放30年来,我国学位与研究生教育的改革与发展大体经历了五个发展阶段:一是学位制度初创实施与研究生教育恢复发展阶段(1978—1985);二是学位制度改革肇始与研究生教育波浪式发展阶段(1985—1992);三是学位制度改革深化与研究生教育深化改革阶段(1992—1999);四是中国特色

学位制度日臻完善与研究生教育加快发展阶段(1999—2005);五是进入21世纪,开始由研究生教育大国向研究生教育强国迈进(2005—)。在改革与发展过程中呈现五个方面的发展特征:第一,改革开放30年,我国学位与研究生教育的改革与发展,是在新中国成立后至文化大革命前17年的艰难探索与曲折发展的基础上进行的;第二,改革开放30年来,我国学位与研究生教育的改革与发展,是在党中央和国务院实行一系列国家发展重大战略的大背景下进行的;第三,改革开放30年来,我国学位与研究生教育主动适应并积极服务于国家发展战略需要,为我国经济建设、科技进步和社会发展作出了巨大贡献;第四,改革开放30年来,我国学位与研究生教育在互动中改革与发展,学位制度的实行促进了研究生教育的制度化;第五,改革开放30年来,学位与研究生教育起步晚、起点高、发展快,实现了历史性跨越。

(一)我国学位与研究生教育的发展与主要成绩

改革开放30年来,我国研究生教育经历了从文化大革命期间被迫中断到恢复、从1978年恢复到逐步发展、由小到比较完善的发展过程。我国学位制度及其事业则是从无到有,由有到比较完善。我国学位与研究生教育事业在改革开放以来的30年中,实现了六个方面的历史性跨越。

1. 研究生教育从无到有,开始建立完整的、开放的、具有中国特色的学位制度。众所周知,没有学位制度与研究生教育的高等教育是不完整的高等教育,也不可能是独立自主的高等教育,更不可能是对外开放的国际化高等教育。在改革开放以前,当时我国的高等教育设置了专科、本科和研究生教育,但没有实行学位制度,研究生教育不仅规模比较小,而且在层次上只有硕士,谈不上博士研究生教育,因此,是不完整的高等教育体系,更不是开放的高等教育体系。在改革开放以前,由于历史的原因,在"全面"、"系统"学习前苏联教育经验、教育思想的思想指导下,高等学校经过1952年的院系调整,对综合大学进行拆分,新建了一大批工科、财经、政法、农科、医科等单科性学院,由此建立了基本上完全模仿前苏联的高等教育体系与模式。

1978年恢复研究生招生,1981年实施《中华人民共和国学位条例》,我国高等教育由“乱”开始到“治”,不断走向改革开放。经过30年的不断深化改革与快速发展,目前,我国已经形成了高等职业(专科)教育、本科教育和研究生教育“三足鼎立”的新格局。目前,我国有普通本科院校740所,高职(专科)院校1168所;有学士学位授予单位700多个,硕士学位授予单位697个(其中普通高等学校530个、科研机构152个、党校15个),博士学位授予单位346个(其中普通高等学校291个、科研机构54个、党校1个),构成了完整的高等教育体系和学位与研究生教育体系。经过共建、调整、合并等形式的高等教育管理体制改革,大多数高校由单科性院校发展成为综合性与多科性的高等学校,改变了以单科性院校为主的高校结构。

改革开放以来,我国教育特别是高等教育开放不断扩大,已累计接受来自世界180多个国家和地区的国际学生123万人。2007年底,来华外国留学人员共计19万多人,其中学历生占34.89%。1996—2007年出国留学人员106.7万人,回国27.5万人;1996—2007年国家公派出国留学人员3.47万人,回国比例达97.5%;有留学经历的在高校校长中占77%,在中科院院士中占84%,在工程院院士中占75%,在长江学者中占94%,在国家“863计划”首席科学家中占72%,在博士生导师中占62%。目前我国与世界上184个国家和地区建立了教育合作交流,其中已经与俄罗斯、德国、英国、法国、澳大利亚、新西兰等32个国家签订了相互承认学历与学位文凭的协议。我国是《亚洲和太平洋地区承认高等教育学历、文凭和学位公约》的缔约国,来华攻读各级学位的留学生人数在不断增加。我国已向52个国家和地区的202位知名人士授予了中华人民共和国荣誉博士学位。所有这些都充分表明,一个完整开放的具有中国特色的学位制度与研究生教育体系已经基本建立。

在改革开放方针的指引下,我国学位与研究生教育在改革与发展的过程中,既坚持了立足本国国情,又借鉴了国外成功经验,逐渐形成了有中国特色的学位制度与研究生教育体系。这些特色主要有:一是硕士学位在学位结构中是相对独立的一级学位,而不是一般的过渡学位;二是学位授权与研究生培养体系以高等学校为主,同时还有科研机构、军队系统和党校系统，即多元的学位授权与研究生培养体系；三是严格的学位授权审核制度，经批准的学位授予单位有权决定某一个学位申请人是否能被授予学位，国家对各级学位授予质量的监督主要是依靠对学位授予单位及其学科专业进行严格的审核；四是开辟了以研究生毕业同等学力申请硕士、博士学位的渠道，有利于促进多渠道培养高层次专门人才；五是以中央为主导，地方统筹，单位自主，依靠专家学者，建立国家、地方与单位的三级管理体制。

2. 研究生教育从有到大，正在成为世界研究生教育大国。文化大革命前，我国有一定规模的研究生教育，但在文化大革命中被迫中断。1977 年恢复高考，当年的录取率为 4.7%，到 2007 年高考录取率超过 56%。高等教育毛入学率则从 1990 年的 3.4%提高到 2002 年的 15%，2007 年达到 23%，用 10 年多的时间实现了高等教育大众化。在这个进程中，研究生教育也随之快速发展，在校研究生人数从 1978 年的 10934 人发展到 2007 年的 119.5 万人，仅少于美国的 200 多万人，位居世界第二，成为研究生教育大国。而博士研究生教育则是从零开始，1982 年开始招收博士生，到 2007 年在校博士研究生达到 22.2 万人，同年授予博士学位的人数为 4.3 万人，每年授予博士学位人数也仅少于美国而跃居世界第二，标志着我国已成为名副其实的研究生教育大国。

3. 研究生教育的快速发展为国家输送了大量硕士和博士，已经实现了高层次专门人才基本立足国内的奋斗目标。研究生教育是高层次人才培养的主渠道。改革开放 30 年来，我国建立了比较齐全的学科门类，立足高素质创新人才培养，为国家输送了 24.0829 万名博士，其中哲学 3668 人、经济学 12356 人、法学 8815 人、教育学 3477 人、文学 9410 人、历史学 4698 人、理学 49674 人、工学 85024 人、农学 9701 人、医学 36763 人、军事学 2157 人、管理学 12011 人、专业学位 3078 人。同时为国家输送了 187.2077 万名硕士，其中哲学 22097 人、经济学 116585 人、法学 103786 人、教育学 45251 人、文学 120983 人、历史学 24756 人、理学 192512 人、工学 630038 人、农学 52427 人、医学 170967 人、军事学 18605 人、管理学 107394 人、专业学位 266667

人。我国自己培养的博士和硕士，在我国社会主义现代化建设中发挥着重要作用，已经成为各行各业的骨干力量，其中许多是领军人物与中坚力量。例如，承担国家自然科学基金项目的负责人中，90%以上是毕业研究生，其中毕业博士生占近80%，而这些毕业研究生中又有近90%是我国自己培养的；1995年新增院士中第一次有了改革开放后我国自己培养的博士，2005年新增的51位中科院院士中，在国内接受研究生教育的有17人。

4. 研究生教育的快速发展为促进高等学校三大职能的全面实现与提升，推动研究型大学群体的建设提供了重要的人才支撑。人才培养、科学研究和社会服务是高等学校的三大职能。在改革开放前，我国高等学校主要从事人才培养，科学研究薄弱，也谈不上服务社会。改革开放30年后的今天，我国高等学校三大职能得到了全面实现与提升，为国家经济建设与社会发展作出了重大贡献。学位制度的实行与研究生教育的发展对高等学校三大职能的全面实现与提升发挥了极大的促进作用。

高水平的师资队伍是保证教学质量与人才培养质量的关键。改革开放30年来，我国自己培养的大批博士、硕士充实到高等学校，从根本上改善了师资队伍结构。2007年普通本科高校专任教师中具有研究生学历的教师比例平均为57.9%，其中具有博士学位的教师比例为15.9%。在进入"211工程"特别是"985工程"建设的高等学校，具有博士学位的教师比例则远远高于平均比例。如，清华大学目前45岁以下的青年教师中，有研究生学历的占90%，其中博士占70%。师资队伍结构的改善与整体水平的提升，对提高教学水平与保证培养质量发挥了重要作用。

改革开放30年来，高等学校已经成为我国科学研究与技术创新的重要生力军，在建设创新型国家和全国建设小康社会中发挥着重要作用。在2007年度国家"三大奖"中，高等学校获国家自然科学奖26项，占66.7%；国家技术发明奖27项，占69.2%；国家科技进步奖116项，占60.4%。2006年全国高等学校专利拥有量4.5万项，建有国家大学科技园62个。在哲学社会科学方面，高等学校汇聚了全国哲学社会科学界90%以上的研究人员，占有80%以上的研究成果。高等学校在科学技术与哲学社会科学方面所发挥的重要作用，与研究生教育密切相关。研究生群体已经成为高等学校开展科学研究与技术创新的一支充满活力、源源不断的重要生力军。研究生特别是博士生参与了高等学校承担的自然科学基金、“863”、“973”等各类重要的科研项目，他们不仅是导师的得力助手，而且也是知识与技术的创新者。学术论文是研究生教育在科研方面的重要产出。从2000—2006年我国博士生在读期间SCI、EI和ISTP三大检索发表论文情况中可以看出，博士生占有相当的比例。

在研究生教育大国崛起的进程中，随着高等学校三大职能的全面实现，通过“211工程”和“985工程”建设，推动了我国高等教育整体办学水平的提升与研究型大学、教学研究型大学群体的建设，以北京大学、清华大学为代表的若干所高等学校正在向建设成世界一流大学或国际知名的高水平研究型大学迈进。

5. 研究生教育的快速发展使高层次人才培养由单一的培养模式走向人才培养多样化的新格局。在上世纪80年代初期和中期，我国毕业研究生80%以上都就业于高等学校与科研机构，这对缓解当时教学和科研高层次人才的短缺起到了历史性作用。随着我国经济与社会的不断发展，特别是随着由计划经济向市场经济的转变以及加入WTO以后，社会实际部门对毕业研究生的需求在不断扩大，由此使当时研究生培养“生源单一”、“类型单一”、“流向单一”的矛盾越来越突出。为缓解“三个单一”的矛盾，国家从招生、培养和学位授予等多个方面采取了一系列改革措施，其中最主要的是设置专业学位。1990年设置了我国第一个专业学位——工商管理硕士（MBA），到目前已先后设置了法律硕士、教育硕士、工程硕士、建筑学士和建筑硕士、临床医学硕士和临床医学博士、口腔医学硕士和口腔医学博士、公共卫生硕士、农业推广硕士、兽医硕士和兽医博士、公共管理硕士、军事硕士、会计硕士、体育硕士、艺术硕士、风景园林硕士、汉语国际教育硕士和翻译硕士等18种专业学位，并开辟了在职攻读专业学位的渠道，这就从制度上解决了"三个单一"的问题。目前,我国既培养学术型的研究生,又培养应用型与复合型的多种专业学位研究生;既有"经全国统考入学攻读硕士和博士学位的研究生学历教育"(有学位、有学历),又有"经联考入学在职攻读专业学位的学位教育"(有学位、无学历),还有同等学力申请硕士、博士学位三条渠道培养高层次专门人才。采取了国内校校之间、校所之间、校企之间以及国内外之间联合培养等多种形式培养研究生的措施,形成了高层次专门人才培养多类型、多渠道及多方式的多样化新格局。

6. 研究生教育的快速发展已经突破了传统体制,建立起比较完善的学位与研究生教育的三级管理体制。在改革开放初期,我国学位制度与研究生教育实行高度集中的管理体制。随着我国由计划经济体制向社会主义市场经济体制的转变,高等教育管理体制进行了多轮改革,学位与研究生教育的管理体制改革也随之不断深化,逐步建立了比较完善的由国家、地方和研究生培养(学位授予)单位构成的三级管理体制,即国务院学位委员会、各省(自治区、直辖市)学位委员会、各学位授予单位的学位工作三级管理体制,教育部、各省(自治区、直辖市)政府、各研究生培养单位的研究生教育三级管理体制。国务院学位委员会和教育部通过立法与规划、财政投入、政策支持和质量监控等方式实行对全国学位与研究生教育的领导与宏观管理,各省(自治区、直辖市)政府与学位委员会负责对本地区学位与研究生教育的领导与统筹管理,研究生培养(学位授予)单位负责本单位研究生培养与学位授予有关工作的领导与管理并面向社会自主发展。这一体制有利于调动中央、地方和单位各方面的积极性,有效地推动学位与研究生教育的改革与发展。需要指出的是,在学位工作与研究生教育工作两个三级管理体制实际运行中,两者既相对独立又相互联系,其职能部门许多都是"一个班子,两块牌子"。如,现在的"国务院学位委员会办公室"与"教育部学位管理与研究生教育司";各省(自治区、直辖市)的学位办公室也同时是本地区研究生教育管理的职能部门,许多单位的学位办公室也设置在研究生院(部、处)。这样一种职能部门的设置,是当时学位与研究生教育互动的历史产物，既有利于促进学位工作与研究生教育的互动与协调发展，又有利于精简人员、提高工作效率。当然，也有其不利的一面，因为受编制的限制，学位办只能忙于应付具体的事务管理和服务工作，而没有充足的时间去研究学位与研究生教育建设发展中的深层次业务问题。

（二）我国学位与研究生教育发展的成功经验

回顾总结30年的发展历程，我们深切地感受到，学位与研究生教育的历史性跨越，归功于改革开放，得益于改革开放以来思想解放的与时俱进，体制的改革创新，经济的快速增长和综合国力的大幅提升。在这个过程中，我国的学位与研究生教育积累了宝贵的历史经验。

1.坚持服务于国家发展战略，推动学位与研究生教育的改革和发展。改革开放30年来，我国学位与研究生教育的改革和发展是在党中央和国务院实行一系列国家发展重大战略的大背景下开展与实施的。国家发展重大战略决定和影响着学位与研究生教育的改革和发展，学位与研究生教育只有服务于国家发展战略，才能得到健康发展。

“以经济建设为中心，坚持改革开放”战略的确立，使研究生教育得以恢复，学位制度得以实施，研究生院得以建立，使我国学位与研究生教育走上制度化蓬勃发展之路。

“科教兴国”战略的实施中，把教育置于优先发展的战略地位，给学位与研究生教育的改革与发展注入强大动力。国家实施了“211工程”和“985工程”，提升了高等教育整体水平，促进了研究生培养基础建设，提高了我国学位与研究生教育的国际竞争力。

“建设创新型国家”战略的实施中，科学研究与高等教育有机结合的知识创新体系建设，推动了“研究生教育创新工程”的实施，提高了研究生创新能力。

“人才强国”战略的实施中，研究生教育在人才强国战略中有着重要地位与重要作用，它既是人才培养的重点，也是培养高层次创新人才的主渠道，在整个人才队伍建设中起带头作用。

社会主义市场经济体制的逐步建立，不仅推动了管理体制改革不断深化，而且促进了研究生教育招生、培养，就业制度，学位授权审核及学位类型多样化等一系列改革，增强了学位与研究生教育对经济发展与社会建设的适应能力。

2. 坚持依法行政，推进学位与研究生教育的制度化。1980年颁布的《中华人民共和国学位条例》作为新中国第一部教育法律，标志着我国教育开始走上依法治教轨道。与此相配套的有《中华人民共和国学位条例暂行实施办法》、《国务院学位委员会关于审定学位授予单位的原则和办法》。这是学位与研究生工作的“老三篇”，它们本身就是改革开放的产物。改革开放30年的实践充分证明，正是有了这“老三篇”，有法可依，依法行政，依法治教，才保证了我国学位与研究生教育工作健康发展。

3. 坚持走“试点——推广”的渐进式改革之路，保证学位与研究生教育稳步健康发展。如何建设有中国特色的学位制度与研究生教育体系，完全是一项开创性的工作。坚持质量第一，维护我国学位声誉是一条重要原则。在创建有中国特色的学位制度与研究生教育体系的进程中，我们坚持走“试点——推广”的渐进式改革之路，实践证明这是一条行之有效之路。同时，在改革中，要注意把握好“四个度”，即：把握好改革的力度、发展的速度、保证质量的信度、社会的承受度。这样，就保证了学位与研究生教育稳步地扎实地健康发展。例如，硕士点审批权下放，1986年试点、推广到2002年全部放权，历时14年；按一级学科审核博士学位授予权，1995年试点、推广到2002年全部实行，历时7年；增列博士生导师审核改革，1993年试点、推广到1999年全部放权，历时6年；同等学力申请博士、硕士学位授权，1985年试点、推广到1999年全部放权，历时14年。正是这种“摸着石头过河”的改革方式，才避免了“一放就乱”、“一乱就收”的怪圈出现。

4. 坚持政府职能部门与专家学者相结合的运行机制，促进科学与民主决策。学位与研究生工作是一项学术性很强的工作，又是一项需要国家行政职能部门加强宏观调控管理的工作。因此，要坚持政府职能部门与专家学者相结合的运行机制，正确处理好学术权力与行政权力的关系，促进科学与民主决策，调动多方面的积极性，才能保证学位与研究生教育的改革与发展顺利进行。

5. 坚持以学科建设为核心，坚持重点建设，是带动整体水平提升的必然选择。学科建设是高等学校建设的核心，起着龙头作用，这已成为共识。通过多年的学科建设，及时将学科建设成果转化为经济效益与社会效益，转化为优质教学资源与教学效果，转化为学术成果与学术贡献，在为国家经济建设和社会进步作出重大贡献的同时，又大幅提升了我国高等学校的育人能力、科学研究与技术创新能力及社会服务能力，从而也显著地提升了我国学位与研究生教育的能力。

走重点建设之路，是社会主义制度能够集中力量办大事的优越性体现，也是在资源有限条件下的明智选择。实践充分证明，改革开放30年来，国家实施“211工程”、“985工程”和评选国家重点学科以及加强研究生院建设等重点建设举措，既缩小了与世界一流大学水平的差距，又带动了我国学位与研究生教育整体水平的提升。

改革开放30年来，我国学位与研究生教育的改革和发展实现了历史性跨越，为建设“研究生教育强国”奠定了良好基础。但也应该看到，其中还存在诸多问题。如，教育理念仍需进一步转变，学位与研究生教育结构不够合理，质量保障体系不力，研究生教育国际竞争力偏弱，管理体制与方式仍不适应，立法工作滞后等。在纪念改革开放30年之际，我们要在总结经验的基础上，进一步解放思想，贯彻落实科学发展观，推进学位与研究生教育的制度改革与创新、机制的改革与创新和教育教学的改革与创新，为从研究生教育大国建设成研究生教育强国而努力奋斗。

二、我省学科建设与研究生教育工作的基本现状和存在的主要问题

（一）我省学科建设与研究生教育工作的基本现状

众所周知，学科是高校的基本组成要素，是高校办学的基础和发展的

关键，是教学、科研、人才培养的基地，是智力资源的聚集点。一个学校的学科建设水平，直接关系到该校在全国高校中的地位。长期以来，我省高校把学科建设作为学校的重点工作来抓，明确发展目标，凝练学科方向，组合优势力量，初步形成了布局基本合理、优势互补、特色相对明显、与区域经济社会发展能够紧密结合的学科格局。

1. 国家重点学科建设逐年得到发展并取得良好成绩。目前，全省高校有国家重点学科 9 个、国家重点培育学科 4 个，分别占全国的 0.9%和 1.8%（全国共有国家重点学科 966 个，国家重点培育学科 217 个）。这些学科拥有学术造诣高、具有一定国际影响或国内知名的学术带头人，有一支结构合理的高水平学术团队，总体水平处于国内同类学科前列，其中部分学科达到国际同类学科先进水平。同时，具有鲜明的学科特色，在本学科领域有较大的学术影响。其主要学科方向对推动学科发展、科技创新，促进区域经济建设、社会进步具有重要意义。

2. 省级重点学科建设成效显著，水平不断提高。历经“八五”、“九五”和“十五”三个时期的建设，我省省级重点学科总数从 22 个增加到 78 个。各高等学校为学科建设投入大量的建设经费，使得这些学科的学术队伍、科学研究、人才培养等方面的规模、质量和水平得到了较大提高，对我省高校研究生培养质量的提高及区域经济社会的发展等起到了应有的支撑和促进作用。

2006 年，我们遴选出“十一五”期间的省级重点学科共 90 个，涉及哲学、经济学、法学、教育学、文学、历史学、理学、工学、农学、医学和管理学等 11 个门类的 43 个一级学科，38 个二级学科，5 个交叉学科和 4 个特色学科。

3. 随着全省高等教育质量的提高，学位授权点的建设得到明显发展。目前，全省高校共有博士学位授予单位 6 个，硕士学位授予单位 9 个。博士学位授权一级学科 15 个，博士学位授权二级学科 35 个；硕士学位授权一级学科 56 个，硕士学位授权二级学科 235 个。专业博士学位授权点 1 个，专业硕士学位授权点 18 个，博士后科研工作流动站 24 个。现有研究生导师

3213 名，其中博士研究生导师 519 名，硕士研究生导师 2694 名。学科群涵盖了除军事学之外的 11 个学科门类，构建起基础理论与应用技术并重的综合性高层次人才培养体系。

4. 办学条件的不断改善和教育教学水平的不断提高促进了研究生培养规模的加快发展。2008 年，全省高校共录取全日制博士研究生 646 人，全日制硕士研究生 6331 人，专业学位研究生 1469 人，各类在校研究生人数达到 2.5 万人。其中，人文社科类研究生数 11016 人，占44%；自然科学类研究生数 13999 人，占 56%（其中理科类研究生数 4932 人，占全部在校研究生数的 19.7%；工科类研究生数 5435 人，占 21.7%；农科类研究生数 1892 人，7.6%；医科类研究生数 1740 人，占 7%）。2007—2008 学年度，省内各研究生培养单位共授予学历博士 432 名，学历硕士 4537 名，同等学力硕士 159 名，专业学位硕士 972 名，教师在职攻读硕士 173 名，共计 6273 名，比 2007 年增长 16.8%。

5. 随着各高校办学特色的增强，专业学位研究生教育取得新的进展。目前，有兰州大学、西北师范大学等 9 所高校有权开展法律硕士、教育硕士等 8 个类别博、硕士两个层次的专业学位研究生教育工作。另外，有兰州大学等 8 所高校开展高校教师在职攻读硕士学位工作，西北师范大学还于 2004 年开始开展中职教师在职攻读硕士学位工作。2005—2007 年，我省专业学位研究生教育招生人数分别为 1139 人、1422 人和 1469 人，总数超过 4000 人；授予学位人数分别为 883 人、819 人和 726 人，总数达到 2428 人，平均学位授予率 60.3%。

6. 规模的扩大和经验的积累有力促进了研究生培养质量的不断提高。各高校结合本单位研究生培养和学科专业的优势与特色，不断深化研究生教育制度改革，调整和制定新的研究生培养方案，加强研究生培养的过程监督与管理，积极采取有效措施强化研究生创新能力的培养，研究生培养质量明显提高。在 2008 年全国优秀博士学位论文评选中，我省取得佳绩，1 篇获得优秀论文，2 篇获得优秀论文提名。

（二）我省高校学科建设和研究生教育面临的问题

新的历史条件下，我省高校学科建设和研究生教育也面临着很多需要认真研究和解决的问题，发展的任务十分艰巨。目前，我省高校学科建设与研究生教育存在的主要问题有以下几个方面。

1. 普遍比较重视专业，轻视学科建设。由于学科与专业在概念上的模糊和混淆，大学中普遍存在着重视专业、轻视学科的现象，以至于一提学科建设，许多人认为就是上专业。谈起学科建设不从学术队伍建设、科学研究、学科平台搭建、学科建设管理制度等方面入手；谈起专业建设，也不关注专业特色、课程体系、培养目标和计划，而是热衷于追随学生报考热点，盲目申办新专业。申办新专业也只是关注招生而不顾及自己的现有学科基础和师资力量及水平，这是目前高校专业趋同的一个重要原因。另外，在大学教学的具体工作中，当学科和专业发生时间和工作安排冲突时，往往要学科建设让路等等。这些错误倾向不利于学科建设，严重影响着教学质量。

2. 普遍比较重视名称，轻视内涵建设。在专业建设上，一些高校也没有把工夫下在培养目标、办学特色和教学质量上，而是热衷于改专业名称和造新专业名称，没有在内涵建设和课程改革、内容创新上有新的突破和提高，实际上大都是“新瓶装老酒”的改头换面，对名称的重视程度远远超过对专业内涵的研究和把握。大家都争着办热门专业，但在实际上，存在着同一个专业名称下开设的课程结构却不同，同一课程名称但讲授的内容却不同等现象。我们并不主张限制和剥夺大学专业设置的自主权，而是强调无论学科建设还是专业建设，都应该牢牢把握各自的内涵、实质和核心要素，这样才能确保培养出各具特色的优秀人才。

3. 普遍比较重视自发，缺乏统一规划。一些高校的学科建设处于自发的状态，院系和教师学科发展方向不明确。一个院系可以设置分属不同学科的专业，教师也可以开设横跨几个学科的多门课程，而同一学科的专业却分属不同的院系，不同的院系的教师开设同一门课程，带有很大的随意性，甚至一所大学没有一个像样的学科发展规划。在这种状态下，跟踪性研究有余，原创性和前沿性研究不足；对本学科在国内外的发展了解不够，学科建设显得比较盲目、被动，规划不足。学科建设的许多工作虽然取得了一些成效，但往往是权宜性、“突击”性的任务多，而制度性的基础工作比较少。没有充分发挥学科建设对大学学术发展的重要作用，没有将学科建设的合理机制有机地融入学校的基本制度中，没有重视学科的组织功能，使大学学科发展缺乏后劲。

4. 课程归属普遍不够清晰，讲授存在各行其是。大学目前多是采取教师归各院系所有的模式，各院系专业课程也都在院系内进行分配，同一门课程由不同的院系开设。由于研究视角和水平差异，使得课程质量无法保证，形成同一门课程归属不清晰，讲授各行其是、各自为战的混乱局面。这种情况既不利于教师自身专业的发展，也不利于学科建设的深化和学科跨院系的合作交融发展，更不利于教师在教学质量上的相互学习和竞争。当然，在特殊情况下，同一门课程也可以由其他院系开设，但所有教授这门课的老师必须接受课程归属所在的学科组的指导。

5. 筛选导师工作不严格，培养质量不保证。有的高校盲目扩大研究生规模，由于导师数量不足，临时组合，导致了一些本来教学水平不高、科研能力不强的人也带上了研究生，其结果是造成了让学生又重复本科生的学习过程；有的导师甚至只是让学生整天为自己的具体事务东奔西跑，忙来忙去，学生成了导师的“办事员”、“通讯员”、“打字员”，导师没有能力和精力对学生进行研究性的指导，更没有研究课题可做，直接影响了研究生的培养质量，从而导致研究生的研究能力差，动手能力差，就业能力差。不仅影响了学校的声誉，也影响了研究生教育工作的声誉。

6. 普遍存在专业设置与学科布局不对称。一些学校不从自己的学科基础出发，盲目扩张专业设置，导致一些新设置的专业没有学科基础，而有学科基础的，专业建设却又薄弱，专业设置与学科布局出现严重不对称。一些学校则把学科门类的多少看作是衡量学科布局合理程度的唯一指标，认为学科门类愈多表明学科布局愈合理。于是，就出现了部分大学在学科布局上片面追求学科门类齐全的现象,致使各高校专业趋同,缺乏特色。

7. 普遍存在学科结构不合理,还不能充分体现优势互补。学科结构是指一所大学内学科与学科之间的构架和搭配形成一个有机联系的整体。由于陈旧的学科壁垒意识和封闭的团体意识,使得学科建设的方向不明确,出现不分重点、“眉毛胡子一把抓”的现象,未能有效区分主干学科与辅助学科、重点学科与非重点学科。在学科类别上,不注重文、理、工各学科之间的有机联系和融合,难以形成大学自身的整体学科结构。这种现象在建校历史较短或者新建院校比较普遍。

8. 政府对省级重点学科建设的扶持力度不够。总体来看,由于省上财力困难,我省投入省级重点学科的建设经费总量偏低,只是在缓慢增加,前三轮建设期间投入的专项建设经费分别为410万元、680万元和780万元,第四轮建设目前已投入510万元。但是,学科建设的年均经费确实很少,并随着重点学科建设总数的增加呈下降趋势。前三轮建设期间,重点学科数分别为22个、44个和78个(其中省属高校55个),每个学科年均建设经费分别为6万元、5万元和2万元。第四轮省级重点学科共90个(其中省属高校59个),目前每个二级学科建设经费不足1.5万元。2007年8月份召开的中西部地区省级学位办协作会议统计了参会省市在重点学科和研究生创新计划方面的投入情况,我省的重点学科专项经费列倒数第二,仅高于西藏。经费投入的严重不足不仅直接影响了重点学科建设的质量和进度,也影响高校加快重点学科建设的主动性和积极性。

9. 专业学位研究生教育尚不能满足区域经济社会发展需要。专业学位教育在全国发展很不平衡,西部地区专业学位授权单位及授权点比重只占全国的21.5%和20.1%。我省专业学位研究生教育尚不能满足区域经济社会发展需要。此外,根据省学位办去年对各高校开展专业学位教育情况调研的结果来看,我省专业学位教育存在以下主要问题:一是专业学位生源质量相对较差。录取中作为考查入学者综合能力的面试关,往往被各培养单位所忽视。同时,专业学位的社会认可度不高;二是专业学位的课程设置尚处于探索阶段,课程设置的科学性和系统性不够,理论课程较多,涉及前沿知识和实际操作的课程较少,尤其是针对专业学位特点的案例课程和案例教学研究方面的课程很少;三是由于种种原因,当前的专业学位研究生培养过于重视理论探究,而忽视与实践结合。专业学位指导教师往往采取培养学术性全日制研究生的办法来培养专业学位研究生。

三、对我省高校学科建设与研究生教育工作的一些思考

(一)要进一步充分认识学科建设的重要性,继续大力加强学科建设

1. 要坚持合理定位,科学规划。各高校要根据自己业已形成的学科特色、专业类型、办学规格和服务对象,以及学校的生存环境和发展空间,在整个教育大格局中给自己学校一个合理的定位,并对学科发展和建设进行科学规划。任何一所大学在制定学科建设规划时都应该同学校未来的战略远景相结合,与实现战略远景的发展目标相匹配,在此基础上决定优先发展哪些学科、重点建设哪些学科、合并整合哪些学科,找准各个学科的发展方向以及学校的整体学科布局。规划一旦制定,就要确立其权威,不能轻易变动,更不能因学校主要领导人的调整而随意更改规划,使学科建设和发展失去科学性、连续性。

2. 要坚持完善学科体系,形成合理的学科结构和布局。判断一所大学学科布局是否合理,不在于其学科门类是否齐全,关键是看其学科设置是否符合学校的定位和规划,是否符合学校的人才培养目标,最终是看学校教育是否有利于人的全面发展,是否符合世界科学技术发展的趋势和规律,是否能满足国家经济和社会发展的要求。合理的学科布局一是要有宽厚的文理等基础学科;二是要有若干强大的应用学科,并形成自己突出的类型特色,如工、农、医、药、经济、政法、管理等;三是学科之间要能相互支撑、相互依托、相互促进,有利于交叉学科、边缘学科等新兴学科的产生和发展。

3. 要坚持以学科为基础建设学院,以专业为基础建设系。从院系在大

学联系学科和专业的功能看，我认为应该以学科为基础建立学院，尽量以一级学科为重点进行学院建设。以学科为重点建设学院，可以突出学科在大学中的核心地位，也可以用组织的形式确保学科建设的到位。把同一学科或相关学科的教师组合在一起，形成一个组织，共同从事学科研究和学科教学活动，有利于形成知识的场效应和工作的团队效应。系的设置则可以考虑以专业为基础，学院下面的系，从专业培养目标出发，制订教学计划，组织教学过程，确保教学质量。以专业建系，可以使教学得以有组织保证。这样，学院是教师的组织，从事学科建设，学院直接管教研室；系是以学生为对象的组织，从事专业建设，组织教学活动。学科建设与专业建设通过院系组织有机地统一在一起。

4. 要坚持并注意发现、挖掘、培育学科特色。学科特色是指一个大学的学科建设在长期发展过程中形成的，并被社会所公认的、独特的、突出的特征，它具有一定的显示度和影响力。一所大学如果有一个或几个一流的学科，或独具特色的学科，这所学校就会在国内乃至国际上产生影响，就能在社会上立足，从而带动整个学校学科的发展。没有学科特色的高校必然培养不出有专业特色的人才，这所学校当然不会引起社会的高度关注，不会得到更多的支持。所以，应当注意发现、挖掘、培育学科特色，真正使自己的学校实现“人无我有，人有我强，人强我精”的学科特色。

5. 要坚持积极组织实施教师职业生涯规划。教师职业生涯规划就是指教师和学校组织相结合，在对个人职业生涯的主客观条件进行测定、分析、总结研究的基础上，不仅要引导、教育广大教师热爱教育、忠诚教育、敬业教育，而且要帮助教师确定其最佳的职业奋斗目标，并为实现这一目标做出行之有效的计划和安排。组织实施教师职业生涯规划能够实现教师个人与学校的共同成长。它可以使教师个人充分认识自己，客观分析环境，科学地树立目标，正确选择职业发展方向，运用适当的方法，采取有效的措施，获得事业的成功。它还能够促进学校的持续发展，因为只有学校广大教师的卓越发展，才能有学校发展目标的实现，也才能促进学校的长期发展规划真正落实到每一位教师身上;还有利于配合学科调整,形成学术梯队。为了形成切实可行的教师职业生涯规划，学校对教师职业生涯的管理不仅要积极引导，而且要进行规范化管理，通过分析教师状况和职业生涯来激发教师的职业生涯动机，开发教师的潜能；还能够提高教师的工作满意度和工作、生活质量,帮助教师发掘那些未被启用的兴趣和潜能,提高教师工作绩效，鼓励各种形式的培训和再教育，防止教师由于放松继续教育和继续学习而使自身的知识和技术趋于陈旧落后,等等。

6. 要坚持抓好课程归属管理和精品课程建设。课程是学科知识的载体,课程要反映学科的特色,因而具体课程开设的程序、归属等要以学科为基础,使其学科归属清晰。只有课程归属明晰,才能规范课程内容、教材和教学方法的选用。精品课程建设是一个动态发展的过程，长期积累和不断发展是精品课程建设的基础。高水平的科学研究是创建国家精品课程的原动力,一支结构优化、德才兼备、乐于教学、勤于教学、精于教学的师资队伍,是保证教学工作顺利进行、提高教学质量和进行精品课程建设的关键。一流的教学内容和先进的教学方法是创建国家精品课程的核心，先进、科学并能及时反映本学科领域最新科技成果的课程内容是保障学生掌握知识的基本要求。教学内容组织与安排是实施教学的前提,先进的教学方法则是知识传授的纽带。教材建设是创建国家精品课程的保障，教材作为传播知识的载体,要及时反映科学技术的进展,保持先进性。这几年,我们积极推进省级精品课程建设,既是为了提高教学质量,也是为了促进学科建设,更是为了激励广大教师积极参与学术竞争、课程竞争,从而把更多、更好、更有用的知识传授给学生。

7. 要坚持推进优化整体结构,形成有水平有特色的学科群。学科群是现代学科高度分化和综合的结果。学科间相互渗透的结果，形成了不胜枚举的大量的新学科和由两种或两种以上的学科交叉形成的交叉学科，如经济数学、生物医学等，还有的是通过多种学科和技术的相互渗透形成某种新的综合学科。当今科技发展的趋势，不仅需要同一门类的学科之间打破障碍,进行交流与结合,而且需要不同门类的学科进行跨学科的交叉、渗透与融合,以派生出新的学科分支,从而促进学科的发展。学科建设不能停留在彼此相对独立"单打一"的水平上,而应按照学科自身发展的规律和学科的具体情况,在建设好各个学科的基础上,大力加强学科之间的交流与联合,形成学科的群体优势,发挥高校的综合实力。

8. 要坚持建设好跨学科团队,实现学科交叉、交融发展。知识生产的特性决定了学科团队在人才培养中的重要性。我们主张每一个大学教师都要乐于和善于作为团队成员,不赞成教师单枪匹马地孤军作战,要通过经常的学术交流、观点碰撞,激发新思维,产生新思路。任何一所高校,学科水平领先、科研成果突出、教学改革深化,归根到底都需要依靠教师的水平。因此要切实加强师资队伍建设和学术梯队的建设,形成一支由学术带头人——学术骨干——支持人员组成的结构合理的学术梯队。

成立跨院系、跨专业的交叉学科管理机构,要建设能够促进新兴学科、交叉学科和优势学科形成和发展的灵活机制,破除学科间因体制、观念等长期形成的壁垒,改变不合理的学科和科研管理的组织和模式,实现学科的交叉和融合。

9. 要继续坚持加大对学科建设的扶持力度。一方面,把国家重点学科和国家重点培育学科纳入省属重点学科建设中统一规划,安排建设。2007年,在我们的不断争取和努力下,省财政厅对省属高校国家重点学科甘肃农业大学草业科学给予了经费及项目上的大力支持;省教育厅也给予省属高校两个国家重点培育学科共 20 万元的经费扶持。尽管经费少得可怜,但总算投入了一点。以后,我们将继续加大这方面的工作力度,切实加大对国家重点学科和国家重点培育学科的扶持。另一方面,继续加大对省级重点学科的扶持力度。2007 年,在省财政厅的大力支持下,全省高校 90 个省级重点学科的扶持经费将有望得到较大幅度的提高。尽管如此,目前我省重点学科建设方面存在的突出问题仍然是投入经费不足,支持力度还有待进一步加大。我们会积极争取对省级重点学科的更大投入,尽力为学校创造必要的工作条件。当然,各校也要高度重视重点学科的建设工作,加大对重点学科的投入力度，力争将这些学科培育成为在同学科中具有较大影响的优势学科与特色学科。

(二)要高度重视做好研究生就业工作

2008 年 9—11 月,省学位办就省内各高校研究生就业相关情况进行了深入细致的调研,形成了一份比较详实的调研报告,总体情况如下。

1. 我省省内各高校研究生就业情况。

(1) 毕业研究生数增长较快，总体就业率逐年下降。从调研情况看,2005—2007 年,我省高校毕业研究生数分别为 2252 人、2785 人和 4425 人,呈较快增长趋势。与之对应,研究生就业数也呈逐年增加趋势,但总体就业率逐年下降。2005—2007 年,我省高校研究生就业人数依次为 2074 人、2306 人和 3237 人,就业率分别为 92.1%、82.8%和 73.2%,下降较快。

表 1　　2005-2007 年甘肃省高校硕士研究生就业情况表

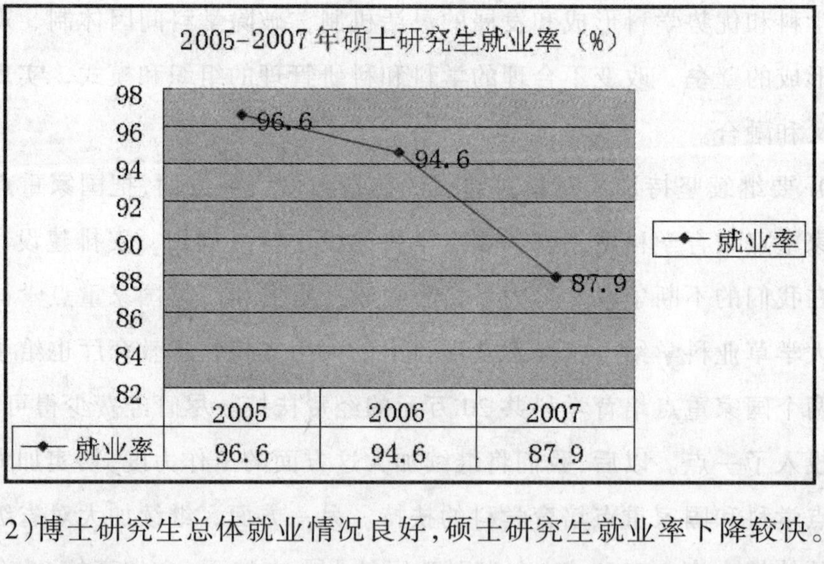

(2)博士研究生总体就业情况良好,硕士研究生就业率下降较快。博士研究生总体就业情况良好,2005—2007 年分别达到 97.4%、93.8%和 96.4%。可见,博士研究生就业率一直保持在较高水平,2006 年虽略有下降,2007 年又有所提高。

表 2　　2005-2007 年甘肃省博士研究生就业情况表

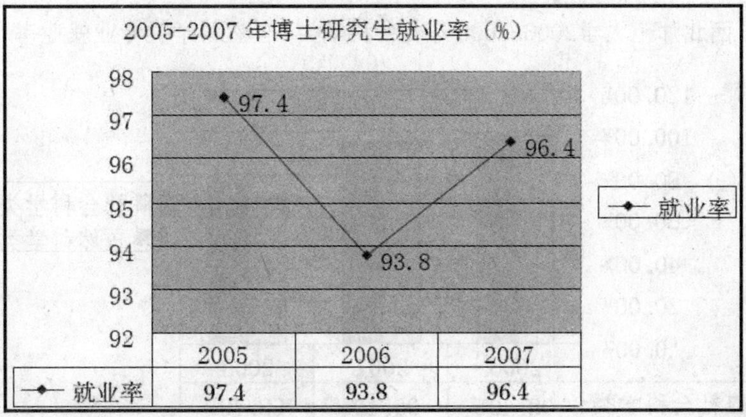

硕士研究生就业率呈下降趋势，2005—2007 年分别为 96.6%、94.6%和 87.9%。尤其 2006—2007 年下降迅速。

(3)就业情况总体而言工科优于理科，理科强于文科。不同专业之间就业率差距逐渐拉大，总体而言，工科优于理科，理科强于文科。

以兰州大学 2008 年毕业研究生为例，中国哲学、科学技术哲学、中国少数民族史、史学理论及史学史、中国近现代史、中国古典文献学、科学社会主义与国际共产主义运动及作物栽培学与耕作学 8 个专业初次就业率低于 50%。而概率论与数理统计、理论物理、光学、电路与系统、通信与信息系统、化学工艺等理工科专业初次就业率均达到 100%。

西北师范大学 2006—2008 年(截止 9 月底前)社会科学类专业毕业研究生就业率分别为 98.4%、95.1%和 68.7%，均低于自然科学类专业研究生就业率，后者分别为 100%、95.8%和 75.7%。并且，这种差距在逐渐拉大。

2005—2007 年，兰州理工大学社会科学类毕业研究生就业率分别为 100%、100%、72.0%，自然科学类毕业研究生就业率分别为 100%、100%、84.8%。社会科学类毕业研究生就业率下降的幅度大于自然科学类毕业研究生就业率。

表 3　　西北师范大学 2006-2008 年社会科学类、自然科学类专业就业情况表

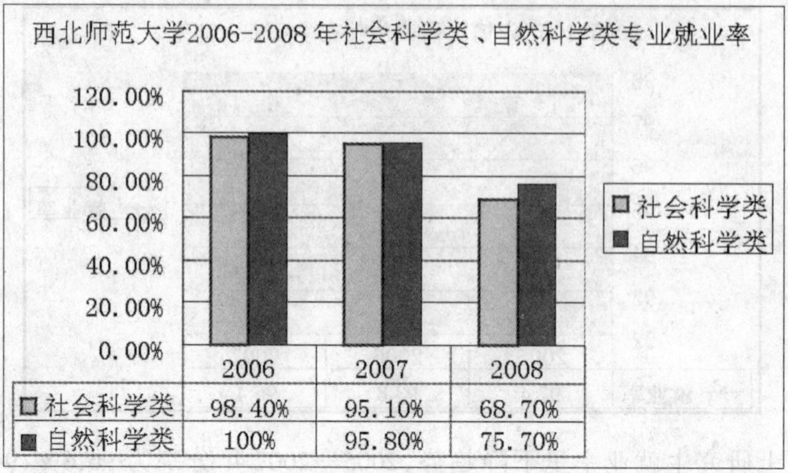

(4)我省研究生就业周期逐渐拉长。从调研及数据统计情况看,我省高校毕业研究生就业周期在逐渐拉长。表 4 是综合统计兰州大学、甘肃农业大学和西北民族大学等高校 2005—2007 年毕业研究生初次就业率、最终就业率整体情况。可以看出,2005—2007 年,毕业研究生初次就业率分别为 73.7%、70.9%和 50.9%;而最终就业率分别为 96.2%、93.3%和 85.4%,相对于初次就业率,下降幅度较小。这说明我省高校毕业研究生就业周期在逐渐拉长。

表 4　　2005-2007 年甘肃省硕士研究生初次就业率及最终就业率情况表

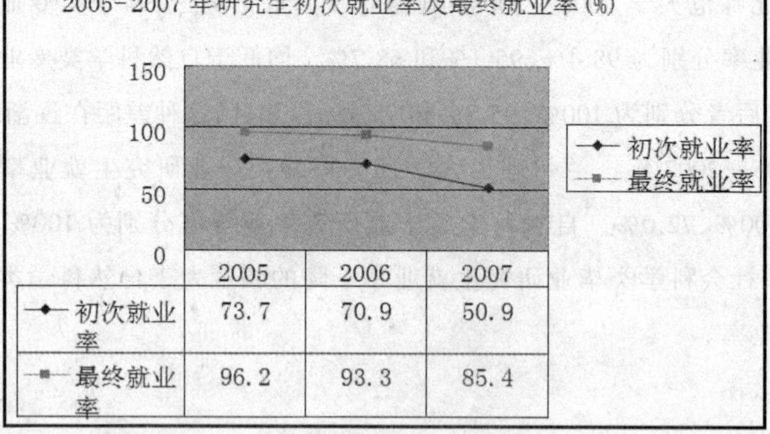

(5)关于我省研究生就业的行业分布分析。从调研情况看,我省高校研究生毕业后主要分布在高等院校、企业、行政事业单位、科研部门等行业部门。

从分析报告可以看出,高等院校仍然是我省毕业研究生的首选。此外,毕业研究生到企业就业的比例较高,稳定在25%左右。行政机关、科研单位占据10%左右。

(6)关于我省研究生就业的地区分布分析。从调研结果看,我省研究生毕业以后就业地区较为广泛,但主要集中在省内及陕西、河南等中西部省份。兰州大学超过一半的研究生在西部(其中85%以上在甘肃)工作,为西部大开发提供了强有力的人才保障和智力支持。西北师范大学毕业研究生去向较为集中的几个地区依次为甘肃、陕西、河南、山东等省(区)。兰州理工大学毕业研究生就业立足西北,甘肃、陕西两地就业人数占就业总人数的40%左右,除甘陕以外的北方地区就业人数占就业总人数的30%左右。

(7)关于2007年就业率最低的学科(专业)。2007年,我省高校就业率最低的5个学科(专业)依次为林木遗传育种、蔬菜学、农药学、植物病理学和食品科学。就业率见下表。

表5　2007年甘肃省高校就业率最低的5个学科一览表

单 位	学科(专业)	就业率
甘肃农业大学	林木遗传育种	0.00%
甘肃农业大学	蔬菜学	10.00%
甘肃农业大学	农药学	20.00%
甘肃农业大学	植物病理学	20.00%
甘肃农业大学	食品科学	25.00%

2. 调研报告还分析了影响研究生就业的有关因素。

(1)研究生扩招是影响研究生就业率下降的重要原因。为适应中国经济的快速发展,研究生的招生规模也连年扩大。据教育部统计,全国研究生招生2001年为16万人,到2004年已经达到33万人,2007年达42万人之多,其中硕士研究生36万多人,博士生6万人。2006年毕业人数已经是2001年毕业人数的4倍。每年从高校毕业的研究生远大于社会的需求量,使得用人单位选用人才的余地更大，而研究生择业范围相对缩小，研究生就业压力越来越大。研究生剧增使就业市场已成为用人单位的买方市场(使得研究生在就业过程中男生比女生、年轻的比年龄偏大的、单身的比结婚育子的研究生容易就业),就业机会更多地作为社会稀缺资源而存在,研究生就业的优势正在逐渐丧失。

(2)培养模式与市场经济下人才需求的矛盾影响研究生就业。我省研究生教育方面存在的问题之一就是学科结构不尽合理，学术型学位与专业型学位的比例尚需大力调整，人才培养规格与社会对人才的需求尚不适应，研究生教育学科布局与地区经济的发展不够协调。研究生培养目标单一，学科、专业结构的设置相对滞后于产业结构的调整和社会人才需求的变化，研究生培养与社会需求不符，造成人才培养的部分重叠和某些方面的市场空隙,形成某些专业人才浪费,而某些专业人才缺乏的局面。

(3)研究生在就业中缺乏对自身的准确定位。对研究生本人而言,就业难的另一原因是对自己和当前用人单位的要求认识不清，没有及时、准确地给自己定位,主要表现在:对自己或研究生学历期望过高,对用人单位要求较高。而用人单位不再"唯文凭是举",研究生的期望值和企业的需求出现了错位，研究生对用人单位的需求和自己将要进入的工作领域认识不够，拿不出与其他研究生竞争的资本。大部分的研究生往往都没有协调好这两者之间的平衡，以至于在对用人单位提出较高要求时，其竞争力甚至不如本科生,从而造成了硕士研究生就业"高不成,低不就"的尴尬局面。

(4)研究生创业激情逐渐缺少。面对与日俱增的就业压力,面对不可预知的未来变数,出于对稳定职业的向往,以及对就业压力的逃避,不少研究生选择学校、事业单位、国企为自己的最佳出路。寻求稳定的职业折射出毕业研究生创业激情的缺少。专业技能的欠缺以及实践经验的匮乏，使得研究生在被动适应过程中并没有太大的优势而言。而"创业"则需要足够的创业勇气和必须的基本技能。多数工科研究生虽然有较强的理论知识，但实践能力和专业技能较弱，欠缺运用所学的知识与技术来解决实际生产中的工程问题的能力,更谈不上自主创业了。

3. 针对我省研究生就业情况,调研报告就研究生培养结构调整及加强就业指导、构建宽松的就业环境提出了一些意见和建议。

(1)大力发展优势学科,提高研究生教育整体水平。大力发展优势和特色学科,使其特色更趋明显,学科基础更加牢固,由此以点带面,促进和带动其他相关学科的发展;同时,依托优势学科,培育新的学科生长点。

我省高校在长期的研究生教育实践中，逐渐培育成了一批具有较大竞争力、在兄弟院校及社会各界具有良好声誉的优势学科和特色学科。各高校应大力发展优势、特色学科,提高研究生教育的整体水平,这些学科领域的研究生就业一般较为理想。如兰州大学区域经济学、有机化学及病理学与病理生理学等优势和特色学科,培养规模大,就业率也很高。下表为兰州大学几个优势、特色学科 2008 年招生及就业情况。

表 6　　　　兰州大学优势、特色学科 2008 年招生及就业情况一览表

学科(专业)	招生人数	就业率
区域经济学	29	93.1%
有机化学	32	93.8%
粒子物理与原子核物理	18	94.4%
工商管理硕士	163	99.4%
金融学	18	100.0%
通信与信息系统	26	100.0%
病理学与病理生理学	20	100.0%

(2)调整学科结构,优化学科布局。从调研情况可以看出,省内高校有部分学科(专业)就业率持续低迷,这些专业多属基础性、传统型学科,缺乏较大的社会需求,在就业方面也缺乏足够的竞争优势。从 2009 年开始,省学位办将指导各研究生培养单位根据学校实际情况，结合人才需求状况及导师的科研情况适度调整各专业培养人数，对于就业情况理想的学科（专

业),要适度扩大培养量,而对于就业情况较低的一些学科(专业),要适度控制其招生规模。

下表是根据本次调研情况得出的2008年(截止2008年9月底)各校就业率低于40%的学科(专业)。这些学科(专业),有的批准时间不长,仅有一届毕业生;也有部分学科(专业)建设周期相对较长,但2005—2008年毕业研究生就业率一直处于相对较低的状态,近几年的平均就业率也都低于40%。对于这些学科专业,省学位办建议各研究生培养单位可以适度控制其招生、培养规模,同时加大优势、特色学科的招生、培养人数。建议适度控制招生规模的学科(专业)如下。

表7　甘肃省学位办建议适度控制招生规模的学科(专业)

单位	学科(专业)	2008年就业率
兰州大学	科学技术哲学	33.3%
	史学理论及史学史	33.3%
	科学社会主义与国际共产主义运动	33.3%
西北师范大学	比较文学与世界文学	40.00%
	世界史	27.27%
甘肃农业大学	林木遗传育种	0.00%
	蔬菜学	10.00%
	农药学	20.00%
	植物病理学	20.00%
	食品科学	25.00%
兰州理工大学	系统工程	25%
西北民族大学	环境与资源保护法学	16.70%
	马克思主义理论与思想政治教育	28.60%
甘肃中医学院	方剂学	33.30%

(3)提高高校主动适应市场需求能力,根据社会发展需求调整学科结构。建立合理的学科结构和布局,促进交叉学科、新兴学科、特色学科的崛起,不仅是增强学校研究生培养能力,提高研究生培养质量的有力保障,也是主动适应区域经济社会发展对高层次人才需求,提高研究生就业率的有效措施。

我们将进一步加强对各研究生培养单位研究生培养工作的宏观指导和管理，加强对研究生招生培养及专业设置的宏观调控。要求各研究生培养单位以市场为导向，根据国家经济社会发展对高层次人才的需求，合理规划和调整不同学科(专业)研究生招生专业,修改研究生的培养方案,做到专业设置、招生规模、人才培养与就业相挂钩。根据经济、社会、科技和高等教育的发展趋势，制定科学的发展规划，加强就业市场对研究生需求的预测，从源头上杜绝人才培养的盲目性。稳步推进面向区域经济建设和支柱产业的相关应用学科的建设，把学科建设与经济建设紧密结合起来，以满足经济建设的需要,促进学科建设的健康快速发展。

(4)完善高等学校自身的研究生教育质量保障体系。在招生、培养、论文答辩、学位授予、思想政治教育、就业指导等各个环节,包括师资队伍建设、教学条件建设、教学环境建设等各个方面,建立全面质量管理、质量监督和质量反馈体系。

首先，加强研究生指导教师队伍建设至关重要。一是要不断整合和优化现有的教育资源，完善人事分配制度和科研政策，给指导教师创造一个有利于提高教学科研水平的政策环境、学术环境和工作环境。二是进一步完善研究生指导教师培养、评聘、考核、淘汰制度,不断提高研究生指导教师的思想道德修养和学术水平。三是充分利用校外专家资源，拓宽学术交流渠道，实现研究生指导教师队伍组成多元化，以开放的学术环境不断提高研究生教育教学质量。四是组织专家和经验丰富的研究生导师，对新增导师进行岗前培训，帮助新增导师准确把握国家关于学位与研究生教育方面的方针政策,熟悉学校有关规章制度,学习优秀导师的培养经验,引导研究生导师不仅在业务上,而且在思想上关心爱护学生,为人师表,始终把提高研究生培养质量放在第一位。

同时,要强化与市场相适应的素质和能力的培养。创新能力、实践能力和创业精神是素质教育的重要内容，也是研究生所缺乏的与市场相适应的素质和能力。要在研究生教育和管理工作中着重转变那种妨碍学生创新精神和创造能力发展的教育观念、教育模式，注意加强研究生的社会实践能力培养，高度重视对研究生创新能力、实践能力和创业精神的培养，鼓励研究生积极参与社会实践和科学研究，增强自我培养、自我成才的主动意识。

再次，要创新教育机制，加强联合培养。坚持产、学、研相结合，同企业、科研机构建立多渠道、多形式的紧密型合作关系，共同培养创新人才。充分利用社会资源，采取建立校外研究生培养基地、实训基地，引进校外高水平的技术人员任兼职导师、研究生参加校外科研项目等方式，形成广泛合作的研究生培养机制。依托实力雄厚、科研项目多、技术力量强的大中型企业建立工科硕士专业学位联合培养基地，聘任企业实践经验丰富的高水平的技术人员担任兼职导师，既可解决学校课题和经费不足的矛盾，也能为企业培养大批高素质的工程技术人员，实现校企双方的优势互补，为扩大研究生联合培养工作奠定坚实的基础。同时，加快专业硕士学位研究生教育发展，提高其培养能力，更好更多地培养技能型、应用型高层次人才，以适应市场需要。

最后，学校应强化就业指导，建议在研究生即将毕业前，开设就业指导和职业生涯设计等课程，为毕业研究生提供全方位的就业服务。一是强化就业指导。要专门设立专职的由专家或导师直接参与的职业服务部门，这些部门不仅为现在的毕业生提供服务，而且为所有在校研究生提供就业指导，指导学生进行有效的自我评价、职业开发以及制定工作寻找战略，将职业规划战略融入其终生规划之中。二是营造全员关注就业的氛围。充分认识毕业研究生就业工作的重要性及艰巨性，积极发挥学校领导、导师、学院班子、教师专职工作人员以及校友会和董事会的作用，为毕业生的就业提供支持和服务。三是致力全国性的就业市场拓展。认真开展就业市场的开拓调研工作，注重就业市场的开拓和维护。四是开展全方位的需求信息服务。通过信函调查、网络、走访用人单位和各地人才交流中心、举办校内双向选择会、参加各地举办的人才交流会等形式广泛收集信息，并及时向毕业研究生发布。

(5)建立研究生教育质量的国家和社会评估体系。国家需尽快出台有关学位与研究生教育评估的法规，明确评估与被评估双方的权利和义务，规范评估工作的组织实施办法，使评估结果更加公正、公平、客观，能更充分得到利用。同时，要鼓励社会各界参与对研究生教育质量的监督。

(三)积极推进研究生教育创新计划，着力提高研究生培养质量

实施研究生教育创新计划，其目的是要深入探索新形势下研究生教育规律，更新观念，深化改革，推进创新，建立与社会主义市场经济体制相适应的研究生教育体制和运行机制，加强研究生培养基地建设，改善培养条件，促进优质资源共享；建立研究生科研创新激励机制，营造创新氛围，强化创新意识、创新精神和创新能力的培养，努力使我省研究生培养质量和研究生教育的整体水平尽快接近或达到发达省份水平，为实施科教兴省战略和人才强省战略奠定坚实的人才基础。我们必须站在战略发展的高度，更加高度重视和认真实施研究生教育创新计划，把培养拔尖人才、增强自主创新能力作为我省研究生教育的中心任务切实抓好。

1. 要加强研究生创新平台建设。以培养和训练研究生创新能力为中心，改革研究生培养模式，通过“甘肃学位与研究生教育创新网”等多种模式的培养平台建设，优化整体培养环境，形成多方位、立体式培养研究生的开放局面，把研究生培养建立在通用性基础平台和专业性交叉平台的基础上，以此培养、提高研究生的综合素质，确保高层次人才培养质量，推动全省研究生教育制度的改革与创新。

2. 要抓紧启动全省优秀博、硕士学位论文评选工作。结合全省学位与研究生教育发展“十一五”规划，省学位办做了大量的准备工作，通过申报教育部研究生教育创新计划项目等方式筹集了一部分经费。同时，草拟了《甘肃省优秀博、硕士学位论文评选(初稿)》，根据郝副省长指示，正在进行进一步修订和完善。定于今年开展首届全省优秀博士、硕士学位论文评选工作。通过加强对全省优秀博士、硕士学位论文评选的过程管理，采取有效措施保障评选工作的公平性和公正性。同时，加大对优秀学位论文作者和

指导教师的奖励力度，激励指导教师和研究生提高学位论文质量，推动我省学位与研究生教育水平不断提高。

3. 要加强精品学位课程和优质教材建设。重视研究生教育课程体系、教材内容和教学方法的创新，设立专项基金，加强对教学工作的投入和研究生教育开放资源的开发，构建校际交流平台，资助兰州大学、西北师范大学、兰州理工大学、兰州交通大学等高校优秀研究生导师建成一批教学内容上有分量、教学形式上有新意的研究生精品学位课程，使其成为我省研究生教学的示范性载体。以公开、免费、共享为宗旨，互通有无，相互促进，借助"甘肃学位与研究生教育创新网"这一平台，实现区域优质教育资源利用的最大化，提高教育质量，促进学位与研究生教育的持续健康发展。

4. 要推进联合培养研究生示范基地可持续发展。我省联合培养研究生示范基地建设取得了可喜的成绩。下一步，省学位委员会、省教育厅将继续努力，加强与政府相关部门的沟通，积极落实对示范基地建设的倾斜政策，加大对联合培养研究生示范基地建设的支持力度。同时，加强对高校和科研院所联合培养研究生工作的研究，促进高校和科研院所之间形成科学、规范的长期合作机制；酝酿、建立联合培养研究生示范基地建设工作评价体系，加强对联合培养研究生示范基地的质量督导和评估检查，推进基地建设可持续发展，使科研院所成为我省研究生培养的一支重要力量。各高校及科研院所要紧密合作，制定和完善适合示范基地培养研究生的各项制度和实施细则，建立和完善与之相适应的管理体制和运行机制，扩大示范基地的合作导师队伍、研究生规模和合作领域，加强双方导师的交流和沟通，建立学科研究平台，共同申报科研项目和探讨创新人才培养的机制，形成"高校——科研院所"联合培养研究生的全方位协作，充分发挥示范基地的示范作用。

5. 要大力发展专业学位研究生教育，使质量和规模都得到同步发展。随着各行各业对应用型人才需求的扩大，专业学位教育正在成为一种潮流。此外，今后的专业学位教育还将逐渐与特定职业（岗位）任职资格相结合,即只有获得这种学位才能进入某一行业从业。因而,专业学位研究生教育培养工作有着广阔的发展空间。

专业学位是相对于学术性学位而言的学位类型，其目的是培养具有扎实理论基础，并适应特定行业或职业实际工作需要的应用型高层次专门人才。专业学位与学术性学位处于同一层次,培养规格各有侧重,在培养目标上有明显差异。学术性学位按学科设立,其以学术研究为导向,偏重理论和研究，培养大学教师和科研机构的研究人员；而专业学位以专业实践为导向,重视实践和应用,培养在专业和专门技术上受到正规的、高水平训练的高层次人才，授予学位的标准要反映该专业领域的特点和对高层次人才在专门技术工作能力和学术能力上的要求。专业学位教育的突出特点是学术性与职业性紧密结合,获得专业学位的人,主要不是从事学术研究,而是从事具有明显的职业背景的工作,如工程师、医师、教师、律师、会计师等。专业学位与学术性学位在培养目标上各自有明确的定位,因此,在教学方法、教学内容、授予学位的标准和要求等方面均有所不同。

我国自 1991 年开始实行专业学位教育制度以来,经过十几年的努力和建设,专业学位教育发展迅速,取得了显著的成绩。目前,已基本形成了以硕士学位为主,博士、硕士、学士三个学位层次并举的专业学位体系。目前我国设置了 19 种专业学位,即法律硕士,社会工作硕士,教育硕士、博士,体育硕士,汉语国际教育硕士,翻译硕士,艺术硕士,风景园林硕士,工程硕士,建筑学学士、硕士,农业推广硕士,兽医硕士、博士,临床医学硕士、博士,口腔医学硕士、博士,公共卫生硕士,会计硕士,工商管理硕士,公共管理硕士,军事硕士专业学位。截止 2008 年上半年,我国专业学位教育已累计招生 86.5 万人，其中学历教育招生 24.6 万人，占专业学位总体招生数的 28.4%;在职攻读招生 61.9 万人,占专业学位总体招生数的 71.6%。目前我国参与专业学位教育的院校总数为 431 个,占我国博、硕士学位授权单位总数的 60%。可以说,我国已经初步建立了具有中国特色的专业学位教育制度,为社会主义现代化建设培养了大量高层次、应用型专门人才。

当前,我国专业学位教育在招生对象、培养模式、学习方式上的主要特点是专业学位类型有很多种，根据专业特点和职业性质，不同专业学位在招生对象、培养模式和学习方式上有很大不同。有的专业学位招收对象需要有一定工作经验,如工商管理硕士(MBA),其培养目标是企业的经营管理人员,教学方式是研讨式、案例分析、团队合作等,要求学习者要了解企业的实际运行情况,具有直接的感性经验,问题导向式学习。一般而言,管理类的专业学位都要求有一定的实践经验和一定的阅历，这一类专业学位招收对象不面向应届毕业生,要求具有一定的工作经验。而有的专业学位,如翻译硕士，其培养目标是具有较强的双语交流能力和综合的文化素养,在教学环节强调口译笔译实践，加强翻译实践能力，其学习过程就是实践过程,因此,这类专业学位可以面向应届生招生。

由于在 1999 年以前,我国硕士研究生规模较小,而且主要是为教学科研岗位培养学术性人才，因此，当时的专业学位教育主要针对的是已经工作的在职人员,满足他们在职提高的要求。为此,国务院学位委员会开通了在职人员攻读专业学位教育的渠道，实施非全日制培养，大大地满足了社会在职人员学习提高的愿望。但专业学位教育不仅仅是要满足现有在职人员的需要,更重要的是要吸引优秀生源,调整优化硕士研究生培养结构,成为硕士研究生教育的主体,成为高层次人才培养的重要方面。因此,专业学位教育有双重任务,一个是吸引优秀应届毕业生,实施全日制学习方式,培养实践部门需要的应用型人才;另外,就是面向在职人员,开展非全日制学习方式。两种模式,两种学习方式,两种招收对象,但培养目标相同,都同等重要。

这次结构调整的主要目的和意义是为适应我国当前的社会经济形势对研究生教育结构转变的需要,教育部决定从 2009 年开始,除工商管理硕士(MBA)、公共管理硕士(MPA)、工程硕士的项目管理方向、公共卫生硕士、体育硕士的竞赛组织方向、艺术硕士等管理类专业和少数目前不适宜应届毕业生就读的专业学位外，其他专业学位面向应届毕业生招收专业学位研究生,实行全日制培养。

目前,我国专业学位教育正处于发展的大好时机,我们要抓住机遇,采取措施,积极促进专业学位教育较快地发展。由于我国经济社会的快速发展,经济结构正处于调整和转型时期,职业分化愈来愈细,职业种类愈来愈多,技术含量愈来愈高,社会在管理、工程、建筑、法律、财经、教育、农业等专业领域对高级专门人才的需求越来越强烈,专业学位教育所具有的职业性、复合性、应用性的特征也在逐渐地为社会各界所认识,其吸引力一定会不断增加。因此专业学位研究生培养的规模必须相应有较大的发展。

所以,今年增加招收一定数量的专业学位研究生,不仅是为了应对当前就业问题,提高人才培养质量,提高学生的就业竞争力,而且是要通过一定的增量,促进完成研究生培养结构的调整,激活硕士研究生结构调整的阀门,进而发出结构调整的明确信号,进一步促进研究生存量的调整。因此,这次结构调整是重新定位硕士研究生教育的培养目标,使得硕士研究生培养更大限度地满足社会的需求,从世界研究生教育发展趋势和我国研究生教育发展的现实出发,逐渐将硕士研究生教育从以培养学术型人才为主向以培养应用型人才为主转变,实现研究生教育结构的历史性转型和战略性调整。

为了保证专业学位教育健康发展,一要深化对专业学位教育的研究,积极探索符合我省专业学位发展的人才培养模式,切实提高相关部门、生源学校、办学单位和考生对专业学位教育的地位及其重要性的认识,增强他们在开展专业学位教育中的积极性、自觉性和责任感,真正保证专业学位的培养质量,扩大其社会效益和影响;二要加强专业学位实践能力的培养,强化案例教学,尽快建立起高水平的专业学位教学案例库;三要严格实行校内导师负责、外聘导师协作制。要加强论文的过程管理,建立校内导师负责、外聘导师协作制,明确校内外导师职责。为保证学生论文工作的顺利完成,学校导师和外聘导师在指导过程中要加强联系和沟通,对于学员提出的问题从理论上和实践上给予指导。不仅使学生要有较强的理论基础,较强的研究能力,较强的动手能力,而且使学生要有解决实际问题的能力和开拓创新的能力。对于由于师资力量不足、专业特色不明显而导致的就业比较困难的专业,我们将从规模上实行适当控制,把招生计划调整到更有利于人才培养和研究生就业的学校或专业。

总之,回顾过去的30年,尤其是近几年的工作,在省学位委员会正确有力的指导下,经过全省高校与科研院所的共同努力,我省的研究生教育从小到大、从弱到强,无论是规模还是质量都得到了很快的发展,取得了明显的成绩,这是有目共睹的。但是与发达省份相比,尤其与社会发展对高层次人才的需求相比,我们在研究生教育方面的差距仍然很大,还需要我们进一步认真反思过去的工作,找准存在的差距,研究应对的策略和方法,在不断提高研究生培养质量的基础上,稳步扩大培养规模,不断开创我省高校学科建设和研究生教育事业更加崭新的局面,为促进区域经济社会又好又快发展和实施"科教兴省"战略作出新的更大的贡献!

新建本科高校科学发展的思考

一、甘肃省高等教育事业发展的基本情况

(一)2008 年全省高等教育的基本情况

2008 年,按照国务院确定的“适当控制招生增长幅度,相对稳定招生规模,进一步把发展的积极性引导到提高质量上来”的工作方针,在省委和省政府的正确领导下,我省各高校增强质量意识,坚持高等教育规模发展与条件、需要和结构调整相协调,较好地实现了国家宏观调控目标。

1. 招生规模进一步扩大,在校生规模稳步增长。2008 年,全省共招收研究生(含科研机构)7502 人,比上年增加 385 人,增长 5.03%,增幅同比下降 1.03 个百分点。招收博士研究生 810 人,比上年增加 27 人,增长 3.45%;招收硕士研究生 6692 人,比上年增加 358 人,增长 5.65%。

2008 年全省普通、成人本专科招生 141545 人。其中,普通本专科招生 110889 人,比上年增加 12320 人,由于教育部 2008 年给我省追加普通本专科计划,增长 12.5%,增幅同比增长 3.43 个百分点;成人本专科招生 30656 人,比上年减少 1740 人,下降 5.37%。

由于招生规模连年得到有效调控,2008 年,我省高等教育在校生规模增速保持平稳。全省研究生、普通本专科和成人本专科在校生规模为

441445 人，比上年增加 37991 人，增长 9.42%，增幅同比增长 0.42 个百分点。其中，在学研究生为 21580 人，比上年增加 1546 人，增长 7.72%，增幅同比下降 3.15 个百分点。在校博士生为 2953 人，比上年增加 188 人，增长 6.80%，增幅同比下降 0.25 个百分点；在校硕士研究生为 18627 人，比上年增加 1358 人，增长 7.86%，增幅同比下降 3.65 个百分点。普通本专科在校生为 331895 人，比上年增加 35903 人，增长 12.13%，增幅同比下降 0.11 个百分点。普通本科在校生为 195006 人，比上年增长 21662 人，增长 12.50%，增幅同比下降 0.55 个百分点；普通专科在校生为 136889 人，比上年增加 14241 人，增长 11.61%，增幅同比下降 1.07 个百分点。成人本专科在校生规模达 87970 人，比上年增加 542 人，增长 0.62%，增幅同比增长 1.69 个百分点。成人本科在校生为 40475 人，比上年增加 845 人，增长 21.32%，增幅同比增长 9.16 个百分点；成人专科在校生为 47495 人，比上年减少 303 人，下降 0.06%，增幅同比下降 8.2 个百分点。

表 1　2007-2008 年甘肃省高等教育在校生规模增长情况

教育类别	在校生数（人）	增加人数（人）	比上年增长（%）	2007 年比上年增长（%）
合计	441445	37991	9.42	9.00
研究生	21580	1546	7.72	10.87
博士	2953	188	6.80	7.05
硕士	18627	1358	7.86	11.51
普通本专科	331895	35903	12.13	12.24
本科	195006	21662	12.50	11.95
专科	136889	14241	11.61	12.68
成人本专科	87970	542	0.62	-1.07
本科	40475	845	21.32	9.16
专科	47495	-303	-0.06	-8.20

2. 普通高等学校数。2008 年,全省有普通高校 34 所,与上年保持一致。其中, 普通本科院校 13 所, 高职(专科)院校 21 所, 分别占学校总数的 38.24%和 61.76%。

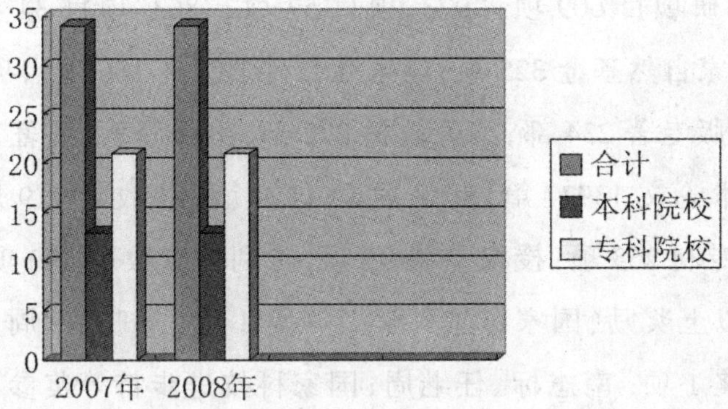

图 1　2007-2008 年全省普通高等学校数

3. 高等教育规模及毛入学率。2008 年,全省普通高等教育在学人数达 443091 人,比上年增加 38161 人,比 2002 年增加 196287 人。

2002 年我国高等教育毛入学率进入大众化发展阶段。近年来,我省高等教育毛入学率进一步提高,2008 年达 20%, 比 2002 年提高了 9 个百分点。

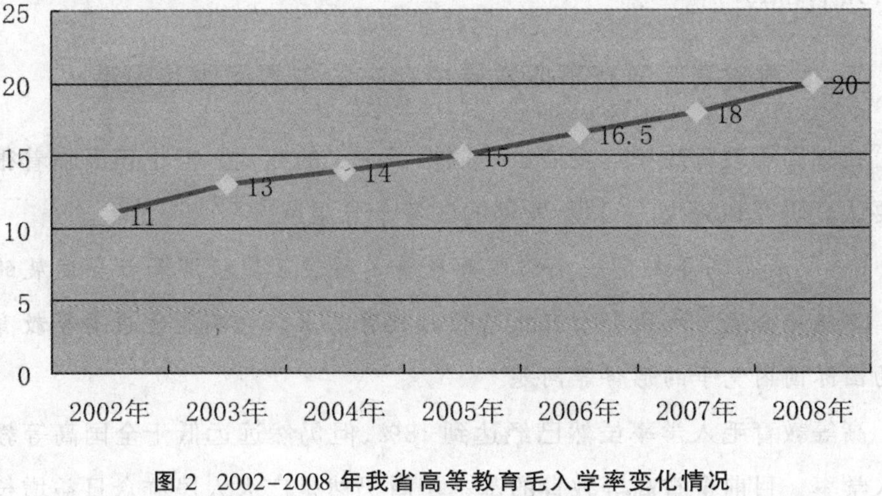

图 2　2002-2008 年我省高等教育毛入学率变化情况

(二)2008 年全省高校科研工作基本情况

2008年度全省共26所高校报送了科技、社科统计年报表,通过统计汇总,全省高校投入科技活动的人力达到了15686人,其中高级专业技术职务人员5738人,全省高校当年共争取到科研经费超过5亿元,在研项目5838项(国家级科研项目609项:"973"项目57项,"863"项目34项,国家科技攻关7项,国家自然基金325项,国家社会科学基金186项),项目拨款经费近4亿元;出版专著234部,编著教材272部,出版译著、编著、工具书等41部,发表学术论文13977篇,SCIE收录1159篇,EI收录719篇,ISTP收录196篇,申请专利253项,授权专利95项,专利拥有数达590项,有69项成果获省部级以上奖励(国家自然科学二等奖1项:郑晓静、周又和;国家科技进步二等奖1项:南志标、任继周;国家科技进步特等奖参与1项:王起才;国家科技进步二等奖参与1项:周绪红)。通过验收的国家级项目16项,鉴定成果231项。

目前,全省高校有国家大学科技园3个、省级大学科技园1个,国家重点实验室1个,国家工程技术研究中心1个,国家级人文社会科学研究基地3个,甘肃省与科技部共建国家重点实验室培育基地1个,教育部重点实验室10个,教育部工程研究中心6个,省部级重点实验室12个,省级工程研究中心13个。

二、甘肃省高等教育事业发展中存在的主要问题和困难

我省高等教育改革与发展虽然取得了一定的成效,但也正面临着很多需要认真研究和解决的问题,发展的任务十分艰巨。

(一)我省高等教育规模仍然存在着不适应区域经济和社会发展的需要、不能完全适应人民群众日益增长的教育需求、也不能适应高等教育激烈的国际国内竞争的形势等问题

高等教育毛入学率虽然已经达到18%,但仍然远远低于全国高等教育毛入学率,目前全省高等教育的基本矛盾仍然是广大人民群众日益增长的教育需求与现有高等教育资源尤其是优质高等教育资源不足的矛盾。

（二）由于高等教育经费明显不足，直接影响了学校基础设施和办学条件的改善

近年来，省委、省政府十分重视高等教育，并且已在经费投入上给了高等教育一定的倾斜和支持，但由于我省财政收入总量偏小，投入到高校的实际经费仍然十分有限，高等学校建设与发展迫切需要的经费得不到应有的保障和支持，而多渠道筹措教育经费的机制还需要进一步健全和完善。目前各高校改善办学条件、扩大基本建设的经费主要依靠商业银行贷款来解决。所以，一方面，一些高校贷款还债的任务比较重，另一方面，一些急需贷款的高校又无法及时拿到贷款。因此，全省高等教育投入面临偿还以往欠账和未来继续发展仍然需要贷款的双重压力。

（三）高等教育结构不尽合理，高等教育质量有待进一步提高

高等教育纵向各层次间比例失调，衔接不当，专科、本科、研究生教育三个层次之间没有形成合理的“金字塔”比例结构。高等教育横向各类教育之间发展不协调，融合不够，尤其是各种不同类型的高校都把目标定位在学历教育或创建研究型、综合性大学上；一些高校对自身的基础和现实条件研究不够，盲目向综合性大学看齐，求大求全，有的甚至看别人办什么专业好，自己学校马上也办一个新专业，结果导致既无广阔的生源又无良好的就业渠道，学校又只好对该专业停招；成人高校、职业高校和民办高校规模偏小，条件较差，管理模式和办学模式还相对滞后，最终造成教育资源的浪费。高等教育内部学科专业的同构化现象比较严重。这种趋同化的追求，既不适应我省经济和社会发展对高等教育发展的需求，也不符合高等教育系统内部应有的层次结构和科类结构，其结果则是造成了高等教育结构的失衡，也造成了一些高校定位不明晰，特色、优势不突出，为社会提供的产品——人才，也因此而缺乏鲜明的个性特点，不能适应社会多层次的需求，出现了大学毕业生“结构性失业”的现象。也就是说一方面各行各业缺乏专业对口的人才，甚至一些单位和部门花重金到东南沿海城市招揽急需人才，而另一方面我省又有很多大学毕业生不能就业，到处为谋求职业而奔

波，这已成为家长和毕业生的燃眉之急，甚至成为影响社会稳定的因素之一。当然，这里面也存在着大学生就业观念需要转变的问题。有的大学生一心想到外资企业、大型企业和效益好收入高的企业就业，有的一心想当国家机关公务员，更多的毕业生不愿去中小企业和基层就业，这也是导致大学毕业生不能广泛就业的原因。但是，主要的还是因为高校的专业结构不合理，毕业生“适销不对路”所致。2008 年，我省高校毕业生总数达 8.1 万人，较上年增长 6.1%。经初步统计，2009 年全省参加高考的报考人数为 286384 人（应届毕业生 183433 人，往届毕业生 102951 人），比 2008 年减少 6287 人。其中，应届生比 2008 年减少 2204 人，往届生比 2008 年减少 4083 人。这是继 1994 年以来我省普通高校报考人数持续上涨 15 年后，首次出现小幅度的减少。分析其原因，一是教育改革的成果逐步显现，中等职业教育招生的扩大和初、高中毕业生的分流工作取得了成效，高中应届毕业生报考普通高校的人数较 2008 年有所减少。二是 2008 年我省实行两次高考后，教育部给我省增加了计划，比原计划增招了 36837 人，增幅为 33%，加之录取考生报到率高，这是 2009 年往届生报考人数较 2008 年往届生减少的主要原因。但是，当前和今后一个时期，我省高校毕业生就业工作形势仍然比较严峻，高校毕业生规模成增加趋势，需要就业人数增多与全省社会经济发展总体滞后、新增就业岗位十分有限的矛盾更加突出；大学毕业生“结构性失业”的矛盾依然存在，至少要再经过二到三年左右才会有所缓解，这就对高等教育改革的进一步深化提出了新的要求、新的任务；高等学校根据人才培养方向结合区域经济建设和社会发展对人才的需求，积极进行专业结构调整，为国家和本地区培养输送各行各业专门人才的任务更加艰巨；教育行政部门从加强宏观指导，充分利用宏观调控手段大力支持高校建设好重点学科、重点专业、特色专业，对招生困难、就业渠道不畅甚至很难就业的专业实行减招、缓招、停招的工作必须逐步推进，从而有力地推进了我省高校重点学科、特色学科、重点专业、特色专业建设质量的提高和建设步伐的加快。

(四)高校科研经费紧缺,缺乏有效机制

高校科研经费十分紧缺，整合科技资源缺乏有效机制，直接影响了科技人员的积极性和科研成果的转化。

三、对甘肃省新建本科高校科学发展的建议

当前，我国高等教育正处于一个新的历史起点，处于改革发展的关键历史时期。在新时期,高等教育必须以科学发展观为指导,由注重规模、外延扩张、强调速度的发展模式转变为注重内涵提高、提升质量、提高办学水平的发展模式,也就是由又快又好的发展转变为又好又快的发展。“好”字当头,“好”字优先,“好”首先体现在注重内涵发展,强化办学特色。温家宝总理在《政府工作报告》中提出要“优化学科专业结构”。高校各具特色,是整个高等教育体系充满活动的基础。学科是高校的基本组成要素，是高校办学特色的基础。“优化学科专业结构”就是要求高校发展要分清主次,集中资源,办好优势学科与新兴学科,建设成本校有特色的学科专业群,从而形成自己学校鲜明的办学特色。“好”要体现在提高办学水平上。教育现代化是新世纪国家全面现代化不断推进的必然要求。党的十七大报告首次确认了“提高教育现代化水平”的概念,这对高等教育发展和高等学校发展都具有非常重要的意义。以往大家都讲教育要面向现代化，要为现代化建设服务，但很少有人讲教育自身如何现代化的问题。提高办学水平就是要全面提升高等教育的现代化水平，在办出特色的基础上争创一流。办出特色与办出水平是密不可分的,没有特色上的优,就谈不上发展的好。贯彻落实科学发展观，要求进一步优化高等教育布局和科类专业结构，各个高校都要努力办出特色,办出水平,加快形成多样化、多层次、多类型的高等教育体系，从而全面提升高等学校办学水平与高等教育现代化的水平。根据党和政府对高等教育建设与发展提出的总体要求和目标，在虚心学习借鉴外省市先进经验和有关专家学者先进理念的基础上，认真分析我省高等教育现状,总结成功经验,认清和找出存在的主要问题,从着眼未来发展的客观

需求出发,我们应当重点认真思考和研究解决以下几方面的问题。

(一)大力加强内涵建设,增强办学综合实力,促进学校健康平稳有序地完成全面转型

新建本科院校是我国高等教育的重要组成部分,是我省高等教育的重要资源。学校既面临着办学层次和办学类型的双重转型,也面临着办学理念的转变和办学条件的改善。

一般而言,新建本科院校是指本科教育时间在10年以内的高校。据统计,1999年到2006年我国共新建本科院校210所。2007年和2008年我国新建本科院校均为14所。截至2008年我国共有新建本科院校238所,占我国748所本科院校的31.8%。新建本科院校已成为我国高等教育的重要组成力量,影响着我国整个高等教育的发展水平。我省的天水师范学院、陇东学院、河西学院、兰州城市学院都是先后由专科升为本科的高校,这无论是对整合高等教育资源还是学校的发展来讲都是一个历史性的转变,一个质的飞跃。

能否按照本科教育的目标要求,顺利完成由专科向本科的转型就成为新升本院校首要的工作任务。

1. 所谓"转型"意味着旧秩序的打破和新秩序的建立,是从一种平衡态到另一种平衡态的过渡。那么,新建本科院校的转型会涉及哪些方面?这是研究由专科向本科转型问题时首先需要解决的问题。根据组织理论的研究成果,同时根据大学这一特殊组织的特点,可以从人才培养规格、功能、结构和要素等四个方面对转型内容进行研究。

(1)人才培养规格的转型。本科和专科存在很大差异,其中最主要的差异是人才培养目标上的变化,其他区别都是由此派生出来的。因此,新建本科院校的转型,首先应该体现在人才培养目标规格上的转型,以及与目标相对应的培养过程、质量保障等诸多方面的转型。

《高等教育法》明确规定,"专科教育应当使学生掌握本专业必备的基础理论、专门知识,具有从事本专业实际工作的基本技能和初步能力;本科

教育应当使学生比较系统地掌握本学科专业必需的基础理论、基本知识，掌握本专业必要的基本技能、方法和相关知识，具有从事本专业实际工作和研究工作的初步能力”。从这一规定中可以看出专科和本科对人才培养目标的明显不同。当然，在确立新建本科院校的人才培养规格时，必须认识到新建本科院校和老牌本科院校在人才培养规格上的重大差异。老牌本科院校一般培养学术性人才或学术取向的应用性人才，而新建本科院校则应该注重培养实践取向的应用型人才。应用型人才区别于学术型人才最为突出的一点就是应强调面向经济和社会发展的第一线，具有较强的动手能力；应用型人才也区别于高职院校的高技能职业型人才，应该具有较高的理论修养，较好地掌握本门学科的基础理论、专门知识和基本技能，并具有发现问题和解决问题的综合能力。

(2)办学功能的转型。今天，教学、科研和社会服务已经成为社会所期望和认同的高校三项基本职能。教学、科研和社会服务在不同层次的高校中所具有的地位是不同的，专科层次的高校以教学为主，而本科层次的高校则应该重视科研和社会服务。对于新建本科院校而言，相对于社会服务功能，科研功能更加重要。新建本科院校在升本之前，教学基本是主要的甚至唯一的功能，大部分教师的科研意识、科研能力比较弱。因此，学校在升本后的转型过程中，应高度重视科研工作。科研的目的不仅仅在于满足社会期望，也是为培养学生初步的科研能力和科研方法提供必要条件。而且，科研和社会服务紧密相连，学校主要是利用自身在科研上的优势，通过参与社会经济技术活动，推动科学技术进步来为社会经济发展服务。从这个角度看，科研是高校进行社会服务的基础。因此，从某种程度讲，重视科研、加强科研、积极开展科研是新建本科院校能否顺利转型的一个关键点。

(3)组织结构的转型。“结构随战略而变”是管理学中的一个基本观点，组织结构只有根据战略的改变而灵活变化，才能够更好地完成组织的使命。大学组织结构的调整同样要遵从这个原则，当大学办学规模扩大和办学层次提高以后，大学的组织结构也需要随之发生变化。由于办学目标、功能的不同,导致了本专科院校在组织结构上的许多差异。例如:专科院校的行政组织结构是学校—学系和教研室，学校决策权力比较集中，学系和教研室作为教学的微观组织，仅仅执行学校的教学计划和其他决策，但其自身决策权有限。而在本科高校中,学校的行政组织结构是学校—学院,学校的决策权力分散,重心下移,学院在很大程度上具有自己的决策权力,比如在课程安排、师资引进、教学计划等方面都有较大的自主权。除了学校基本结构不同之外，本科高校还有许多专科院校所不具备的组织结构，如科研处。大部分专科院校都没有科研处,而几乎所有本科高校都设立了科研处,这也是对学校科研功能的回应。同时，大部分本科学院还设立了许多专职的学术研究机构,如各种研究中心和研究所等。除了这些固定的组织机构,本科院校还有许多横向的教学科研课题组或项目组。这些课题组的灵活性很高,根据特定的研究项目而设,科研任务完成后便结束,具有很高的灵活性和应变能力。项目组可以把一批不同学科背景、不同技能的人才组织在一起,这样可以实现横向联系,也便于集中各种专门的知识和技能。

(4)资源配置的转型。资源配置的转型包括师资、科研设备、图书设备、实验设备、体育场馆等各类教育教学资源的转型。资源要素的转型是新建本科院校顺利转型的硬件基础，在转型中发挥着重要作用。在各类资源要素的转型中,师资的转型最为重要。

师资是最重要的教育资源，是保证人才培养目标得以实现的最重要保障，学校人才培养目标的变化必然导致师资队伍的相应调整。这种调整一方面体现在师资总量的提高上，以适应办学功能拓展的需求；另一方面对师资的学历和职称也提出了更高的要求，之所以强调高学历、高职称的学术型教师比例，很重要的一个原因是本科教育要培养学生发现问题、解决问题的能力。这些能力需要通过学校的科研活动来培养，只有教师具有学术研究的意识、能力,才能够培养学生的科研能力。由于新建本科院校和老牌本科院校在人才培养目标上有所差异，新建本科院校强调应用型人才的培养,因此,新建本科院校在提高学术型师资比例的同时,还要注意“应用型”、“双师型”的师资比例。

2. 新建本科院校在转型中应正确把握、处理好以下几对关系。

(1)教学工作与科研工作的关系。我国的高等教育体系是金字塔形,即少量学术研究型大学,一批教学研究型大学,大量以教学为主的省属大学、职业技术学院。省属大学和职业技术学院承担着培养大量的知识型劳动者和提升区域社会文化、生产力水平的重任。新建本科院校更多的是属于地方性的省属高等学校,搞好教学工作是这些院校的根本。建立完善的教学质量保障体系,促进教学质量的提高,是新建本科院校的首要任务。然而,新建本科院校中的大多数教师在升本前只擅长于教学,科研意识和科研能力普遍较弱,学校升本后,一些教师依然没有充分认识到科研对学校成功转型的重要意义;一些高校的管理者也片面地认为科研和教学会相互争夺资源。因此,在处理教学和科研的关系问题上,既要强调教学的根本,又要强调科研对新建本科院校转型的重要意义,二者缺一不可。

新建本科院校的科研工作要有所侧重、扬长避短,“有所为有所不为”。作为科研基础较为薄弱的新建本科院校,在基础研究、理论研究等方面无法与老牌高校竞争,因此,可以选择应用型研究作为突破口。新建本科院校可以选择面向区域经济发展需要的应用技术的开发和推广,也可以选择面向人才培养的教学研究,面向人才培养的教学研究保证了科研与教学的相互促进,在资源有限的情况下可以最大限度地保证学校教学与科研的齐头并进。

(2)学科建设与专业建设的关系。学科是依据知识体系自身的逻辑关系而形成的树型分支结构,是相对稳定的知识体系;而专业是高等学校根据社会专业分工的需要所分成的学业门类。可以看出,学科和专业虽然密切相关,相辅相成,但两者也有不同之处。学科主要和科研相联系,为专业建设提供发展的最新成果、可用于教学的新知识、师资和研究基地,而专业主要和教学相联系,为学科承担人才培养的任务,主要是为社会的发展提供高素质的劳动者。新建本科院校在升本之前主要是抓专业建设,而升本之后要在抓好专业建设的同时，更加注重学科建设，妥善处理好专业和学科之间的关系。

新建本科院校要以专业建设为依托展开学科建设，同时以学科的框架和视野来引领专业建设,走学科与专业建设一体化发展道路。实践证明,这是一条比较适合新建本科院校转型的发展道路。

(3)规模发展与质量提升的关系。在学费成为新建本科院校办学经费主要来源的情况下,学生规模的扩大意味着学校收入的增加,因此,很多新建本科院校都有规模扩张的积极性，而且规模扩张也是解决师资转型、专业结构转型的重要途径,尤其对于转型初期的高校更显重要。然而,随着规模不断扩大,质量提升的压力凸显出来。如,一些新建本科院校盲目扩大规模，人均教育资源严重不足，这种规模增长是典型的外延式增长，从长远看，新建本科院校必须树立可持续发展的思想，由外延式发展向内涵式发展转变。规模发展和质量提升的关系也包括专业数量与专业质量的关系，一些院校升本后盲目追求综合化，在专业布点上盲目求全，这种发展思路是欠妥的。因此，新建本科院校应依靠学校原有学科和专业，坚持自身特色，围绕区域和行业经济发展需求培养应用型人才，与老牌本科院校展开“错位竞争”,以赢得转型过程中的“比较优势”。

(4)面向行业和面向地方的关系。新建本科院校的前身有的主要服务于行业，有的主要服务于地方，升格后绝大多数成为省属或市属的地方高校。既然是地方高校，就要把为地方社会经济服务放在首位，面向地方办学,立足地方经济和社会发展,为地方经济和社会发展培养“适销对路”的应用性人才,为地方生产、建设、管理、服务一线提供各类技术支持和咨询服务。对于升格前有行业背景的高校来说，虽然行业管理高校的体制已不复存在,然而,先前的行业关系对于本科办学是一份极其宝贵的资源,如专业设置、产学研合作基地、毕业生就业等。因此,新建本科院校应继续保持与行业的适度关系，可通过建立松散联合的相关组织，继续争取行业部门对学校办学的持续支持。

(二)要以科学的教育质量观为指导,重视和加强学科建设,不断提升教育教学质量

党的十七大明确提出要建设人力资源强国，这对于高等院校提供了前所未有的发展机遇，同时，也对高等院校的人才培养质量提出了更高的要求。数量众多的省属高校是建设人力资源强国的重要生力军，在建设人力资源强国和高等教育强国方面发挥着重要的作用。因此，高度重视省属高校的发展，提高省属大学的教育质量应成为建设人力资源强国的重要内容之一。

1. 省属高校在高等教育体系中的地位与作用。所谓省属高校,就是地方各级政府管理或地方政府为主管理的高等学校。省属高校在我国高等教育体系中发挥着极其重要的作用。从高校数量上看，省属高校是我国高等院校的主体；从招生数量上看，省属高校承担了精英教育向大众化教育过渡的主要任务。截止 2008 年年底,全国共有普通高校 1908 所,其中省属院校 1797 所,占全国高校总数的 94.2%;全国 740 所本科院校中,省属院校 634 所,占 85.7%;省属普通高校本、专科在校学生 1716.8 万人,占全国高校在校生总数的 91.1%;省属普通高校本、专科年招生 522.8 万人,占高校招生总数 565.9 万人的 92.4%。就研究生教育而言,我国具有研究生培养资格的省属高校有 381 所,占全国总数 479 所的 79.5%;省属普通高校在校研究生 56.7 万人,占全国总数 114.4 万人的 49.6%;省属普通高校研究生年招生 17.7 万人,占高校研究生招生总数 40.2 万人的 44.0%。全国地级行政区划中,没有设立本科高校的有 113 个,占全国地级行政区的 33.93%,这表明省属高等学校还有较大的发展空间。同时,从一定意义上讲,省属高校的发展水平和发展状况决定着我国高等教育事业的总体发展水平，决定着高等教育大众化的规模、速度和质量。

2. 对高等教育中教育质量观的分析。就目前而言,有三种教育理念影响着我们的教育质量观。第一种是“以最大可能满足学生求学的需要”为目标,第二种是“以最大可能满足社会需求”为目标,第三种是“以最大可能满

足对学生的知识传承”为目标。

(1)从“以最大可能满足学生求学的需要”为目标出发建立的质量观分析。其核心观点是高校的教育机构必须努力满足学习者的需要，所有的教育目标均以此观念展开。其合理性在于：第一，较好地疏通了“公众问责渠道”，使学校的教育质量受到公众和消费者的监管，这与现代政治的“行政问责制度”在精神上是一致的。“以最大可能满足学生求学的需要”，视学生和家长为主体，学校工作的努力方向就是取得学生和家长的认同，成功吸引他们，并对家长等公众群体提供良好的问责渠道；第二，强调“以人为本”，重视学习者的主体地位，强调学生的个性发展，最大限度地满足学习者的主体需要，这就为学校与服务“主体”建立良好的关系奠定了坚实的基础。

(2)从“以最大可能满足社会需求”为目标出发建立的质量观分析。其理念的核心观点是：教育的本质是为社会培养所需要的人才，学校要始终站在推动社会发展的高度来保证教育质量。长期以来，我国的教育体系就是遵循这一观点建立和发展起来的。这种质量观以及由此而制定的相关保障体系和制度的合理性在于：第一，国家和政府作为学校办学的主要投资者，按国家和社会对各专业毕业生的需求比例，宏观控制各个学校的专业设置与招生人数，优化资源配置，减少人才浪费，增加学生就业机会，对高等学校每年培养的学生的数量和质量做到了良好的宏观控制，促进了人才的合理成长和国家经济的快速健康发展；第二，有效地保证了党的教育方针的贯彻执行。中央、地方教育机构和各类大学通过一系列政策和措施，保证了社会主义办学坚定正确的政治方向和人才培养的目标，使得“教育为社会主义现代化建设服务”、“培养德智体美全面发展的社会主义事业建设者和接班人”的教育方针得到落实。

(3)从“以最大可能满足对学生的知识传承”为目标出发建立的质量观分析。其核心理念是：大学作为一种崇尚自由、崇尚独立的科学文化组织，其功用在于对人类古今知识与优秀文化的传承与发展。这种质量观的合理性在于:第一,保证了人类优秀文明成果的传承;第二,体现和强化了大学崇尚学术、追求真理的精神;第三,知识传承的过程是知识传播的过程,更是教师和学生完善人格的过程。

当然,上述学说也各自存在许多局限性。第一种是究竟为谁服务?是学生?是家长?学生自身的需要如果与家长的要求相冲突,学校及教育机构究竟应该满足谁的需求?是满足学生还是满足家长?是满足无限需求还是满足有限需求?是满足其合理需求还是一味迎合?在目前我国省属大学教育优势资源紧缺的情况下,过分强调学生的个性发展,在操作层面是否能够实现?第二种观点存在的弊端也是显而易见:当学校的办学自主权得不到充分行使,高校的需求和学生的需求就得不到很好的满足。国家专业目录的设定使得学校根据市场经济需要自主设置专业在一定程度上受到限制。第三种观点存在的弊端是培养的理想化追求和大学生就业难的实际困难如何解决?长期坚守在“象牙塔”中的莘莘学子走与社会实践相结合的成长道路的经验相对欠缺,进而与社会发展相脱离的原生性矛盾如何解决?在我国高等教育资源相对有限且分布不均衡的情况下,如何在不同层次的大学中提升知识传授质量并渗透科学精神和先进价值观?这些都是需要深入研究的,并且要有一个较长的过程。

尤其是近些年来,在我国从精英到大众化高等教育的转变过程中,一些较难解决的问题日益突出。比如,以目的的适切性作为衡量高等教育质量的标准,存在着这样一些问题:第一,如何才能把目标定得适合、适度;第二,怎样才能保证国家高等教育系统的整体质量。如果仅仅以某种特定目的作为衡量高等教育质量的标准,那么整体的国家高等教育质量应该通过怎样的方式、手段来提高和监控,等等。

3. 省属高校应树立既符合国情、省情又符合校情和人才培养目标需要的教育质量观。高等教育要实现可持续发展,需要树立科学的教育质量观,这应当是我们所有高校共同的认识和努力的方向。

(1)树立质量满足目标公众要求的教育质量观。高等教育大众化阶段,接受高等教育成为每个公民的权利。同时，高等教育的发展越来越受到社会需求的影响，高等教育已经不得不面对一个更为开放的系统。所以高等教育大众化阶段评价高等教育质量优劣的主体更多的是社会等利益相关者各方面的需求，这些已经成为高等教育质量观中最受人关注的内容。对于省属高校而言，理应更关注它所培养的人才是否是地方经济社会发展真正需要的人才，关注人才为社会服务的程度和质量，并以此判断省属高校的教育质量是否符合既定的公众目的。当然，这些目的和教育质量观的实现过程是否是公众所接受和认可的也可以进行判断和评价。目标公众（如教育政策制定者、学校管理者、家长、教师、学生等)的满意程度,是衡量教育质量高低的重要指标。但同时我们还应该注意到，目标公众对高等教育的需要和期望是不同的,存在着需要类型和期望值的差异。比如,学生希望不仅能学到更多的知识,而且毕业后就业前途广阔,收入高;家庭不仅希望学校收费低，而且也希望高考录取分数不要太高；政府不仅希望学校能够培养适销对路的优秀人才，而且要求学校必须保持校内安全和政治稳定;学校不仅希望政府和上级相关部门在人才、财力、物力方面能给予更多的支持和帮助，而且希望学校有更多的办学自主权。站在各个不同的角度来考虑，这些希望和要求都是符合自身利益的，也是应当给予支持和充分理解的。因此,在目前的历史阶段,省属高校必须努力兼顾不同公众教育质量的不同要求。从某种意义上说,省属高校越是能够满足多层次公众需要,其教育质量评价就越高,学校的生存空间也就更大,发展平台自然也更广阔。

(2)树立着眼于“人的全面发展”的教育质量观。坚持以人为本,是科学发展观的本质和核心。省属高校树立着眼于“人的全面发展”的教育质量观,要积极关注以下几个方面:首先,要始终把“人的全面发展”作为出发点和落脚点,所有的教育活动必须以此为基础进行;其二,“人的全面发展”内涵在于重视和发挥受教育者的主体性，因此学校要努力引导学生发挥主动性,在追求科学文化知识的同时积极提升自身思想政治素质,知行合一,德才并进,努力追寻世界的真、善、美,在探索和感悟中思索科学,思索人生;

其三,从“人的全面发展”实现途径来看,省属高校要密切关注时代和社会形势,在“人的全面发展”教育质量观指导下,更好地统筹和协调个人发展与社会需求之间的关系,使二者有机统一,和谐并进。

(3)树立人才培养统一性与多样性并存的教育质量观。大众化高等教育同以往的精英教育比较,其最深刻的变化在于它的多样性。学校的类型、层次以及学生的受教育程度对教育的需求等出现了多样化的趋势,高等教育的质量及其评价标准也不再唯一,省属高校一定要努力以办学模式的多样化去适应社会发展需求的多样化。在市场经济和高等教育大众化阶段,省属高校在秉承学术自由的基础上,应树立人才培养的统一性与多样性并存的教育质量观,努力培养出多规格、高质量的人才。

(4)树立高等教育质量动态发展的教育质量观。在从精英教育到大众化高等教育阶段的转变过程中,省属高校教育质量内涵的最大变化就是,质量不再是一种固定的标准,而变成了一个相对的概念。与此同时,制定质量标准的主体也发生了变化,更多的是由学校、学生和政府共同完成。因此省属高校要生存、要发展,就必须按照教育规律,按照社会发展的要求,紧密结合实际,不断更新教育质量观,坚持教育质量标准动态发展的教育质量观。

(5)主动建立外部评价相结合的质量评价体系。政府和教育部门应该努力建立对省属高校的外部评价与内部评价相结合的质量评价体系。世界各国高等教育评估的目的和行为主要有两大方面:一是确立学生培养(包括学术支撑)的质量标准体系;二是单项或综合评价经费(资源)投入使用效益。由政府部门或外部独立机构对学校的教育质量进行评价,可以确定公众对学生质量的基本认识,对学校在公众心目中的形象地位起着极大的影响作用。但是,如果省属高校过分看重外部评价,则容易形成一种自我防卫机制,以致阻碍学校的自我发展与促进,限制学校的自主性和创造力。每所高校都有自己的历史和办学特色,如果学校进行自我评价,其评价结果是在学校根据自身实际教育情况和资源基础上做出的,它不但成本相对较低，而且学校对评价能做到真正负责，有利于学校的改进与发展。但用此评价结果去说明学校的教育质量和声誉有时会缺乏说服力，因为公众会认为学校自我评价所得的信息可能带有评价者自身的偏向。所以，学校也不能不看重外部评价。因此，对于省属高校来说，既应看重外部评价，从横向比较中找出质量差距，以便在公众中获得较高声誉；也要看重自我评价，结合实际加强自我改进，遵循教育部提出的"以评促建、以评促管、评建结合、重在建设"的指导原则，从而更加准确地确定出自己的办学定位、办学特色及教育质量观，使学生获得全面发展，使学校为社会培养出更多的有用之才。

4. 重视和加强学科建设，不断提升教育教学质量。可以说，高等学校过去任何时候都没有像今天这样对学科建设如此高度重视，也没有任何时候像今天这样把学科建设提升到如此高的地位。而对学科建设的重视，更需要我们冷静地思考学科建设在高校建设和发展中的地位与定位，以及学科建设在高校发展中的作用，理清学科建设的诸多关系，明确建设思路，推进学科建设健康、持续发展。

有的高校把学科建设作为学校建设和发展的"龙头"，有的把它作为"核心"，有的把它作为"主线"。尽管各校表述不同，内涵有异，但都有一个共同点，就是都把学科建设摆在十分突出的地位，非常重视学科建设的作用。对于学科建设的作用，我们既不能低估，也不能无限地放大或泛化。概括起来，学科建设在高校建设和发展中的作用主要有以下三个方面：一是聚集作用。学科是高校人才和资源汇聚之所，往往最优势的学科也聚集了高校最优秀的人和团队以及最优质的资源。围绕学科建设和发展的目标，不仅能够把人才聚集起来，而且能够有效地发挥人才的群体效应。并且，这种作用是高校的行政组织和学术组织不可替代的。二是支撑作用。高校办学水平、整体实力和学术声誉的提高，核心竞争力和创新能力的提升，学位点、专业的建设和发展等等，都离不开学科的支撑。可以这么说，在某种程度上，学科发展的水平直接影响或决定学位点的建设水平、高校的核心竞争力和整体水平。三是基础作用。高等学校的人才培养、科学研究和社会服务,都是以学科为基础的。这个基础好不好,直接关系高等学校三大职能的充分发挥。我们应当明确的是，尽管学科建设在高校发展中具有举足轻重的作用，但是它只是学校发展的一部分，学科建设的成效只能代表学校发展的一个方面，既不能完全按学科建设的要求统筹学校整体发展，也不能用学科建设来替代学校的整体发展,不能“唯学科建设论”。

因此，我们在加强学科建设时，首先必须明确学科建设在高校整体发展中的地位和定位，既要充分发挥上面提到的三大作用，又必须坚持整体观念，把学科建设纳入学校整体发展规划之中，促进学科建设与学校其他工作之间的协调互动。在具体建设思路上,则必须坚持“三个结合”。

(1)要坚持全面提高,把重点学科建设与一般学科水平的提升结合起来。现在和今后一段时期,我省高校学科建设应根据“适度控制办学规模、合理调整专业结构、突出省属高校特色、着力提高教育质量”这一全省高校当前和今后一个阶段的发展思路,结合各校实际情况,按照“整体规划、突出重点、分层建设、全面提高”的思路来积极推进。这里有一个关键问题,就是要坚持全面提升高校学科建设水平，正确处理好重点学科与一般学科之间的关系。但有些高校并没有处理好这两者之间的关系，有的学校只重视重点学科,忽视一般学科;有的搞平衡,在人、财、物的分配上实行“大锅饭”,没有突出重点,钱花了不少,但没有明显成效。前者将学科建设简化为只是重点学科建设,优质资源过于集中,既使一般学科失去了发展空间,又使重点学科因失去了众多一般学科的强有力支撑而丧失发展后劲；后者虽然回避了资源分配的矛盾，却违背了在优质资源稀缺情况下通过优化配置实现“有所为有所不为”的基本原则,极易造成学科建设无亮点、无成效、无后劲。

推进学科建设，必须坚持全面提高，把重点学科建设与一般学科水平的提升结合起来,具体来说,要实施三大战略。

第一，要积极实施重点突出重点突破战略。重点建设一批学术基础厚实的、研究优势与特色突出的学科,抢占相应学科领域的制高点,并且注意充分发挥其在一般学科建设中的样板和带动作用，在学科发展方向上发挥引领作用。在科学技术日新月异，学科既高度分化，又高度综合、交叉融合，新兴学科不断涌现的今天，如何准确把握学科发展趋势，凝练学科方向，明确学科发展目标和路径，是高校学科建设中要解决的问题。高校重点学科不仅自身要凝练好学科方向，还要发挥引领作用，引导一般学科明确学科发展方向，把握学科发展趋势，跟上学科发展步伐，在学科建设思路上发挥示范作用。重点学科经过长期的探索和积累，已经形成了比较科学的成熟的学科建设思路，一般学科可根据自身特点和资源条件，积极借鉴重点学科的建设思路，避免发展过程中的一些不必要的曲折，在学科队伍建设上发挥带动和辐射作用，就是重点学科要把自身积累起来的学科队伍建设的经验和取得的成绩有效地辐射到一般学科，带动一般学科注重对学科带头人和学术骨干的培养，加强学科团队建设，不断提高团队的水平。

第二，要统筹实施定向扶植战略。重视一般学科建设，为重点学科建设提供基础支撑和发展后劲。一所学校的学科体系，主要由基础支撑学科（代表学校性质和类型）、主干优势学科（代表学校的特色和优势）以及交叉特色学科（代表学科生命力和竞争力）三个部分构成。由于学科综合化程度的提高和跨学科交叉融合这一趋势的凸现，重点学科与一般学科之间的界限趋于模糊，重点学科与一般学科之间的学科交叉与合作日益增多，而现代科学的重大突破也往往在这些学科交叉领域实现。因此，要通过定向扶植一般学科建设，优化高校学科建设结构和布局，拓宽重点学科与一般学科的交叉合作领域并推动这些领域的发展，建设一批与学术前沿接轨的新兴交叉学科群，形成重点学科与一般学科相互促进、协同发展的局面。

第三，要稳步实施整体推进战略。根据整体推进高校学科建设与发展的要求，建设高水平学科发展集成平台，实现重点学科与一般学科的协同发展与整体提升。这个平台的运行组织者是高校，运行理念是系统集成和开放，运行方式是统筹规划和配置学科建设资源、推进学科交叉、汇聚学科合力。在这个校内集成平台的运行框架内，学科建设遵循“全面规划、合理布局、保证重点、发挥优势”的原则。根据学科发展需要特别是新兴交叉学科发展需要统筹资源配置，努力在校内形成重点学科在自身发展的同时帮助和带动相关一般学科的发展，各一般学科支持和配合重点学科建设，并在与重点学科合作的过程中提升发展水平的全面发展的局面。

（2）要坚持需求导向，把学科发展需要与社会发展需要结合起来。学科建设受内、外动力双重作用的推动，其内动力来源于学科自身发展需要，外动力来源于社会发展需要。这两种需要体现两种不同的价值取向，直接影响学科发展方向、目标、思路及其成效。二者之间既相互联系，又存在差异。不同学科或同一学科在不同的社会发展阶段，对两种需要、两种价值取向的选择或者协调、协同、结合，也是不同的。在现代信息化社会，高等学校与社会的联系越来越密切，社会经济发展迫切需要高等学校提供强有力的人才和智力支持。这种巨大的需求已经成为推动高等学校的学科建设以及各方面发展的强大动力。同时，主动地、积极地为社会经济发展服务，也已经成为高等学校包括学科建设在内应尽的社会责任和义务。正如德里克·博克在《走出象牙塔——现代大学的社会责任》一书中所说：“大学有理由承担自己的义务，应该向公众提供有助于解决重大社会问题的服务，回报社会。”“应该利用其独特的资源去满足重要的社会需求，正如公用事业单位有义务向所有顾客提供所需的服务那样。”大学的“独特资源”，主要就是学科优势。

坚持需求导向，就是高等学校要明确学科建设定位，牢固树立为社会经济发展服务的指导思想，坚持正确的价值取向。实践证明，学科建设的价值取向直接影响学科建设和发展的方向、目标、思路、措施及其成效。坚持需求导向，需要我们认真研究社会经济发展对学科建设的要求，研究学科自身发展的要求，并把二者有机地结合起来。从服务于社会发展需要来看，高等学校的学科建设在保持以原始性创新为主要目标的基础研究优势的同时，应积极开展以形成高新技术为目标的科技创新研究、以研究社会经济发展的重大理论问题为目标的宏观战略研究以及以推动产业进步为目标的重大科技成果转化研究。美国斯坦福大学之所以能够在较短时间内跃升为世界一流的研究型大学，其重要原因之一就是明确地提出了要把大学办成研究与科技开发中心，并采取有力措施推进这一办学思路，从而与硅谷一起成长发展并著称于世。同时，我们还要高度重视的一个问题是，不仅要注意社会经济发展、学科自身发展的现实需要，还要注意二者潜在的需要，更要注意通过学科建设引领社会经济发展。这就要求高等学校努力提升学科建设的前瞻性，分析、预测社会未来的潜在需求，引导、创造和培育社会的技术需求。恩格斯曾指出："社会一旦有技术上的需要，则这种需要就比十所大学更能把科学推向前进。"学科在成功地创造出社会发展需求的同时，也就找到了自身发展的加速度。

坚持需求导向，尽可能满足社会需求和学科自身发展的需要，就必须不断调整和优化学科结构，理清学科建设和发展的思路。从满足社会经济发展需求和优化学科体系的角度来思考，高等学校的学科建设和发展必须坚持优先发展与支柱产业、优势产业、新兴产业相关的学科，大力发展服务地方经济社会的应用型学科，积极扶持符合未来发展需要的新兴学科、边缘学科和交叉学科，有效保护事关国计民生、国家安全、国家利益且不能由市场调节的学科，努力改造有发展前景的传统学科，坚决控制无社会需求的学科。

(3)要坚持资源整合，实现优势互补，把学科建设与学位点建设、专业建设结合起来。一方面，高等学校的学科建设、学位点建设、专业建设、教学基本条件建设等，都需要人、财、物，因此资源紧缺与众多建设项目需要资源之间的矛盾十分突出，迫切需要整合资源和优化资源配置。另一方面，现代高等学校的建设和发展是一个系统工程，从不同角度、层面或工作程序可以划分出不同的组成要素。从一个维度看，学科、学位点和专业都是决定高等学校发展水平的关键要素，但各个关键要素不是割裂的，一个关键要素作用发挥的效果和程度依赖于其他因素的支撑和互动。因此，必须坚持系统集成，通过资源整合，把学科建设与学位点建设、专业建设结合起来。

首先,学科建设与学位点建设、专业建设在建设目标上具有同一性,学校在开展学科建设、学位点建设和专业建设时，必须把三大建设的最终目标都统一到提高学校的综合实力和核心竞争力上来，进而提高到学校服务社会的能力和水平上来。虽然三大建设在不同层次和不同类型的高校存在着不同的预期目标,但就一所学校而言,必须坚持目标的统一性,不仅在发展目标上要统一，而且在服务面向目标上也要统一，只有保证了这种统一性,才能保证高校各项工作的统筹性,保证高校整体发展规划的顺利实施,也才能使高校有限的资源得到有效的整合和优化的配置，并充分发挥整体综合效益。

其次,学科建设与学位点建设、专业建设在建设过程上具有关联性。学科、学位点和专业是大学三大功能的具体承担者，三者虽然在建设内容上各有侧重，但在建设过程中却紧密相连。学科建设是专业建设和学位点建设的基础，为专业建设和学位点建设提供建设队伍和平台，并直接制约其建设水平；专业建设和学位点建设关系着学科的生存，反映着社会对不同人才需求的适应度和特定高校的评价认可程度，是学科建设水平的显性标志。实际上,学科建设的过程也就是学位点和专业建设的过程,必须整合建设资源,统筹规划建设方案,使三大建设在相互促进中实现共同提高,共同发展。

再次,学科建设与学位点建设、专业建设在建设效果上具有互促性。实际上,高等学校的学科、学位点、专业建设过程,就是三者相互促进、共同提高的过程。学科建设的成果不仅为学位点建设和专业建设提供了平台,锻炼和提升了队伍，而且能引领学位点和专业建设的方向，促进学位授权体系和专业结构的优化，推动学位点和专业改革，提升学位授权质量和人才培养质量。同时,学位点建设保持的相对灵活的设置特性,使高校在人才培养、科学研究和社会服务中具有较强的适应性和针对性，不至于因学科建设特别是学科形成的相对稳定性而失去对于社会发展需要的快速适应和满足功能,并为学科队伍提供有力的人才支持。

正是基于以上三个特点，使整合和优化配置学科建设、学位点建设和专业建设资源成为可能。因此，高等学校应当运用系统论的观点和方法，统筹学校的学科建设、学位点建设和专业建设，切实把三者结合起来，有效地解决项目单列、资源分割的问题，科学地整合和配置建设资源，力求实现三个方面建设取得最大的整体综合效益。

（三）要坚持以适应市场需求、服务社会发展为导向，加大专业结构调整力度

当前，高等教育已进入以适度稳定规模、着力提高质量为主旋律的新的发展时期。而且，我省在高等教育的发展上也明确提出了“适度控制办学规模、合理调整专业结构、突出省属高校特色、着力提高教育质量”的发展思路。要提高高等教育的质量，一方面要注重努力提高各专业的办学水平，另一方面更要注意优化专业结构。专业结构是否合理，不仅关系到高等教育质量、办学效益以及人才资源的合理配置，而且关系到高等教育对经济发展支持的力度和高等教育的可持续发展，关系到毕业生能否广泛就业和社会稳定。开展专业结构调整，根本目的是为了实现人才供需的平衡。在目前国家经济结构和产业结构加快调整的新形势下，坚持以社会需求为导向，深入开展高校专业结构调整工作已经迫在眉睫。

1. 要正确分析形势，全面了解社会需求，根据生产结构的调整稳步开展专业结构调整。高等教育的专业结构与经济社会发展状况紧密相连，以社会需求为导向调整专业结构，首先就需要我们从不同的角度来全面了解社会需求，从而使专业结构调整工作有的放矢，事半功倍。

（1）毕业生就业率。毕业生就业情况从特定的角度最直观地反映了高校专业设置与社会需求的适应程度。近几年来，高校毕业生的初次就业率一直徘徊在70%左右，近30%的学生毕业时找不到工作。从国家经济社会发展的总要求看，大学生就业难，绝不是因为大学生多了，主要还是结构性矛盾造成的。一方面是就业布局的结构性矛盾，到基层的渠道不畅，表现为很多毕业生“眼高手低”、“有业不就”；另一方面是专业布局的结构性矛盾，

新的行业工种和新的技术岗位没有相应专业毕业的毕业生或者说没有足够多的合格毕业生,表现为“有业不能就”。因此,毕业生的就业状况,特别是分专业的毕业生就业情况,是衡量人才培养工作是否适应社会需要,专业设置是否以社会需求为导向的一个重要标尺。近年来,我省逐步实行招生与就业率挂钩的政策,每年安排招生计划时,对就业率高的学校和专业多安排计划,就业率低的学校和专业适当削减计划,一定程度上解决了这一结构矛盾,今年和今后一个时期更要加大这方面的力度。

(2)专业的应用性。随着国民经济的快速发展和产业结构调整步伐的加快,社会对高层次应用型人才的需求越来越迫切,重点发展应用型专业是适应这一需求变化的正确选择。专业的应用性强,培养的人才就能较快较好地适应经济社会发展的需求。高等学校尤其是省属高校,应当紧密结合地方经济发展需求,合理地配置教学资源,积极开办面向地方支柱产业的应用型专业,使专业结构的调整及时跟上产业结构调整的步伐。为推进“工业强省”,加快我省新型工业化建设和装备制造业发展,我们将加快发展新材料、先进制造、电子信息、生物医药、工程机械、钢铁有色、食品加工、石油化工、蔬菜培植、果品加工、旅游服务等行业。为保证这些行业与产业的人才需求,全省从今年开始,对高校的招生计划实行分专业审核和调节,对应这些行业的专业就多招,地方经济发展不急需的专业就少招,供大于求难以就业的就缓招或停招。

(3)人才的培养水平。自扩招以来,一些学校过分地追求专业齐全,或“因人设庙”,有什么师资条件就办什么专业,不顾条件盲目增设专业,对专业的内涵建设重视不够,导致有些新建院校办学定位不清,办学条件改善滞后,人才质量难以保证。文科专业突出的问题是师资队伍和图书资料缺乏,理工科专业主要是实验实习条件不足,实验实训达不到要求。另外,在专业建设中,影响人才培养水平的一个突出问题是教学内容和课程体系与社会实际的脱节。有的专业,尽管课程体系、课程名称有所改变,但课程内容改变很少,教学内容落后于实际,在学科专业发展的研究上深入不够,专业缺乏学科支撑,办学水平低。目前毕业生就业市场上,一些用人单位找不到满意的专业人才，而有些专业毕业生却找不到合适单位的现象常常出现,专业人才需求与供给错位,在市场需求的标准下,这些专业培养的人才确实成了“英雄无用武之地”。

2. 高校专业结构调整必须遵循的基本原则。高等教育培养人才的目的是促进经济社会发展。在充分掌握社会需求的前提下，开展高校专业结构调整工作必须坚持以下原则：

(1)稳定规模与提高质量并举。教育是公益事业,但也需要必要的经费投入,同样应讲究效益。在高等学校,开办一个专业实质上就是开办一个独立的教育实体,只有具备适当的培养规模,才会形成适度的规模效益。教育部有关本科专业设置的文件规定,新设置的专业(特殊专业除外)一般招生规模为 60 人,低于这个规模,就很难获得较高的办学效益。与此同时,专业的办学规模并非越大越好,专业规模过大,不仅会加大管理成本,出现“规模不经济”的现象,影响人才培养质量,而且会导致“高等教育无效供给”和“过度教育”现象的产生。高等教育实行扩招后,全省高校由于专业种数偏少，使得每个专业年度招生的规模过大，不利于提高人才培养质量和拓宽毕业生的就业渠道。对此，我们及时组织高等学校依据社会需求和办学条件，不断加强新专业的建设，努力实现规模与质量的统一。经过几年的努力,全省高校专业数量得到较快扩充,基本解决了专业数量过少的问题。至 2008 年,全省设有本科专业的高校有 18 所,专业结构的基本情况如下：

第一,专业种类结构。目前,甘肃省属高等学校设置的本科专业覆盖了教育部于 1998 年所颁布的哲学、经济学、法学、教育学、文学、历史学、理学、工学、农学、医学、管理学等 11 个学科门类中的全部学科。在教育部所颁布的 71 个二级类学科中,甘肃省属高等学校设置的本科专业覆盖了其中的 54 个,占全部二级类学科的 76%。目前只有马克思主义理论类、天文学类、地质学类、地球物理学类、大气科学类、海洋科学类、材料科学类、地矿类、海洋工程类、航天航空类、武器类、林业工程类、基础医学类、预防医学类、口腔医学类、法医学类、图书档案学类等 17 个二级类学科下没有设置本科专业。但是,在甘肃省属高校没有设置本科专业的这 17 个二级类学科中,兰州大学在其中的地质学类、大气科学类、材料科学类、地矿类、预防医学类、口腔医学类等 6 个二级类学科下设有本科专业。这样,如果将兰州大学设置的本科专业包含在内，甘肃省域内的高等学校所设置的本科专业覆盖了 71 个二级类学科中的 60 个,占全部二级类学科总数的 84.5%。

在教育部于 1998 年颁布的普通高等学校本科专业目录中,共有 249 种专业。甘肃省属高等学校设置了其中的 139 种，占目录内全部专业总数的 56%。另设置目录外专业 32 种,这样,甘肃省属高校目前共设有 171 种本科专业。如果将兰州大学和西北民族大学包含在内,甘肃省域内的高等学校设置目录内专业 192 种,占目录内全部专业总数的 77.1%。另设置目录外专业 39 种,共设有 231 种本科专业。

在甘肃省域内高校设置的 231 种本科专业中，人文社会科学类专业共有 81 种,占 35%;理工农医类专业共有 150 种,占 65%。在甘肃省属高校设置的 171 种本科专业中,人文社会科学类专业共有 69 种,占 40%;理工农医类专业共有 102 种,占 60%。专业种类基本情况如表 2 所示。

表 2　　　　甘肃省高等教育本科专业种类分布一览表

含兰州大学和西北民族大学					不含兰州大学和西北民族大学				
一级学科覆盖	二级学科覆盖	专业种类	人文社科类专业种类	理工农医类专业种类	一级学科覆盖	二级学科覆盖	专业种类	人文社科类专业种类	理工农医类专业种类
11	60	231	81	150	11	54	171	69	102
100%	84.5%		35%	65%	100%	76%		40%	60%

(表中数据来源于甘肃省教育厅,截止时间为 2007 年底,以下各表同。)

第二,专业数量结构。统计显示,从 1999 年到 2007 年,甘肃省属高等学校的本科专业布点数量从 120 个增加到 462 个；如果将兰州大学和西北民族大学包含在内，本科专业布点数量从 1999 年的 221 个增加到 2007 年的

617个。目前,甘肃省属高校布点本科专业462个,含目录外专业50个,每校平均布点本科专业29个;甘肃省域内的高等学校共布点本科专业数617个,含目录外专业60个,每校平均布点34个。

其中,在11个学科门类下布点的专业数量如表3所示。

表3　甘肃省11个学科门类本科专业布点数量一览表

学科门类	含兰州大学和西北民族大学		不含兰州大学和西北民族大学	
	各学科专业布点数量	各学科专业布点数占专业总数的比例(%)	各学科专业布点数量	各学科专业布点数占专业总数的比例(%)
哲学	2	0.16	1	0.22
经济学	37	6.00	30	6.49
法学	32	5.19	24	5.19
教育学	35	5.67	29	6.28
文学	106	17.18	74	16.02
历史学	13	2.11	7	1.52
理学	101	16.37	59	12.77
工学	144	23.34	127	27.49
农学	21	3.40	18	3.90
医学	27	4.38	11	2.38
管理学	100	16.21	82	17.75
合计	617	100.00	462	100.00

从学科门类所属本科专业布点数量来看,在11个学科门类下布点的专业数量,工学最多,分别为144个和127个,占专业总数的23.34%和27.49%;哲学最少,分别为2个和1个,占专业总数的0.16%和0.22%。人文社会科学专业布点319个(不含工程管理和工业工程),占总布点数的52%;理工农医类专业布点298个,占48%。如果不含兰州大学和西北民族大学,甘肃省属高校的人文社会科学专业布点214个,占总布点数的46%;理工农医类专业布点248个,占54%。

另外,二级类学科所属本科专业布点数量排名前10位的学科如表4所示。

表 4　　甘肃省二级类学科本科专业布点数量前 10 位一览表

含兰州大学和西北民族大学			不含兰州大学和西北民族大学		
排序	二级类学科名称	布点专业数量	排序	二级类学科名称	布点专业数量
1	工商管理类	64	1	工商管理类	53
2	电气信息类	46	2	电气信息类	39
3	艺术类	44	3	艺术类	33
4	经济学类	37	4	经济学类	30
5	外国语言文学类	28	5	外国语言文学类	20
6	教育学类	22	6	土建类	19
7	土建类	21	7	管理科学与工程类	18
8	管理科学与工程类	20	8	机械类、教育学类	17
9	中国语言文学类	18	9	中国语言文学类	12
10	数学类	17	10	数学类、化学类	11

由表 4 可知，在二级类学科中，专业布点数量最多的是工商管理类，分别为 64 个和 53 个。在已经布点的二级类学科中，布点专业最少的是哲学类、地矿类、工程力学类、公安技术类、森林资源类、水产类、力学类、草业科学类、动物生产类、动物医学类、护理学类、临床医学与医学技术类、测绘类、环境科学类等，分别只布点 1~2 个专业。

另外，布点数量最多的本科专业是英语和计算机科学与技术，均布点 16 个；紧随其后的是汉语言文学、艺术设计、法学、信息管理与信息系统，均布点 10 个；其后是会计学、国际经济与贸易、工商管理、市场营销，均布点 9 个。财务管理、电子信息工程、音乐学、经济学等专业均布点较多，具体情况见表 5。

表 5　　甘肃省属院校布点数量较多的 22 个本科专业

排序	专业名称	布点数量	所属学科
1	英语	16	文学
	计算机科学与技术	16	工学、理学
2	汉语言文学	10	文学
	艺术设计	10	文学
	法学	10	法学
	信息管理与信息系统	10	管理学

(续表)

排序	专业名称	布点数量	所属学科
3	会计学	9	经济学
	国际经济与贸易	9	经济学
	工商管理	9	管理学
	市场营销	9	管理学
4	财务管理	8	管理学
5	电子信息工程	7	工学
6	土木工程	6	工学
	机械设计制造及其自动化	6	工学
	数学与应用数学	6	理学
	金融学	6	经济学
	历史学	6	历史学
	音乐学	6	文学
	旅游管理	6	管理学
	应用化学	6	理学
	生物工程	6	工学
	经济学	6	经济学

第三,专业规模结构。统计显示,自1999年高校扩大招生规模以来,甘肃省高校各专业学生规模稳步增加,从1999年的每专业平均183人逐步增加到2007年的每专业281人(含兰州大学和西北民族大学)。如果不含兰州大学和西北民族大学,2007年甘肃省属高等学校专业规模每专业平均为302人。从2004年到2007年,甘肃省属高校本科专业所覆盖的11个学科门类中,除哲学、医学门类外,其他门类的学生规模逐年增长。基本情况如表6所示。

表 6　甘肃省高校 2004-2007 年 11 个学科门类学生规模增长情况一览表

	含兰州大学和西北民族大学				不含兰州大学和西北民族大学			
	2004 年	2005 年	2006 年	2007 年	2004 年	2005 年	2006 年	2007 年
哲学	30	29	36	41	0	0	0	0
经济学	2083	1911	2018	2808	1727	1571	1679	2387
法学	2628	2592	2939	3198	2210	2137	2505	2604
教育学	1504	1741	2104	2441	1315	1503	1786	2124
历史学	499	603	662	849	374	467	486	673
文学	6484	7169	8534	9144	4744	5567	6530	7084
理学	5543	5875	6627	7368	3921	3944	4424	5310
工学	10100	11022	12294	14052	9294	9942	10992	12577
医学	2044	1693	1474	1427	923	781	703	541
农学	1014	947	1140	1322	962	858	1044	1106
管理学	5079	5743	6484	7505	4409	5073	5767	6780

从甘肃省属高校学生规模增长情况来看，从 2004 年到 2007 年，历史学增长率为 79.9%；教育学增长率为 61.5%；管理学增长率为 53.8%；文学增长率为 49.3%；经济学增长率为 38.2%；理学增长率为 35.4%；工学增长率为 35.3%；法学增长率为 17.8%；农学增长率为 14.9%；哲学增长率为 0%；医学增长率为-41.3%。历史学专业是学生规模增长率最高的专业，医学类专业学生规模下降幅度最大。

表 7　2007 年甘肃省属高校 11 个学科学生规模情况表

学科名称	在校生数量	各学科所含专业平均规模	学生数量占总数比例(%)
工学	42992	339	30.78
文学	23925	323	17.13
管理学	22029	269	15.77
理学	17599	298	12.60
法学	9456	394	6.77
经济学	7364	245	5.27
教育学	6728	232	4.82
农学	3970	221	2.84
医学	3616	329	2.59
历史学	2000	286	1.43
哲学	0	0	0
合计	139679	302	100.00

从甘肃省属高校11个学科门类学生规模分布情况来看，工学门类所属专业在校生数量居第一，占省属高校学生总数的30.78%；法学门类所属专业平均规模居第一；哲学的在校生数量和专业平均规模都是最少的。

另外，学生规模相对较大的前20个二级类学科如表8所示。

表8　甘肃省规模较大的前20个二级类学科一览表

含兰州大学和西北民族大学				不含兰州大学和西北民族大学			
排序	二级类学科名称	在校学生数量	学生比例(%)	排序	二级类学科名称	在校学生数量	学生比例(%)
1	工商管理类	18180	10.49	1	工商管理类	15973	11.44
2	电气信息类	15185	8.76	2	电气信息类	12942	9.27
3	土建类	10118	5.84	3	土建类	9520	6.82
4	外国语言文学类	9847	5.68	4	外国语言文学类	8243	5.90
5	艺术类	9338	5.39	5	机械类	8181	5.86
6	经济学类	8820	5.09	6	经济学类	7364	5.27
7	中国语言文学类	8724	5.03	7	艺术类	7352	5.26
8	机械类	8181	4.72	8	中国语言文学类	6432	4.60
9	数学类	6021	3.47	9	法学类	4947	3.54
10	法学类	5996	3.46	10	数学类	4796	3.43
11	化学类	4624	2.67	11	管理科学与工程类	3802	2.72
12	临床医学与医学技术类	4589	2.65	12	教育学类	3508	2.51
13	教育学类	4230	2.44	13	化学类	3338	2.39
14	生物科学类	3946	2.28	14	生物科学类	2799	2.00
15	物理学类	3612	2.08	15	体育学类	2571	1.84
16	新闻传播学类	3422	1.97	16	公安学类	2310	1.65
17	体育学类	2911	1.68	17	历史学类	2000	1.43
18	历史学类	2613	1.51	18	中医学类	1932	1.38
19	公安学类	2310	1.33	19	新闻传播学类	1898	1.36
20	政治学类	2223	1.28	20	能源动力类	1785	1.28

从二级类学科下学生规模分布情况来看，超过50%的本科生集中在工

商管理、电气信息、土建、外国语言文学、艺术、经济学、中国语言文学、机械等8个二级类学科下设置的专业中学习。另外，规模在200人以下的二级类学科是哲学类、力学类、测绘类、工程力学类、水产类等。

表9　　甘肃省属高校学生规模超过2000人的专业一览表

排序	专业名称	学生规模	所属学科
1	英语	7749	文学
2	土木工程	6497	工学
3	汉语言文学	6328	文学
4	会计学	5929	经济学
5	法学	4947	法学
6	计算机科学与技术	4237	工学、理学
7	机械设计制造及其自动化	4129	工学
8	数学与应用数学	3800	理学
9	艺术设计	3383	文学
10	国际经济与贸易	3028	经济学
11	工商管理	2919	管理学
12	电气工程及其自动化	2877	工学
13	金融学	2522	经济学
14	化学	2303	理学
15	信息管理与信息系统	2240	管理学
16	自动化	2204	工学
17	物理学	2155	理学
18	体育教育	2143	教育学

由表9可知，英语、土木工程、汉语言文学、会计学等4个专业在校生人数均超过5000人，是甘肃省属高校中学生人数较多的4个专业。

第四，专业行业分布结构。高等教育是专业教育，职业性是专业教育的基本内涵之一，所以，分析本科专业的行业分布情况对优化本科专业结构具有十分重要的意义。统计显示，在甘肃省属高校中，有63.56%的专业布点和69.46%的在校生分布在工程教育类、教师教育类、管理教育类这三大行业类别中。如果将兰州大学和西北民族大学计算在内，有55.76%的专业布点和61.06%的在校生分布在工程教育类、教师教育类、管理教育类这三大行业类别中。

表 10　　甘肃省属高校本科专业行业分布一览表

行业类别	各类别专业布点数量	专业布点数占专业总布点数比例（%）	在校学生数量	在校学生数占在校学生总数比例（%）
教师教育类	88	19.09	33540	24.01
工程教育类	123	26.68	41454	29.68
农业教育类	18	3.90	3970	2.84
管理教育类	82	17.79	22029	15.77
政法教育类	19	4.12	7953	5.69
财经教育类	30	6.51	7364	5.27
医药教育类	11	2.39	3616	2.59
体育与艺术教育类	25	5.42	4997	3.58
新闻传播教育类	9	1.95	1898	1.36
语言教育类	21	4.56	6043	4.33
其他教育类	35	7.59	6815	4.88
合计	462	100.00	139679	100.00

表 11　　甘肃省域内高校本科专业行业分布一览表

行业类别	各类别专业布点数量	专业布点数占专业总布点数比例（%）	在校学生数量	在校学生数占在校学生总数比例（%）
教师教育类	106	17.18	35015	20.20
工程教育类	139	22.53	46077	26.58
农业教育类	21	3.40	4419	2.55
管理教育类	99	16.05	24761	14.28
政法教育类	27	4.38	9919	5.72
财经教育类	36	5.83	8766	5.06
医药教育类	27	4.38	8893	5.13
体育与艺术教育类	36	5.83	7297	4.21
信息媒体教育类	16	2.59	3422	1.97
语言教育类	33	5.35	9791	5.65
其他教育类	77	12.48	14984	8.64
合计	617	100.00	173344	100.00

以上我省高校现有的专业设置结构情况可以十分清楚地告诉我们：一是我省高校专业设置中与甘肃省优势特色产业有关的材料类、地矿类、能源动力类等专业布点少、规模小，个别专业甚至处于空白状态；二是我省高

校专业设置中与甘肃省新兴产业有关的专业规模偏小，有的专业水平较低；三是我省高校专业设置中与甘肃乃至甘肃周边区域特色有关的专业设点太少，规模也偏小，专业水平不高；四是我省高校专业设置中部分专业出现了教育过度现象，即毕业生明显地供大于求，造成人才浪费和不能及时就业；五是我省高校专业设置中已建设成功的品牌专业、特色专业数量太少，规模也小，尤其是一些在全国很有知名度而且人才急缺的专业存在着供不应求的现状，比如，草业畜牧专业、资源环境专业、水土保持专业，国家急需这方面的人才，我们却无法满足这种需要。

（2）积极改造与主动创新结合。每一所高校都有办学时间相对较长的传统专业。一般来说，这些专业的师资力量较为雄厚，教学资源比较丰富。对这些专业进行改造，把传统专业的办学优势与现代社会经济发展的新需求有机地结合起来，可以使传统专业焕发新的生机，同样能为社会培养所需要的合格人才。因此，在专业结构调整中，各高校要坚持改造与新办相结合，即根据自身的特点，因地制宜，因校制宜，在原有的基础上挖掘潜力，将传统的专业推陈出新，又密切关注因社会经济变革和学科发展而滋生出的新专业，积极筹措教学资源，有计划、有步骤地开办社会需求较大的新专业。在加快制造业发展、推进新型工业化进程中，对工学类专业人才的需求很大，工学类专业的毕业生就业率一直都比较高。因此，我们可以对工学类有的专业实行增招，适当扩大规模。

（3）突出特色与兼顾一般结合。在高等教育大众化的时代，高等学校要想在激烈竞争的环境中生存和发展，就必须适应社会需求，充分发挥自己的比较优势，形成自身的办学特色。专业结构和专业特色是一所学校形成办学特色的最基本因素之一，决定着学校能够在哪些领域为社会所需、为社会服务。为了促进高校在专业上办出特色，全省通过重点专业、特色专业建设等方式，引导高校根据社会需求情况，明晰自身专业的发展方向，培育自身的优势和特色，明确办学的主体学科专业。目前，全省共建设国家级特色专业57个，省级特色专业77个，未来五年计划建设省级特色专业300个。现在高校办学的主体逐渐明朗，特色更加明显。虽然有些高校的专业设置与经济社会发展需求和我省生产结构很不适应，需要加大调整力度，但从全省总体情况来看，我省的生产结构与高校专业结构的协调性正在进一步增强。我们将更加注重高校优势特色专业的建设，形成各高校优势特色明显，相互之间协调、补充，既能适应人才市场的需求又能较好地发挥专业规模效益的专业布局结构，带动专业结构的整体优化和办学水平的提高。当然，一所学校除了有特色的专业外，还办有大量的一般性专业，这对于扩大教育规模，满足人民群众急速增长的高校教育需求也是非常有必要的。但是，办一般专业也需要从学校的特色出发，利用必要的学科支撑点来发展，尽量避免与其他学校不必要的"趋同化"竞争，实现特色专业与一般专业的双赢。

3. 既要立足现实，更要着眼长远，下决心花气力建立专业结构调整和自我完善的长效机制。专业结构调整是一项复杂的系统工程，是一项长期的任务，它涉及政府、高校、社会等多个方面，需要发挥各方的职能，形成专业结构调整和自我完善的机制。根据我省高校的现状和发展，当前搞好专业结构调整，可以从几个方面入手：

(1)加强人才需求预测，加快专业设置预测系统的建设。做好专业调整的一个重要前提必须是在人才培养上对"学校有什么"、"社会要什么"、"学校能做什么"这三个方面的信息有充分的了解和掌握。因此，要加快建立专业设置、人才培养、就业状况的数据库，定期发布专业人才培养的规模、变化趋势和供求状况，为学校调整专业结构、优化专业布局提供必要的信息服务和宏观建议；要全面系统地分析国家和区域经济社会发展对人才的需求趋势，定期发布各专业的人才需求预测及社会对专业设置的建议，为高校前瞻性地调整专业结构、优化专业布局提供科学依据。

(2)把握市场需求，合理规划专业布局。推进学科专业结构调整，必须充分考虑全省经济发展的新动态，准确预测和把握人才市场需求，包括需求的时间阶段、需求的数量、需求的范围、人才的规格和质量要求,合理规划学科专业布局,使专业的调整稳步、规范、有序进行,更具有长远性、前瞻性。专业结构调整牵一发而动全身,应该树立全局观,全省高校一盘棋,紧紧围绕经济社会发展的实际需求以及全省经济结构和产业结构的调整,结合学校的办学优势和发展定位,制定科学合理的全省专业建设发展规划。当前,高校的专业调整应重点考虑如何为社会建设服务,为甘肃经济社会又好又快发展服务这个重大课题。对目前尚没有的新型交叉学科专业,我们准备组织学科实力较强的高校进行研究,率先开办,使人才培养不断满足经济发展的需要。

(3)密切与用人单位的联系,促进新兴专业发展。在新专业设置及专业培养规模确定时,应广泛听取用人单位的意见,定期举行供求双方座谈会,密切高校专业建设和发展与社会的联系。这对于加快对社会紧缺人才的培养,提供专业结构与社会适应性具有重要意义。用人单位是高等教育的需求方,而新兴专业人才的需求存在不确定性。只有通过密切与用人单位的联系,才能掌握社会对新兴专业人才需求总量的变化趋势和人才规格要求,比较准确地界定新兴专业的内涵。同时,还应通过政策引导,鼓励新建的本科高校立足于地区经济,特别是地区产业发展的需要,开办社会需要的新兴专业,并对这些专业采取不同政策,促进它们迅速成长、成熟,在区域内建立示范。

(4)强化评估手段,加强专业调整的管理。坚持以评估为手段,促进专业办学水平和质量的提高。强化评估结构的管理作用,对于评估结果较差的专业,可采取限期整改、限制招生规模等形式促其提高;对已经饱和甚至过剩的专业,坚决撤并一批;对新办专业加强审查,特别是师资队伍和教学条件的审查,保证新专业的办学质量。近几年来,我省开始以评估促进专业结构的调整,取得了明显的成效。一是增设新专业时,组织专家赴高校现场考察申报专业的师资队伍、教学条件和设施情况,在此基础上召开省专业设置评议委员会评议,同时控制高校年增长新专业的总数,对开办院校多或热门专业的增设进行宏观管理,减少新专业增设的盲目性和随意性。目前全省学科类专业布点仍然不够合理,与全国平均水平相比,文科类布点较低,理工农医类布点比例较高。二是坚持对有第一届毕业生的专业开展办学水平评估和学士学位授予权评估,办学达不到要求的限期整改,不予批准学士学位授予权,或减少甚至停止招生,促进高校重视新专业建设,明确专业定位,加强师资队伍和其他办学条件建设,保证专业办学质量。

(5)注重专业内涵建设,增强社会适应性。培养的人才与社会需求之间的适应性问题,一定程度上就是培养的人才规格、素质能力能否达到社会要求的问题。在高等教育迅速发展,专业数量与结构急剧变化的情况下,现实中已或多或少暴露出培养质量的问题, 在有的学校这个问题还是比较突出的。因此,加强专业内涵建设、提升专业办学水平是专业结构调整工作中要注意的重要问题。首先,政府、高校要加大投入,特别是政府一定要随着财力的不断好转, 加大对全省各高校的投入和支持力度, 而作为学校内部来说,一定要遵循教育规律和人才培养的规律,完善投入机制,不断改善专业的办学条件,保障人才培养的需要。其次,要把专业综合素质的培养放到更加突出的位置。高校应从培养目标、课程体系、教学方法、实践教学、考核评估等方面加强各专业的综合素质培养模式,使学生进一步拓宽专业知识面,掌握更多的社会实践技能,包括在人文素质、计算机、外语等方面具备较高的水平。第三,大力加强教育教学改革,及时更新教学内容与课程体系。各高校应加强与社会、产业、企业界的联系,把社会实际需要的学科专业知识及时补充到教学内容中, 把社会注重的实践能力培养纳入人才培养的全过程中,防止人才培养脱离社会实际,从而实现真正意义上的"以最大可能满足求学者之需要"、"以最大可能满足社会之需要"、"以最大可能满足对学生的知识传承之需要"。也只有这样,才能使我们每所高校尤其是正在建设与发展中的新建本科院校真正做到"有所少为才会有所多为、有所不为才能有所为、有所作为才会有地位”的发展目标。

我们应当充分相信，有党中央、国务院“优先发展教育”的战略方针，有省委、省政府坚强正确的领导，有我们高校坚持不懈、自强不息、团结奋斗的共同努力，我们的高等教育事业一定会有更好更快的发展。

高等职业教育事业科学发展的思考

一、我国高等职业教育的发展状况

在党中央、国务院的高度重视和国家有关政策的大力支持下，我国的高等职业教育得到了长足的发展。尤其是 1998 年到 2008 年是我国高等职业教育蓬勃发展的 10 年，取得了令人瞩目的成就，为建设中国特色高等职业教育奠定了重要的基础。

首先，我国高等职业教育为经济社会发展培养了大批高素质技能型专门人才，社会对高等职业教育的认可度明显提高。10 多年来，我国高等职业院校培养的毕业生接近 1100 万人，为各行各业生产和工作的第一线培养了大批具有较高素质的技术应用型劳动者，特别是目前急需的面向基层职业岗位的技能型实务工作者，为国民经济建设和社会发展作出了积极的贡献。

其次，高等职业教育规模快速发展，为我国高等教育大众化起到了基础性和决定性作用。2008 年全国高等职业教育招生 310 万人，比 1998 年增长了 7 倍，在校生接近 920 万人。由于高等职业教育的快速发展，2002 年高等教育的毛入学率已达到高等教育精英化和大众化阶段的临界点 15%，2008 年上升至 23.3%。高等职业教育对高等教育进入大众化阶段发挥了基础性的作用，也为进入大众化阶段后的高等教育健康发展起到了决定性作用。

第三，形成了高等职业教育体系框架，丰富了我国高等教育的体系结构。作为我国高等教育发展过程中的一种新类型，2008 年独立设置的高职院校达到 1184 所，占普通高等学校总数的 52%以上。高职院校的培养目标定位逐步清晰，工学结合教学模式的特色逐步凸显，以地方投入为主、行业参与和校企合作的办学模式基本确立，而且高职院校的区域分布比较协调，除西藏地区以外的各地市已基本上至少有一所高职院校。这些都标志着高等职业教育体系框架已经形成，丰富了我国高等教育的体系结构。

第四，满足了人民群众对高等教育的强烈需求。从 1989 年到 1998 年的 10 年间，我国高等教育规模增长近乎停滞，与人民群众日益提高的经济物质条件及其追求能进入高等院校学习的迫切需要严重脱节。1999 年全国教育工作会议提出“大力发展高等职业教育”，高等职业教育进入蓬勃发展阶段，扭转了高等教育资源极度短缺的局面，为全社会尤其是广大适龄青年接受高等教育提供了更多机会，也适应了我国经济快速发展对高素质技能型专门人才的需要。

第五，“国家示范性高等职业院校建设计划”启动并取得成果，为建设中国特色高等职业教育提供了重要的实践探索。2006 年，教育部和财政部启动“国家示范性高等职业院校建设计划”，按照“立足未来、重在建设、推动改革、加快发展”的建设思路，大大推动了高等职业教育的内涵发展尤其是专业建设和教学模式的改革，强化了校企合作、工学结合和服务社会的办学理念。首批 28 所示范建设院校人才培养模式改革取得了初步成效，积累了经验，毕业生就业率不断提高，形成了榜样的力量，为探索中国特色高等职业教育迈出了坚实的步伐。

通过摸索和示范性高职院校建设，探索出一种适合中国国情、具有中国特色的高等职业教育发展新模式——产学合作、工学结合，即“1221”人才培养模式。在“1221”人才培养模式中，第一个“1”，是指一个汇集、使用各种资源的开放平台。高职院校要充分发挥这样一个办学平台的作用，重点是开放,要打破思想上的围墙,汇集社会和企业的资源进行使用。第一个“2”,是指两个人才培养系统。一是培养学生实践动手能力的系统,二是培养学生具有可持续发展能力的基础知识系统。这两个系统要灵活、交叉地进行应用,同时要系统地设计这两个系统的课程,真正为实现人才培养目标服务。第二个“2”,是指学生要具有两个证书,一是学历证书,二是职业资格证书。两证齐全,既反映了学生对基础理论知识的掌握程度,又反映了学生对实践技能的掌握程度。第二个“1”,是要把学校办成一个终身学习的培训基地,同时也是为社会服务的基地。

第六,管理部门、政府部门、学校对高职教育的重要性和社会战略地位有了比较统一的认识。教育部颁发的《关于全面提高高等职业教育教学质量的若干意见》中明确定义,高职是类型教育,不是简单的层次教育。正因为统一了认识,才有了示范性高职、实训基地建设等举措。

第七,高职院校正在逐步甩掉生源差、收费贵、就业难“三座大山”的帽子。高职院校已不再是差学生的集中地,很多优秀学生愿意报考高职院校。高职的就业率,2008 年是 68%,今年就业形势比本科还要好,而且其毕业生的基本工资也不低,和本科的差距正在逐步缩小。比如,2007 年本科毕业生平均工资是 2400 元,高职毕业生是 1600 元;2008 年,高职毕业生是 1700 元,本科毕业生是 2300 元,这说明高职毕业生的起薪在涨,而本科毕业生的起薪在降。

第八,高职院校和社会经济发展结合的紧密度越来越高。站在社会经济发展最前沿的高职院校,不仅直接培养社会需要的人才,而且是一个开放的平台,直接从社会得到资源,从地方政府和国家得到的资源更多。同时,高职院校进行的专业调整和教学内容更新,比较适合市场需要、适应社会经济发展的需要,因此,人才培养质量相对要高。这些都得益于高职院校的“订单”培养、专业设置以及“双师型”师资队伍和一体化实验教材等方面的建设。

第九,通过工学结合、产学合作、校企合作的方式,初步确定了高职院校的评估方案并开始实施。几经修改和试点，高职院校评估方案渐趋成熟。这个评估方案不再关注学校要有多少博士、多少教授、多大面积、多少册图书、师生比是多少，等等，取而代之的是从工学结合、校企合作、“双师型”师资队伍结构、教材建设以及实习实训等方面进行评估。评估方案不仅促进了高职院校的进一步建设和发展，而且对本科院校也产生了深刻的影响。

二、近几年高等职业教育在人才培养模式上的转变趋势

近五年来，在普通高校毕业生就业形势日趋严峻、高职院校毕业生年均增加30万人以上的双重压力下，高职毕业生的首次就业率却由2004年的42%逐年攀升到2008年的68%，平均每年提高5个百分点以上。由此可见，从中央政府提出“十一五”期间我国教育发展三大战略以来，横跨职业教育和高等教育两大领域的高等职业教育改革功不可没。由于高等职业教育既坚持“大力发展”，又着力“提高质量”，在规模扩展和内涵提升有机统一的基础上推进校企合作、工学结合的人才培养模式改革取得了明显的成效，呈现出以下七大转变。

（一）办学理念：由过去的课堂为主封闭式办学转变为向社会开放

办学理念是封闭还是开放，在很大程度上体现了办学者改革的决心。温家宝总理在2007年的《政府工作报告》中提出，“要把发展职业教育放在更加突出的位置，使教育真正成为面向全社会的教育”，“建立行业、企业、学校共同参与的机制，推行工学结合、校企合作的办学模式”。温家宝总理又多次指出，“只有职业教育才是真正面向人人的教育”。温家宝总理这些讲话和指示都告诉我们，职业教育应具有开放的办学理念。近几年高职教育人才培养模式改革的成就，就体现了高职院校从封闭走向开放的历程。

办学理念的“开放”，主要包含了体系开放、机制开放和模式开放三个层面的含义：一是教育要真正面向全社会，要求高职教育体系的开放；二是行业、企业、学校共同参与，要求高职教育机制的开放；三是工学结合、校企合作，要求高职教育模式的开放。教育部提出高职院校学生毕业前要进行

半年时间的顶岗实习，而企业面临的问题是不可能按照学校教育的规律和教学秩序来接受学生培训。在这种情况下,高职院校必须实行开放办学,加快实行学分制等弹性学习制度。同时,办学理念的开放,进一步要求高职院校要根据区域产业发展谋划自身发展,增强服务地方经济的能力。

(二)评估指标体系:由照搬本科教学内容的压缩型向高等职业教育的特色型转变

在我国高职教育大规模发展之初，高职院校的评估基本上采用本科院校的评估思路和方法,评估指标注重学校的占地面积、建筑面积、图书馆藏量,专任教师的数量、学历、论文、学术成果、学科建设情况等硬性指标。在这种未能从本科教育的压缩模式中走出来的评估指标体系下，高职院校确实难以形成自己的特色。仅从校园形态上看，许多高职院校的校园建筑和校舍围墙都与普通大学一样，即使是实训实验室也大都是设置在漂亮而封闭的楼房内，而在楼房设计施工的时候很少考虑过实训实验室要建成什么样。

2008 年 4 月开始的新一轮高职院校人才培养工作评估,把教育部《关于全面提高高等职业教育教学质量的若干意见》中的办学要求和改革举措系统地设计成了一套新的评估指标体系，充分体现了高职教育人才培养模式转型的要求和特色。目前的高职院校评估已不再定位于对整个学校的评估,学校多大面积、多少楼房、多大的图书馆等只是作为参考材料列在数据平台上,而不列入评估的范围之中。“评软不评硬、评动不评静”,成为新的高职院校评估的两大原则。所谓评“软”,就是以人才培养模式为重点,在全面了解学校的实际情况的前提下作出分析和评价，提出改进工作的意见和建议,引导学校改变传统的学科教育压缩模式。而所谓评“动”,则是既着眼于学校的历史和现状，又更加关注学校未来发展的潜力。从新的评估指标体系来看,提出了诸如“顶岗实习时间原则上不少于半年”、“实践类课时占总教学时间的 50%以上”、“有相应职业资格证书专业的毕业生获取‘双证书’的人数达到毕业生的 80%以上”等一系列具体指标,以及“能有效设计

‘教、学、做’为一体的情境教学方法”等具体要求,以切实增强学生的基本素质和就业能力。这一新的评估方案的实施,标志着高职教育开始逐步走向完善成熟,凸显了高职教育区别于普通本科教育的特色。

(三)师资引进和培养:由着重强调学科型教师向重视“双师结构”转变

高职教育要摆脱学科教育模式,需要摆脱过分偏重依靠学科型、专家型教师队伍的办学思路。针对校企合作、工学结合人才培养模式的实施,广大高职院校普遍开始重视“双师型”教师队伍建设,共同认为这是职业教育教师队伍发展的必由之路。但是,“双师型”教师队伍的内涵究竟是什么?事实上,“双师型”教师队伍的建设包含了两个方面的含义:一是“双师素质”;二是“双师结构”,即专兼职结合的专业教学团队建设。高职教育要培养社会经济发展需要的高技能人才,必须实行开放式办学,社会化是必由之路,因此教师队伍结构也必须多样化、社会化。学校要向社会开放,根据需要广泛聘任专业兼职教师,这样可以有广泛的选择空间,能够保证先进的专业水平。特别是实践技能,既有特殊要求时能提供满足要求的实践教学技能,还能适应专业迅速变换的需要,在社会需求与学校教师不足的情况下解决教学急需,提高办学效益。同时,有利于增进学校与社会的联系,打破封闭的办学体系,形成以社会需要为中心的办学机制,促进校企合作。

在国家示范性高职院校建设计划实施中,教育部、财政部特别将“制定‘双师型’教师培养和专兼结合专业教师队伍建设的支持和办法,聘请一批精通企业行业工作程序的技术骨干和能工巧匠兼职,促进高水平‘双师’素质和‘双师’结构教师队伍建设”列为示范性院校建设的一个主要内容,同时把“在示范院校开展教师专业技术职务评聘改革试点,加强专兼结合专业教师队伍建设”作为为支持示范院校的改革试点工作而采取的一项重要政策措施,以达到在“建设高水平专兼结合专业教学团队”方面“取得明显进展”的目标,而这也正是实施该项建设计划的总体目标之一。可以预见,强化培养、扩大兼职、增加吸引力,将促使“双师型”教师结构的明显调整和优化。

从实践看,一方面,国家示范性高职院校建设计划明确将"培养和引进高素质'双师型'专业带头人和骨干教师,聘请企业行业技术骨干与能工巧匠,专兼结合的专业教师队伍建设取得明显成效"作为建设的具体任务之一;同时,明确要求"逐步建立'双师型'教师资格认证体系,研究制定高等职业院校教师任职标准和准入制度",这一切都将极大地促进高职院校"双师型"教师的培养。另一方面,随着高职院校与企业合作办学的逐步走向深入,企业对高职教育的支持力度也将逐步加大,学校从企业聘请兼职教师成为加深与企业交往的最常用的方式。鉴于目前高职院校专任教师队伍仍是一支适应普通高校教学的学科型教师队伍,教育部在新一轮高职院校"工作评估"的指标体系中,既通过"专业课专任教师强调技能水平提高及增加企业一线工作经历"的要求强调了"双师素质",又通过"从行业、企业聘请技术能手承担实践技能课程的比例逐渐提高"的要求强调了"双师结构",使加快建设具有高职教育特色的"双师型"教师队伍进一步明确了方向。

(四)教学内容:由注重理论教学和学科体系向注重实践和就业能力转变

以学科为中心的课程模式,强调知识结构的系统性、完整性,重视知识的传授和记忆,课程易于编制,有助于学生打好理论基础,发展学生的认知能力。许多高职院校在创办初期,教学内容的安排几乎都会刻意拷贝和复制普通高校的学科课程。因为他们感到只有这样才是正宗的大学教育,结果形成的是本科教学过程的压缩模式,美好的初衷往往以失败告终。高职教育的培养目标定位于基层一线和工作现场的高素质技能型专门人才,具有良好的技术应用能力和实务操作能力是其主要特征。在"以服务为宗旨,以就业为导向"的高职教育方针指引下,人们日益认识到过分偏重理论的教学内容并不适应高职院校特定的培养目标,必须进行课程体系的改革,由学科本位转向就业导向,注重强化实践环节,建立理论教学与实践教学并行互动的教学内容体系。高职院校的教学内容,要不断融入产业、行业、企业、职业和实践等要素,在分析与掌握特定专业领域内高技能人才职业工作过程特征的基础上，以工作过程导向的思路改革专业教学方案，推动课程的开发与实施。

强化实践教学，通过生产性实训和顶岗实习增强学生就业能力，有效地提高了毕业生的就业率和企业的认可度。许多高职院校将企业的要求和标准引入教学，使教学过程与产品生产过程紧密结合，围绕企业一线生产标准和工作要求，把课堂搬到车间和地头，实行半年以上的顶岗实习，让学生在真刀真枪中练。教学内容改革的重点，是开发体现工学结合特色的课程教学体系，根据技术领域的职业岗位群的任职要求确定教学内容。目前，许多高职院校为使教学内容贴近职业岗位实际，满足就业导向的人才培养要求，与企业联合共同进行课程的研制和开发，在对职业岗位需要的理论基础和专业技能进行调查分析的基础上制订教学计划，确定教学内容。与企业共同开发工学结合的课程，把企业所要求的职业素养、职业能力和职业知识作为课程的主要内容，并融入职业资格证书所要求的内容，与企业合作建设集教学、生产一体化的实训和研发中心，共同实施教学和管理。

推行学历证书和职业资格证书相互融通的双证书制度，增加行业企业对实践教学内容的要求。高职教育的高技能人才培养目标，要求专业教学统筹学历知识和用人单位的职业能力标准，重视社会评价尤其是用人单位的评价。学历证书和职业资格证书“双证书”制度，是高职教育满足企业用人要求的制度性保障，将有效提高专业建设质量。统筹兼顾学历和职业要求，专业核心课程和教学内容应覆盖相应职业资格要求，通过学中做、做中学，突出职业岗位能力培养和职业素养养成，把相关专业获得相应职业资格证书作为学生毕业的一个条件，充分利用学校的实习实训基地、校内职业技能鉴定机构、教务管理等基础条件，在颁发专业学历证书前，使符合条件的毕业生通过职业技能鉴定获得相应职业资格证书。我们应鼓励有条件的高职院校的重点专业，要争取在人力资源社会保障部门支持下积极开展学历证书和职业资格证书“双证书直通车”试点工作，努力在专业建设中实现四个统筹兼顾：一是统筹专业计划，兼顾专业教学覆盖职业标准和专业标准,在完成专业学历教育的同时,达到职业资格标准;二是统筹专业课程体系,按照"就业导向、能力本位、需求目标"构建课程体系,兼顾高专学历教育知识与职业资格能力;三是统筹"一体化"教学方法和教学手段,兼顾课堂教学和实践教学"一体",理论教学与实践教学"一体";四是统筹考核评价,兼顾学历标准和行业要求,完善质量保证体系,使毕业生真正成为学得好、用得上的应用型高技能人才。

(五)课程系统建设:由相对稳定的学科课程向灵活适用的模块化课程转变

一个专业的教学内容确定后，用什么样的结构形式将这些内容组织起来,形成基础课程和实践课程两个系统并相互交融,成为高职院校教育区别于技术培训的重要环节。在传统的学科模式下,一般采用"公共基础课+专业基础课+专业课"三段式课程结构;而在模式转型的条件下,变稳定的学科课程为灵活的模块化课程,正在成为高职教育界的一个普遍共识。

在教育部"加大课程建设与改革的力度,增强学生的职业能力"的文件精神指导下,各高职院校加快专业教学改革和课程建设,基于"工作过程"的课程模式开始得到推广。尤其是一些国家示范性建设院校，根据专业特点、相关行业企业发展需求和工作岗位任务进行模块化的课程建设;有的以行业企业为主进行工作岗位任务分析，确定典型工作任务和对应的行动领域,以此为依据设计模块化的专业课程内容;有的根据职业标准进行模块化的课程开发和建设;有的专业邀请行业企业一起建立新的职业标准,引领行业发展。高职院校突破传统的三段式学科课程结构，形成以优质核心课程为中心的模块式体系，并灵活多样地实施这些模块课程。比如有的职业技术学院数控技术专业构建了"模块化、渐进式"课程模式,就是针对数控机床操作能力和数控加工工艺设计与程序编制能力这两大核心能力，对专业课程内容进行模块划分;基础课与专业理论课坚持"必需、够用"的原则,突出数控加工技能训练;理论课程按单元知识进行模块化构造,实践课程按技能要求进行模块化组合;专业课程体系划分为工程技术基础模块、机电技术基础模块、制造技术模块和专业技术扩展模块，并根据专业培养人才的知识、能力层次需求,将专业技能课程进行层次划分,形成新的课程系统,不仅使学生较好地掌握了一定的理论知识，而且比较熟练地掌握了数控机床的应用与操作。

(六)办学模式:由学校单一独立办学向校企资源社会资源共享的管理平台转变

多年来,几乎每所高职院校都因为资源问题,包括投资、师资、生源与实训条件等方面的约束,影响了人才培养模式的改革。为了解决这些问题,各地高职院校加大改革力度，努力突破单一的学校资源依赖，积极争取政府资源,整合社会资源、企业资源、民间资源和境内外合作资源,使办学模式趋于开放式、多元化,为推进人才培养模式的转型提供了资源保障。特别是一些高职院校积极探索优质资源共享的管理平台模式，有效弥补了原来办学模式相对封闭的不足。如示范建设院校通过有效的资源整合，成功地融入了企业要素，并且在机制上进行了探索，形成了优质资源共享的管理平台，产生了制度效应。尤其是在当前职业教育校企合作政策制度尚不完善的背景下，这一管理平台的建设者成为社会主义市场经济体制下探索校企合作制度建设的实践先行者,成效显著。比如兰州石化职业技术学院、甘肃林业职业技术学院、兰州资源环境职业技术学院等院校，在这方面已有了一定的成功经验。

(七)培养方式:由主要依赖课堂教学的注入式向注重社会实践和实习实训转变

互联网的诞生,正在增强人们相互交流、沟通和获取知识的能力,单纯依赖课堂教学、传授知识的人才培养方式已经难以适应新的时代要求。高职教育在教学方法领域，即具体的人才培养方式改革中，注重强化实践环节的教学过程和教学评价，强调通过实践导向的教学结构、学生自主的学习过程,采用开放式的教学方法、多样性的教学手段、信息化的教学技术,提高学生的实践能力,成为高职教育全面推进教学改革的重要主题。

高职院校积极探索多样化的开放式教学方法，在工学结合的教学实践中取得了丰硕成果。近年来，国外不少颇有特色的先进教学方法引入我国，特别是项目教学法、案例教学法、模拟教学法、情境教学法、引导文教学法、任务引领教学法等多种属于“行动导向”的教学方法，以及强调“工作过程导向”的新概念教学方法，等等，对改变以往单一的课堂理论教学和单纯的技能传授方法产生了非常有益的影响。高职院校教师在学习借鉴国外先进教学方法的基础上，结合我国的国情，对传统的课堂教学和技能培训方法进行改革，在教学过程中对不同的教学内容采用不同的教学方法组合，突出工学结合的教学实践活动特点，实施个性化、多样化的开放式教学，努力做到教材讲义和参考资料互为补充、学习软件和操作硬件相互配套、纸质文本和电子文件相辅相成、课堂内外和学校内外相得益彰，在不同程度上提高了学生的学习兴趣和教学的实际效果。

三、高职院校教学质量监控中存在的主要问题及应对措施

当前，以校企合作、工学结合为主要特征的高职教育改革正进入关键阶段。随着高职院校内涵建设的不断深入，传统观念与过去一些常规做法已不能适应新形势下人才培养的需要。

（一）高职院校目前在教学质量监控中存在的主要问题

1. 普遍重视对课堂教学的监控，而忽视了对课程本身的监控。“行动导向、任务驱动”已成高职院校课程改革的主流，在“教学做一体化”思想指引下，课堂教学愈发受到了重视。教师的课堂教学组织能力、学生的课堂教学参与程度都得到了更多的关注，成为教学质量监控中的重点。但课堂始终只是教学的一个重要部分，用更高层次的眼光来看，高职院校的质量监控仍然存在几个被忽视的重要问题：一是课堂教学效果很好，但课程本身是否符合学生职业能力发展的需要？这其实是课程设置必要性的问题。二是学生在课堂上学得很好，但课程是否为学生提供了有助于自主学习的平台？这其实是课程资源共享的问题。三是课堂教学体现了“做中学”，但考试是否

体现了“做中考”？这其实是课程考核的问题。上述三个问题都从不同侧面说明了高职院校需要加强对课程本身质量的监控。

2. 普遍重视对教学环节的监控，而忽视了对育人环境的监控。在经过人才培养水平评估与示范性建设的洗礼之后，高职院校对于教学准备（教材、教案、教学大纲）、教学实施评价等教学环节的质量监控已较为完善，特别是对实训、实习等实践教学环节的重视程度也大为提升。但教学环节的各项活动从来都不能脱离于具体的育人环境而开展，特别是当前广大高职院校越来越重视教学环节的设计与管理，育人环境监控的滞后性也日益显现。育人环境的建设或营造的滞后，从本质上来说，其实是使教学的效用无法在课堂之外得到延伸，从而使育人活动的丰富性被程式化的课堂教学活动所代替，造成了高职院校诸多内涵的缺失，进而影响了人才培养的质量。

3. 普遍重视对学生学习的监控，而忽视了对教师自身成长过程的监控。尊重学生的主体地位已经成为高职院校教学改革中的重要原则。能否发挥学生的主体作用，则是评判教学质量的重要指标。随着就业形势的日益严峻，高职院校更为关注学生通过学校教育学到了什么、能否为其提升就业竞争力增添砝码，而有意无意地忽视了教师在教学中的主体性。但是教学活动从来不是单个主体所能完成的“独角戏”，重视教师在教学中的主体作用也并不意味着削弱了学生的主体地位，而是要特别强调通过教学互动来提高学生的学习主动性和创造性。怎样在让学生“动起来”的同时，让教师也“动起来”，从而实现教学相长，这是一个迫切需要正视的问题。

4. 普遍重视对教学质量的内部监控，而忽视了对教学质量的外部监控。在高职院校强化内涵建设与质量管理的过程中，教学质量的学校内部监控已经有了较为完善的队伍与完善的制度。但是对于教学质量的学校外部监控在一定程度上却仍被忽视。这里的“忽视”主要是方法或机制层面的。因为，不断开放的高职院校教学的质量监控是当前广大高职院校必须直面的管理难题，已经备受重视，可是虽建立了校内督导队伍强化教学质量的内部监控，却忘了高职院校的教学质量需要由行业、企业等更多的利益相关者来监控。同时,随着高职院校社会服务功能的日益拓展,学生社会实践活动也将成为教学的重要组成部分,其质量的监控亦应纳入到整个教学质量监控的范畴中来。

5. 普遍重视对当前教学质量的监控,而忽视了对后续发展能力的监控。教学作为育人活动的重要组成部分,其质量的衡量不同于一般的在市场上销售的普通商品或是提供的服务,而具有更长的延续性。即教学质量的衡量不仅要依据当前学生的满意程度与就业能力,还需要结合若干年后的受益者,包括毕业生、用人单位、政府乃至社会的满意程度——后者在更大程度上取决于毕业生在职业生涯中是否具有一定的发展、作出更大的贡献的能力。从目前的实际情况而言,高职院校虽然十分重视用人单位对毕业生的满意度调查,但对于如何通过调查获得针对学校教育阶段所能提供给高职学生可持续发展能力的信息却不够重视。这其实反映了高职院校在提供职业培训、考证服务等终身学习渠道上的功能性缺失,对持续提升学生岗位竞争力与职业生涯质量的忽视,而这其实是高校作为学习型社会中的重要机构的重要功能。

(二)今后要加强高职院校教学质量监控所需采取的应对措施

1. 要积极地从课堂走向课程。从课堂走向课程意味着教学质量监控需要更为宽阔的视野,更为强调课程的设计。一是要注重课程设置。这主要是指强调基于岗位职业能力标准进行课程开发,完善课程体系与结构,使课程体系与人才培养目标相适应。二是要注重课程教学资源与课程教学平台的建设。这主要是指通过课程标准、案例、课件、录像等课程教学资源建设与课程网页的建设,为学生提供自主学习的课程平台,提高学生自主学习的能力。三是要注重课程考核方式的改革。这主要是让课程考核方式更加符合课程所对应的工作任务的特点,避免因采用传统的考核方式而影响对学生能力发展的判断,使课程改革的效果真正体现到人才培养质量的提高上。

2. 要逐步地从单一主体走向复合主体。从单一主体走向复合主体,并不意味着降低学生在教学中的地位,而是强调高职院校需要更加重视让教师通过参与教学改革与研究提升自身的教学能力，获得自身的专业发展。从众多本科院校中存在的教学与科研的矛盾来看，是因为科研在教师的专业发展中占据了突出的地位，是高等院校科研与教学两大功能在一定程度上产生了错位而造成的影响。但就高职院校而言，无论是社会服务还是技术开发，也都应服务于人才培养工作这一根本。从具体的教学质量监控层面而言，就是要强调教师教学设计能力与实践教学指导能力的培养，并让教学改革与研究的成果在高职院校教师的考核与职称评定中占据更为重要的地位,从而更好地发挥教师的主体作用,凸显其主体价值,避免教学改革中出现一哄而上或“一刀切”的现象。

3. 要大胆从封闭走向开放。高职院校的教学质量监控从封闭走向开放，是高职院校开放式教学的必然要求。开放式教学不仅意味着有更多的行业、企业与社会人士参与到教学中来，也意味着教学质量需要接受来自行业、企业、政府、社会等更多利益相关方面的监控,还意味着必须有更为开放的监控途径。这不仅需要广大高职院校在教学质量监控中予以足够的重视,更要采用与建立更具实效的监控机制与方法,主要包括:一是强化外部监控队伍的建设,需要融合行业、企业、学生家长等多方利益相关者的监控队伍,使教学质量监控的标准与行业标准、企业与家庭需求相结合;二是在进一步发挥专兼结合的教师队伍的监控作用的基础上，加强对学生自我监控能力的培养——这是学生在其职业生涯的开始必须培养的能力；三是采用问卷、访谈、个案分析、在线问答等实证性的监控方法,获取更为具体、有效的信息,提高质量监控的时效。

4. 要全面地从学校教育走向终身教育。从学校教育走向终身教育,意味着高职院校必须进一步拓展毕业生质量跟踪调查的信息采集面，将毕业生在就业岗位的发展情况与发展需求纳入到调查范围中来。从长远发展来看,高职院校必须承担起更多的岗前培训、职业考证服务、在职培训、成人教育等任务，为个体职业生涯的可持续发展作出贡献，成为学习型社会中的重要功能机构。这就需要广大高职院校提高教师的社会服务意识与能力，搭建更为丰富的社会服务平台，特别是要重视对其毕业生终身学习的服务。因为学生就是学校的品牌，在高职院校普遍办学历史较短的现实情况下，只有通过培养优秀毕业生，并帮助他们在岗位工作中获得更为出色的业绩，作出更大的贡献，这样才能形成更为出色的校友队伍，从而产生更强的品牌效应。

从高职教育整体发展来讲，有几个方面的问题还需要我们大家共同提高认识：

一是高职教育的可持续发展之路，要认真琢磨清楚。可持续发展不是中央和地方政府有没有继续投入的问题，而是如何落实“1221”人才培养模式的问题。

二是如何掌握工学结合和基础课的教学。要搞工学结合，又要讲基础课，每一个专业都不一样，所以要以专业建设为龙头。在一个专业内，它的实践课、工学结合的课程怎么设置，它的基础理论课怎么教，有一个很强的交叉，要解决教和学的问题。

三是师资队伍建设问题。高职院校要把“双师型”师资队伍结构摆在第一位，建立一支“双师型”结构的师资队伍。要从企业、社会广泛聘请兼职教师，建立一个关于兼职教师的大型数据库，每一门专业课都应该储备多位教师。同时，对教师要注重职业道德的培养，对基础课的教师要注重学术水平的提高，对专业课兼职教师要注重其专业技能，这部分教师最好来自企业。

四是机制、体制问题。机制、体制分为外部和内部两部分。外部的环境和机制、体制等问题，应该由政府来解决。但内部体制问题，比如怎样调动教师的积极性、怎样加强和社会的配合、如何加强学生的实习实训管理等，需要靠职业院校自己解决。

四、甘肃省高等职业教育发展的基本现状、存在的主要困难与问题

（一）基本现状

在省委、省政府的重视和支持下，我省高等职业教育取得了长足发展，

高职高专院校已经成为我省高等教育的重要阵地，为我省经济社会发展和实施西部大开发战略培养了一大批高技能人才。

1. 学校数量不断增多，办学规模迅速扩大。2002年，全省高职高专只有13所，2008年发展到21所；占地总面积由2002年的4354亩扩大到2008年的10734亩，是6年前的2.47倍；固定资产总值由2002年的9.27亿元增至2008年的25.56亿元，是6年前的2.76倍；在校生人数由2002年的33589人增至118414人，是6年前的3.53倍；毕业生人数由2002年的5038人增至2008年的25368人，是6年前的5.04倍；招生人数由2002年的14501人增至2008年的46149人，是6年前的3.18倍。

2. 教师队伍不断扩大，办学条件有所改善。伴随学校数的增多和办学规模的扩大，全省高职高专院校教职工队伍不断壮大，其中专任教师由2002年的2619人扩大到2008年的7791人，是6年前的2.97倍。过去6年来，高职高专院校办学条件有了较大改善。校舍建筑总面积由2002年的127.32万平方米发展为2008年的281.54万平方米，其中教学及辅助用房由2002年的49.69万平方米发展为2008年的148.79万平方米，分别是6年前的2.99倍和2.97倍。图书总藏量由2002年的269万册扩大为2008年的606万册，教学仪器设备资产总值由2002年的16700万元发展为2008年的56175万元，分别是6年前的2.25倍和3.36倍。

3. 学校科类日趋齐全，布局结构不断优化。到2008年，全省高职高专院校达21所，占全省普通高校的62%，其中新增综合类院校2所，医学类院校2所，农林类院校2所，理工院校2所，师范类院校2所；高等职业学院由8所发展到14所，占全省普通高等院校的41%。全省高职高专在校生已达到118414人，占全省高校在校生的33%。从学校布局情况看，2002年，兰州市有6所高职高专院校，占全省总量的46%；到2008年，兰州以外的高职高专院校达11所，分布在陇东、陇南、河西、天水、定西等地区，成为我省陇东、天水高校区和河西高校区的重要组成部分。

4. 人才培养模式积极创新，教学质量不断提高。全省高职高专院校以市场为导向,以培养高技能应用型人才为目标,积极探索适应社会主义市场经济发展需求的人才培养模式。在办学过程中,各高校紧密结合市场需求,依托行业、企业优势,逐步形成、完善和推广订单式培养、校企合作培养等模式,走上了产学结合、校企结合的办学之路。在规模发展的同时,学校始终把提高教育教学质量和人才培养质量作为学校的生存发展之本。目前,兰州石化职业技术学院和甘肃林业职业技术学院已被教育部确认为国家级示范性职业学院,为发展我省高等职业教育事业起到了带头示范作用。

兰州石化职业技术学院以服务为基础,推进校企合作、工学结合,采用"培训前移、培养延伸"的方式主动进入企业的终身教育体系。学院紧贴市场,优化专业结构,根据职业岗位的特点,将培养的人才细化为技术应用型、技能应用型和职业应用型三种,提高不同专业人才培养的针对性和有效性。坚持基于工作过程的课程观,重构课程体系。将国家职业标准或行业、企业标准引入课程内容,参照职场工作过程设计课程排序,突出技能培养。借鉴企业流程再造理论,构建实践教学体系,按照国家职业标准组织实训教学。同时,在建设"双师型"教学团队以及质量管理体系建设等方面都走在了全省高职院校前列。目前,无论是教学管理、人才培养质量还是毕业生就业率,都已成为我省职业教育的一面旗帜。

甘肃林业职业技术学院以建成国家示范高职为目标,以"稳定规模抓质量、强化内涵图发展、突出技能促就业、立足林业创特色"为办学理念,坚持"立足林业、面向西部、服务一线"的办学定位。学院紧密结合甘肃林业及生态环境建设的特殊性,依托甘肃实施林业六大工程等重大项目,积极建立"校企、校站、校场、校局"紧密合作机制,共建实训基地,共同开发工学结合课程,创新"模块菜单、循环实训","校站合作、项目代训","做学结合、双线推进"等工学结合人才培养模式,主动承担起为全省高职高专开展师资培训的重任,在服务区域经济建设、林业建设和生态文明建设过程中作出了新贡献。

酒泉职业技术学院已被列入"国家示范性高等职业院校建设计划"重点扶持院校,形成了一定的办学特色:专业布局产业化——学院紧贴地方主导产业调整专业结构,逐步形成了旅游、风电、种子、水利等优势专业群;校内基地生产化——在拓展校外实训基地的基础上，因地制宜建设校内生产性实训基地；人才培养实境化——学院依托校内生产经营实体和校外实训基地,全面推行实训教学,探索出了种子生产与经营"半耕半读"培养模式等许多行之有效的工学结合实现形式；办学体制多元化——学院积极寻求政府、企业、社会参与办学,形成了多元化的办学体制。目前,在市委、市政府的全力支持下,学校总的发展趋势很好。

兰州资源环境职业技术学院按照示范院校的建设标准，全面开展各项建设工作，取得了显著的成绩。尽管由于省上的职业教育布局问题未被列入国家级示范院校上报,但是,学院上下团结一致,自2004年改建以来,以理念新、起点高、要求严的积极进取精神,在全院已经形成了以煤炭、气象为主体的专业特色,以服务行业为宗旨的"四强"人才培养特色(即以"吃苦能力强、实干精神强、技术素质强、创新意识强"为核心要素的"四强型"人才培养目标)。毕业生一次就业率在全省14所高职院校中连续四年排名第二,现已被列入省级示范性高职重点建设院校。

(二)存在的主要困难与问题

虽然我省高等职业教育事业已经取得了长足发展，但在发展过程中确实存在不少的困难与问题,主要表现在以下几个方面:

1. 投入严重不足,办学条件普遍较差,生均办学条件处于全国末位。一是校园占地面积偏小,发展空间受到很大限制。过去6年来,全省高职高专院校在校生增长了3.53倍,而校园占地面积只增长了2.47倍,在校生人数的增速是校园占地面积增速的1.43倍。截至2008年,全省共有11所高职高专院校，即有一半以上的学校生均占地面积低于教育部的合格标准。学校占地面积小，直接影响了学校的发展规模。二是校园占地面积、建筑面积、教学行政用房等指标均低于全国平均水平。截至2008年,全省高职高专院校生均占地面积只有60平方米,生均校园建筑面积只有24平方米,生均教学及行政用房只有12平方米。有12所学校，即有57%的学校的生均教学行政用房面积没有达到《普通高等学校基本办学条件指标》合格标准的要求。三是生均教学仪器设备总值、生均图书低于全国平均水平。2008 年,全省高职高专院校生均教学仪器设备总值、生均图书分别为 4708 元和 50.74 册。全省只有 2 所高职高专院校的生均图书达到《普通高等学校基本办学条件指标》合格标准的要求,这意味着有 90%以上的高职高专院校生均图书没有达到教育部的合格标准。

2. 师资力量薄弱,高学历、高职称教师紧缺。我省许多高职高专院校是在中等专业学校的基础上改制升格设置的，师资力量不足是这些学校面临的重要问题，并成为制约学校教学质量的最重要因素。师资力量薄弱主要体现为:一是专任教师数量不足。2002—2008 年,全省高职高专院校在校生增长了 3.87 倍,而专任教师只增长了 2.53 倍。截至 2008 年,全省共有 9 所高职类学校生师比没有达到教育部的合格标准，占全省同类学校总数的 43%。二是高学历、高职称专任教师的比例低于全国平均水平,也低于教育部合格标准的要求。2008 年,全省共有 6 所高职类学校专任教师高学历比没有达到教育部的合格标准,约占同类学校总数的 29%。

3. 教育资源布局与学科专业结构有待调整，人才培养模式需要创新。一是高等职业教育资源配置还有待进一步优化。由于各方面的原因，目前白银、临夏和金昌等 3 个市州仍没有高等学校或职业院校。二是学校科类既存在普遍的雷同现象,各自的特色彰显不够明显、优势发挥不够充分,又存在科类尚不齐全,工科类学校比例仍然偏小,艺术类、体育类学校尚未设置现象。三是学科专业设置还不能较好地适应地方产业结构调整和经济社会发展的需求。四是我省产业结构中占优势的石化、冶金、轻工业、装备制造业等行业所需人才的培养比较薄弱,技能型、应用型人才培养模式还处于探索阶段。

4. 观念偏差是高职教育发展滞缓的重要因素。随着市场经济的发展,人们追求知识型、研究型人才的意识逐步升温,接受职业教育成为相当多的高中毕业生的无奈选择。在高校招生中,高职的录取在本科之后,招收的生源较差，于是学生、家长乃至社会都把高职教育看成“低层次”高等教育。社会分配机制也不健全、不尽合理，使得技能人才没有相应的社会地位。一方面，需要教育行政部门开展广泛深入的职业教育宣传引导工作，使人们对职业教育有一个更加正确全面的认识；另一方面，家长和考生需要转变升学观念和就业理念，真正认识到高职人才同样是国家建设事业中不可或缺的宝贵人才。

5. 学科本位的育人模式是创新高职教育的主要障碍。目前，一些高职院校在专业培养计划中仍沿用学科本位课程体系和课程形式；在教学中，仍将传授理论知识作为课程的核心，能力本位的课程模式基本还停留在概念层面，“中专延长”和“本科压缩”的影子挥之不去；在课程设置上，强调课程本身的严密、完整、系统和权威性，忽视学习者未来岗位的需要，忽视对学生应用能力、创新能力的培养；对高职教育人才培养中所界定的“技术应用”及理论上的“必需、够用”原则作简单、片面的理解；任课教师对生产、社会实际了解不多，缺乏实践经验。

6. “双师型”教师缺乏，阻碍教育教学水平提高。目前，高职院校普遍缺少“双师型”教师，高职特色难以体现。而高校一刀切的教师职务晋升条件，注重学历和学术水平，轻视实践能力，明显不利于“双师型”教师队伍的建设。

7. 与行业、企业互利共生的运行机制尚未真正形成。当前，职业教育的经济功能和社会功能比较弱，产业及行业、企业与职业教育之间缺乏良性互动、互利共生的运行机制，存在严重的脱节现象。

从职业教育角度看，现阶段部分高职院校培养的人才与行业、企业的用人要求不一致，与行业、企业结合不紧密；高职院校的功能定位不够科学，以就业为导向、以能力为本位的目标取向不明显。从行业、企业角度看，行业、企业参与和举办高职教育积极性不高，不少企业尤其是一些劳动密集型企业片面追求用人的低成本，加之就业准入制度执行不力，普遍招收未经职业培训的员工，不仅阻碍了高职人才的顺利就业，而且也在一定程度上冲击了高职教育的健康发展。

(三)高职教育专业结构总体情况、存在问题及建议

根据省教育厅调查统计数据和李硕豪、邵青山、赵巧琴、周琦、杨柳春五位同志的调研报告显示:截至 2008 年底,甘肃省共有 39 所高等教育机构举办高职高专教育,其中,普通高职高专院校 21 所、独立学院 5 所、成人高校 6 所,普通本科院校设有高职教育的有 7 所。

1. 高职高专教育专业结构的总体情况。

(1)专业类别结构。根据教育部 2005 年颁布的《普通高等学校高职高专教育指导性专业目录(试行)》,高职高专教育专业类别由 19 个专业大类、78 个二级专业类、532 种专业组成。甘肃省现有高职高专教育专业覆盖了农林牧渔、交通运输、生化与药品、资源开发与测绘、材料与能源、土建、水利、制造、电子信息、气象与安全、轻纺食品、财经、医药卫生、旅游、公共事业、文化教育、艺术设计传媒、公安、法律等全部 19 个专业大类,覆盖率为 100%;在 78 个二级专业类中,甘肃省现有高职高专教育专业覆盖了其中的 62 个,覆盖率为 79.4%;在 532 种专业中,甘肃省设置有 239 种。在 239 种专业中,人文社会科学类专业 84 种,占所设专业总数的 35%;理工农医类专业 155 种,占所设专业总数的 65%。基本情况见表 1。

表 1　　甘肃省高职高专教育专业类别结构基本情况

专业大类	二级专业类	专业种类	人文社科类专业(种)	理工农医类专业(种)
19	62	239	84	155
100%	79.4%		35%	65%

(表中数据来源于甘肃省教育厅,截止时间 2008 年底,以下各表同。)

(2)专业数量结构。截止 2008 年底,甘肃省 39 所举办高职高专教育的高等教育机构共设有高职高专专业 239 种 839 个。这 839 个专业分布在 19 个专业大类和 62 个二级专业类中,其中,在 19 个专业大类中的布点情况如表 2 所示。

表 2　**甘肃省高职高专教育专业布点一览表**

排序	专业大类名称	专业布点数	占专业布点总数的比例
1	文化教育类	184	21.9%
2	电子信息类	120	14.3%
3	财经金融类	117	13.9%
4	制造类	94	11.2%
5	土建类	78	9.2%
6	农林牧渔类	37	4.4%
7	艺术设计传媒类	32	3.8%
8	资源开发与测绘类	27	3.2%
9	医药卫生类	27	3.2%
10	旅游类	25	2.9%
11	生化与药品类	21	2.5%
12	交通运输类	17	2.0%
13	环保气象安全类	15	1.78%
14	公安类	12	1.43%
15	轻纺食品类	9	1.07%
16	法律类	8	0.95%
17	公共事业类	6	0.71%
18	水利类	6	0.71%
19	材料与能源类	4	0.47%
	合计	839	100%

从 19 个专业大类中专业数量分布情况来看，文化教育类专业布点数最多，达 184 个，这些专业大部分属于语言文化类和教育类专业。文化教育

类、电子信息类、财经金融类等3个专业大类所涵盖的专业布点数占专业总布点数的50.1%。

另外,专业布点数在20个以上的二级专业类主要有教育类、计算机类、语言文化类等11个专业类,具体情况如表3所示。

表3　专业布点数在20个以上的二级专业类一览表

排序	二级专业类名称	专业布点数	占专业布点总数的比例
1	教育类	128	15.2%
2	计算机类	89	10.6%
3	语言文化类	54	6.4%
4	机械设计制造类	41	4.8%
5	市场营销类	35	4.1%
6	财务会计类	33	3.9%
7	自动化类	27	3.2%
8	电子信息类	26	3.0%
9	旅游管理类	24	2.8%
10	工商管理类	23	2.7%
11	艺术设计类	20	2.3%
	合计	500	60%

从表3可知,这11个二级专业类所涵盖的专业布点数占总布点数的60%,而其余51个二级专业类所涵盖的专业布点数只占总布点数的40%。

在839个高职高专教育专业布点中,计算机应用技术、电子商务、会计电算化、英语教育等专业布点数较多,具体情况见表4。

表 4 布点数在 10 个以上的高职高专专业一览表

排序	专业名称	布点数量	占专业布点总数的比例
1	计算机应用技术	36	4.3%
2	电子商务	19	2.3%
3	会计电算化	17	2%
	计算机网络技术	17	2%
4	英语教育	16	1.9%
5	商务英语	15	1.8%
6	应用电子技术	13	1.5%
7	旅游管理	12	1.4%
	初等教育	12	1.4%
8	建筑工程技术	11	1.3%
	物流管理	11	1.3%
	学前教育	11	1.3%
	现代教育技术	11	1.3%
	计算机信息管理	11	1.3%
9	机电一体化技术	10	1.1%
	数学教育	10	1.1%
	数控技术	10	1.1%
	会计	10	1.1%
	文秘	10	1.1%
	合　计	262	31%

（3）专业规模结构。在举办高职高专教育的甘肃省 39 个高等教育机构、239 种 839 个专业点中，目前共有 122513 名在读专科生，平均每个专业有 146 名学生。在 19 个专业大类中，文化教育专业大类学生规模最大，占在

校生总数的25%。文化教育类、制造类、财经金融类、土建类等4个专业大类的学生规模接近60%。各专业大类学生规模分布具体情况见表5。

表5　　甘肃省高职高专教育19个专业大类学生分布情况一览表

排序	专业大类名称	专业布点数	学生规模	学生数量比例(%)
1	文化教育类	184	30962	25
2	制造类	94	16483	13.4
3	财经金融类	117	13787	11.2
4	土建类	78	11949	9.7
5	电子信息类	120	10993	8.9
6	医药卫生类	27	8451	6.8
7	生化与药品类	21	4801	3.9
8	资源开发与测绘类	27	4606	3.7
9	农林牧渔类	37	4525	3.6
10	交通运输类	17	4171	3.4
11	公安类	12	2271	1.9
12	环保气象安全类	15	2244	1.83
13	艺术设计传媒类	32	2232	1.82
14	旅游类	25	1871	1.5
15	轻纺食品类	9	911	0.7
16	法律类	8	764	0.6
17	水利类	6	671	0.5
18	公共事业类	6	571	0.46
19	材料与能源类	4	385	0.3
	合计	839	122513	100

其次，学生规模超过 3000 人的二级专业类有教育类、计算机类等 13 个,具体情况如表 6 所示。

表 6　　学生规模超过 3000 人的二级专业类一览表

排序	二级专业类名称	专业布点数	学生数	学生数量比例
1	教育类	128	25881	21.1%
2	计算机类	89	7714	6.29%
3	机械设计制造类	41	7145	5.83%
4	自动化类	27	6183	5.04%
5	语言文化类	54	5023	4.10%
6	财务会计类	33	4597	3.75%
7	化工技术类	16	4436	3.62%
8	护理类	11	4049	3.30%
9	公路运输类	15	3847	3.14%
10	临床医学类	9	3673	2.99%
11	工商管理类	23	3513	2.86%
12	工程管理类	18	3467	2.83%
13	市场营销类	35	3022	2.46%

从二级专业类学生规模分布情况看，教育类不仅是专业布点数最多的二级专业类,也是在读学生人数最多的二级专业类。另外,在读学生人数最少的二级专业类是水土保持与水环境,只有 35 名学生。

再次,在 239 种专业中,学生规模超过 2000 人的专业有 11 个,其中,英语教育专业学生人数最多,达 5568 人。具体情况如表 7 所示。

表 7　　学生人数超过 2000 人的高职高专教育专业一览表

排序	专业名称	专业布点数	学生规模
1	英语教育	16	5568
2	初等教育	12	5387
3	计算机应用技术	36	3416
4	护理	5	4724

（续表）

排序	专业名称	专业布点数	学生规模
5	语文教育	9	3218
6	机电一体化技术	10	3217
7	数学教育	10	3114
8	临床医学	4	2477
9	数控技术	10	2789
10	道路桥梁工程技术	7	2604
11	会计电算化	17	2450

另外，学生人数在 10 人以下的专业有 3 个，它们是艺术设计类新专业，有 10 名学生；证券投资与管理专业，有 7 名学生；学生人数最少的专业是设施农业技术，只有 6 名学生。

（4）专业布局结构。专业布局结构是指专业在校际、地区和不同类型教育机构的分布情况。目前，甘肃省举办高职高专教育的高等教育机构有 4 大类共 39 个，这 39 个高等教育机构分布着 839 个专业，其具体布局数量情况见表 8。

表 8　　甘肃省高职高专教育专业布局数量情况一览表

普通本科院校	独立学院	成人高校	普通高职高专院校	合计
97	74	52	616	839
12%	9%	6%	73%	100%

2. 甘肃省高职高专教育专业结构存在的问题。

高职高专教育是与产业发展紧密联系的一种教育层次和教育形式，它随着产业发展变化而发展变化，与社会需求互动同步发展。衡量高职高专教育专业结构是否合理的标准，就是看其是否符合社会产业发展的实际状况。自 2002 年以来，甘肃省高职高专教育进入了大发展时期，专业设置种数和布点数增长很快。但随着时间的推移，高职高专教育专业结构与产业发展之间的矛盾越来越尖锐，突出地表现为专科生就业比较困难。概括地说，现有高职高专教育专业结构存在的主要问题有以下几个方面：

（1）有13类专业出现了教育过度现象。所谓教育过度，亦称教育过剩或教育膨胀，是教育所培养的劳动力和专门人才在总量和水平结构上超过了经济和社会发展的需求。目前，甘肃省高职高专教育部分专业教育过度的主要表现形式是失业率比较高。截至2007年4月，甘肃省21所高职高专院校中，只有兰州石化职业技术学院、兰州工业高等专业学校、兰州资源环境学院、甘肃林业职业技术学院等4所学校2006届毕业生的就业率超过了70%；有5所高职高专院校2006届毕业生的就业率在50%~70%之间；包括甘肃广播电视大学在内的13所高职高专院校2006届毕业生的就业率在50%以下。举办公安类专业的甘肃警察职业学院2006届毕业生的就业率只有30.7%；只设置文科类专业的兰州外语职业学院2006届毕业生的就业率只有41.7%；甘肃广播电视大学2006届专科毕业生的就业率仅31.4%。据农工民主党甘肃省委员会、省人口与计划生育委员会于2007年做的《关于我省大学生就业与人口问题的调研报告》，武威市2005年回本地的大学毕业生就业率为54%；2006年的就业率为26%。天水市2006年大学毕业生的就业率是22.8%。酒泉市2005年大学毕业生的就业率为41%；2006年为52.8%。就业困难的大学毕业生大多数是专科层次的城镇规划与管理类、计算机类、财政金融类、财务会计类、经济贸易类、工商管理类、旅游管理类、应用英语、公共事业类、体育类、艺术设计传媒类、公安类、法律类等13个专业的毕业生。

上述专业类中，虽然有些专业的社会需求数量较大，但与这些专业类庞大的毕业生数量相比，仍然供过于求。例如，计算机类专业毕业生虽然社会需求量较大，但是这类专业毕业生数量远远大于社会需求数量。以国家人事部发布的2007年第三季度招聘职位数与求职人数排名前10位的专业情况通报为例，该季度共需求计算机类专业毕业的人数位居各专业首位，为420230人，而计算机类专业求职者为912381人，远远高于需求人数。据甘肃省人事厅统计，计算机类专业专科毕业生在甘肃的需求和就业情况与全国相似，也是供大于求，待业者逐年增加。

(2)教育类专业规模偏大。在甘肃省高职高专教育中,教育类专业布点达 128 个,在校生规模达 25881 人,占全部高职高专教育在校生总人数的 21.1%。虽然甘肃省乡村地区中小学对大专学历以上的教师有一定的需求量,但是由于地方财政拮据,中小学教师的工资依靠财政全额拨款,为了减轻财政负担,地方政府人事部门严格控制教师编制,大部分地方政府只好先安排教师教育类本科毕业生就业,而将教师教育类专科毕业生暂时搁置或延后就业,或者通过考试安排一部分毕业生就业,其余的只好待业。于是出现了一方面乡村地区中小学教师数量不足,另一方面大批教师教育类大专毕业生持证待业的现象,教育类专业的巨大规模与待业毕业生较多之间形成了矛盾。还有一些地方政府为了解决教师教育类毕业生较多、乡村中小学教师需求较多与地方政府财政拮据之间的矛盾,将上岗的专科层次乡村中小学教师的工资在刚上岗的 1~3 年内控制在 300~500 元之间,以便增加就业人数,解决乡村教师数量不足的问题。总之。教育类专科毕业生就业不充分的现象在甘肃省十分普遍,个别城市如嘉峪关市,中小学教师岗位早已饱和,大部分教师教育类本专科毕业生几乎无望在中小学就业。

(3)专业结构与支柱产业的适切性较差。甘肃省的产业结构以第二产业为主,能源、原材料工业是其传统支柱产业。以冶金、有色、石化等高耗能、高污染行业为主的重工业增加值自 2002 年以来一直保持上升势头。工业内部的 36 个行业中,有色金属冶炼及压延加工业、石油加工及炼焦业、石油和天然气开采业、有色金属矿采选业、电力、热力的生产和供应、烟草制品业的比较优势度高于全国平均水平。而在甘肃省高职高专教育专业结构中,与上述产业适切性较好的材料与能源大类专业只有 4 个专业布点,385 名在校学生,在校生人数占整个高职高专教育在校生人数的 0.3%。特别是材料与能源大类中的能源类专业,如能够在生产生活中广泛应用的热能动力设备与应用、城市热能应用技术、农村能源与环境技术等专业还处于空白状态;电力技术类专业只布点 1 个专业,有在校生 148 人,这与甘肃省第二产业内部结构现状极不协调。

甘肃省及其周边地区是我国矿产资源比较丰富的地区，矿产资源的勘查、采掘、选矿、加工等相对比较发达，有色金属矿采选业还是甘肃省的优势产业之一，与上述产业适切性较好的资源开发与测绘大类专业布点在甘肃省有27个，在校生4606人，占全省高职高专学生总数的3.7%。但是，在资源开发与测绘专业大类之下的矿业工程类、石油与天然气类、矿物加工类等3个二级类专业的学生人数分别只有665人、324人和106人；有色金属矿采选业是甘肃省的优势产业，但金属矿开采技术专业在全省只布点2个，仅有在校生93人；选矿技术专业在全省只有1个专业布点，仅有在校生61人；选煤技术专业和矿井通风与安全专业在全省分别只有1个专业布点，分别仅有在校生45人；像煤炭深加工与利用、煤质分析技术等专业均处于空白状态。甘肃省高职高专教育中矿类专业的这一布局现状，显然不能满足甘肃乃至全国快速发展的矿业的需要。

3. 对我省高职高专教育专业结构调整的若干政策性建议。

(1)顺应国家工业化和甘肃省工业强省的战略，积极发展相关专业。目前，我国正在实施以发展高技术产业和振兴装备制造业为主轴的工业由大变强战略，同时，世界制造业向中国转移的趋势仍在进行，在可预见的将来，我国东部沿海地区的企业对技术工人的需求量仍然较为旺盛。

甘肃省正在实施10个上百亿元的工程项目，这些重大战略性工程总投资约2500亿元，涉及公路、铁路等基础设施；电力、煤炭、石油、天然气、甲醇等能源工程；煤化工综合开发、乙烯及其深加工等化工工业；钢铁产业技术升级、镍铜冶炼深加工、以铝工业为核心的“冶—电—加”一体化等金属采选加工工程；石羊河流域综合治理和甘南黄河重要水源供给区生态保护与建设工程等。

除了“十大超百亿工程”之外，甘肃省正在加速发展县乡交通运输网；已经投资建设或准备投资建设以太阳能、风能、生物质能、小水电、地热资源为代表的一批能源工程，10年后将建成全国最大的风电基地；正在进行或准备进行一批水利灌溉工程和饮用水水源工程、信息基础设施工程；正在加紧进行钨、钼、黄金等资源的勘探和开发利用；将重点发展石油钻采及炼化设备、新型采矿设备、数控机床、电工电器、风力发电设备、真空设备、军工及电子信息等制造业；正在实施以草畜产品、马铃薯加工、啤酒原料、葡萄酿造、果蔬制品、保健食品、民族食品等为重点的农产品加工工程，要建成全国重要的啤酒原料生产、马铃薯精深加工、草畜产品加工基地；正在加快发展特色中药饮片、中藏药、生物制品及化学制药；逐步形成石油化工，冶金、有色，装备制造业，农产品加工，制药等五大特色优势产业。

上述产业项目的建设和运行将需要大批生产一线的技术工人，这样，与上述产业联系十分紧密的公路运输类、铁道运输类、电力技术类、资源开发与测绘大类、化工技术类、材料类、能源类；环保类、气象与安全大类；林业技术类、制造大类、食品类、制药技术类、土建施工类、水利工程与管理类等专业将有较为广阔的发展前景。甘肃省高职高专教育应积极发展与全国产业发展趋势比较吻合、与甘肃省产业发展特点联系比较紧密的上述各类专业，且在校生人数应保持年增长5%~10%的发展速度(5%的依据是：教育部曾于2006年提出最近10年高等教育规模增长应控制在5%以内。10%的依据是：理论界一般认为高等教育的合理规模就是与经济发展速度相适应的规模，我国未来一段时间GDP预测增长在10%左右，所以，部分专业规模的增长应与GDP增长速度一致，以便保持合理规模)。

(2)立足区域特色，将资源开发与测绘大类专业建设成为特色品牌专业。甘肃省所在的西北地区是我国矿产资源比较丰富的地区，主要矿产有煤炭、油气、镍、铜、铅锌、金、钾盐等。其中煤炭保有储量占全国总量的30%左右，主要分布在陕西、新疆和宁夏。石油储量为5.1亿吨，占全国陆上总量的近23%，主要分布在鄂尔多斯盆地、准噶尔盆地、塔里木盆地、吐哈盆地和柴达木盆地。天然气储量为4354亿立方米，占全国陆上总量的58%多，主要分布在鄂尔多斯盆地和塔里木盆地。我国的钾盐储量则有97%多集中在青海省。

甘肃省集中了全国近62%的镍和57%的铂储量，已发现矿种158种，已发现矿产地3500余处,已有E级以上储量矿产地1500余处,已有大中型矿床180余处,保有储量居全国前10位矿种数51种,保有储量居全国前5位矿种数32种,保有储量居全国第一位矿种数11种。

西北地区矿产资源潜在价值达33.7万亿元,开发潜力巨大。目前西北地区的矿产资源开发取得一定进展,现有矿山企业1.3万多个,矿业产值413亿多元,占全国的12%。已经初步形成陕甘宁盆地油气区、陕南甘南有色金属贵金属区、黄河上游干流能源有色金属区、柴达木盆地油气盐湖化工区、北疆能源有色区、东疆及河西走廊西段能源钢铁化工区和南疆油气区等开发区。但从总体上看,西北地区矿产资源勘查开发程度不高,平均每平方千米的地勘投资不足东部地区五分之一,大多数矿产资源的产量在全国所占比重较低。

西北地区矿产资源巨大的开发潜力与开发不足,正是高职高专院校资源开发与测绘大类专业得以大力发展并有理由建设成为特色品牌专业的基本依据。把资源开发与测绘大类专业建设成为甘肃省高职高专教育的特色品牌专业,既有地域优势,又容易得到社会认同。同时,要扩大矿类专业的招生规模,在校生人数应以每年10%的速度增长。

(3)适应新农村建设,重视农业技术类、畜牧兽医类、医药卫生类等专业的建设和发展。甘肃省新农村建设的重要举措之一是发展特色农业。特色农业的布局是:重点发展以定西为中心,辐射带动兰州、白银、天水、临夏北部、平凉的马铃薯种植业;以甘南、临夏、河西地区、陇东地区为重点的草食畜牧业;以河西地区为主的酿造葡萄、啤酒大麦、玉米制种、蔬菜种植业;以平凉、庆阳、天水为重点的优质林果业;以定西、陇南为重点的中药材种植业。继续发展百合、油橄榄、花卉、花椒、黄花菜、玫瑰、黑白瓜子等地方特色农产品。其次,为了促进传统农业向现代农业的转变,政府将推动建立和完善种养业良种、农业科技创新与应用、动植物保护、农产品质量安全、农产品市场信息、农业资源与生态保护、农业社会化服务与管理等七大服务体系,推广应用动植物新品种培育、旱作农业区雨水资源高效利用、高产优质高效耕作栽培、农业生物和农业信息等先进技术。这些举措将增加农村对农业技术类、畜牧兽医类等专业人才的需求。

另外，为了落实新农村建设政策，甘肃省政府将进一步完善农村公共卫生和医疗服务体系。从2008年开始，甘肃省将实施"医疗卫生大学生进农村计划"和"招聘执业医生到乡镇卫生院工作"两个人才支农项目，通过公开考试，每年招募460名优秀卫生人才到省内乡镇卫生院工作。力争到2010年，使全省八成乡镇卫生院在职人员达到大专以上学历。甘肃省农村合作医疗制度已经建立起来，乡镇卫生院医务人员工资体制已经从2007年下半年开始实现财政全额支付。这些政策将刺激乡镇卫生院对具有大专学历的医药卫生类专业毕业生的需求。

基于上述原因，在未来5年，甘肃省高职高专教育应该重新重视已经冷落多年的农业技术类、畜牧兽医类、医药卫生类专业，适度扩大这些专业的招生规模，在校生人数的增长速度应保持在5%~10%之间。

(4)缓解教育过度现象，控制教育过度专业的招生规模。甘肃省高职高专教育中一些专业过分扩张，导致毕业生就业困难，已经造成了社会问题。从全国范围来看，据2008年1月8日《中国教育报》登载的胡瑞文《高校毕业生供求形势与高等教育结构调整分析》一文披露，管理学科专业、经济类专业、计算机与电气信息类专业、外语类专业、艺术类专业、新闻传播学类专业等6大类专业规模严重失控，发展过快，远远超出了人才市场的吸纳能力。而这6大类专业恰恰也是甘肃省高职高专教育中专业规模相对较大的专业，并且涵盖了前已述及的城镇规划与管理类、计算机类、财政金融类、财务会计类、经济贸易类、工商管理类、旅游管理类、应用英语、公共事业类、体育类、艺术设计传媒类、公安类、法律类等13个甘肃省高职高专教育过度专业中的大部分专业。此外，教育类专业也已显现教育过度的迹象。

在未来5年，应严格控制上述13类专业和教育类专业布设新点，招生规模实现零增长，但不宜缩减招生规模，因为，这些专业大部分招收中学文科考生，如果缩减招生规模，将使未来几年日益增加的中学文科考生接受高等教育的机会大大减少。

(5)转变服务空间观,将大部分专业的服务空间扩展到全国。甘肃省还处于从工业化初期向工业化中期过渡的阶段，工业化水平不高，第三产业发展落后，对高职高专毕业生的吸纳能力有限。而我国东部沿海地区对生产一线的高级技术工人需求量较大,2008年以来，广东省的一些企业更出现了招工难的现象。在这一背景下,甘肃省高职高专院校应走向全国,将大部分专业的服务空间扩展到全国,这样,既能解决学生就业问题,又能解决自身发展问题。

附表:甘肃省高职高专教育专业调整建议一览表

甘肃省高职高专教育二级专业类调整建议一览表

二级类专业名称	当前专业布点数量	当前在校学生数量	学生数量比例	调整建议
农业技术类	17	1127	0.92	在校生人数每年增长5%左右，但不宜增加新布点
林业技术类	10	1896	1.55	
畜牧兽医类	10	1502	1.22	
水产养殖类	0	0	0.00	不设置
农林管理类	0	0	0.00	不设置
公路运输类	15	3847	3.14	在校生人数每年增长5%左右，但不宜增加新布点
铁道运输类	1	49	0.04	
城市轨道运输类	0	0	0.00	可设置此类专业（目前未设置）
水上运输类	0	0	0.00	不设置
民航运输类	0	0	0.00	不设置
港口运输类	0	0	0.00	不设置
管道运输类	1	275	0.22	保持现有规模，不增加新布点
生物技术类	4	365	0.30	保持现有规模，不增加新布点
化工技术类	16	4436	3.62	在校生人数每年增长5%左右，但不宜增加新布点
制药技术类	1	0	0.00	
食品药品管理类	0	0	0.00	可设置此类专业（目前未设置）
资源勘查类	4	846	0.69	在校生人数每年增长5%左右，但不宜增加新布点
地质工程与技术类	5	1461	1.19	
矿业工程类	7	665	0.54	在校生人数每年增长10%左右，可考虑增加新布点，设置新专业
石油与天然气类	2	324	0.26	
矿物加工类	2	106	0.09	
测绘类	7	1204	0.98	在校生人数每年增长5%左右，但不宜增加新布点
材料类	3	237	0.19	在校生人数每年增长10%左右，可考虑设置新专业
能源类	0	0	0.00	可设置此类专业（目前未设置）
电力技术类	1	148	0.12	在校生人数每年增长10%左右，但不宜增加新布点

（续表）

二级类专业名称	当前专业布点数量	当前在校学生数量	学生数量比例	调整建议
建筑设计类	12	1643	1.34	保持现有规模，不增加新布点
城镇规划与管理类	5	566	0.46	
土建施工类	14	2916	2.38	在校生人数每年增长10%左右，但不宜增加新布点
建筑设备类	10	1067	0.87	在校生人数每年增长10%左右，但不宜增加新布点
工程管理类	18	3467	2.83	保持现有规模，不增加新布点
市政工程类	7	1076	0.88	
房地产类	12	1214	0.99	
水文与水资源类	0	0	0.00	可设置此类专业（目前未设置）
水利工程与管理类	5	636	0.52	保持现有规模，不增加新布点
水利水电设备类	0	0	0.00	
水土保持与水环境类	1	35	0.03	
机械设计制造类	41	7145	5.83	在校生人数每年增长10%左右，但不宜增加新布点
自动化类	27	6183	5.04	
机电设备类	7	1028	0.84	
汽车类	19	2127	1.73	
计算机类	89	7714	6.29	保持现有规模，不增加新布点
电子信息类	26	2784	2.27	
通信类	5	495	0.40	
环保类	10	1699	1.39	在校生人数每年增长5%左右，但不宜增加新布点
气象类	4	420	0.34	
安全类	1	125	0.10	
轻化工类	0	0	0.00	可设置此类专业（目前未设置）
纺织服装类	1	0	0.00	可招收少量学生
食品类	6	753	0.61	在校生人数每年增长5%左右，但不宜增加新布点

（续表）

二级类专业名称	当前专业布点数量	当前在校学生数量	学生数量比例	调整建议
包装印刷类	2	158	0.13	保持现有规模，不增加新布点
财政金融类	12	1445	1.18	
财务会计类	33	4597	3.75	
经济贸易类	14	1210	0.99	
市场营销类	35	3022	2.46	
工商管理类	23	3513	2.86	
临床医学类	9	3673	2.99	在校生人数每年增长10%左右，但不宜增加新布点
护理类	11	4049	3.30	保持现有规模、不增加新布点
药学类	3	420	0.34	在校生人数每年增长5%左右，但不宜增加新布点
医学技术类	3	265	0.22	在校生人数每年增长10%左右，但不宜增加新布点
卫生管理类	1	44	0.04	
旅游管理类	24	1809	1.47	保持现有规模、不增加新布点
餐饮管理与服务类	1	62	0.05	在校生人数每年增长5%左右，可增加新布点
公共事业类	2	147	0.12	保持现有规模，不增加新布点
公共管理类	1	77	0.06	
公共服务类	3	347	0.28	
语言文化类	54	5023	4.10	
教育类	128	25881	21.10	
体育类	2	58	0.05	
艺术设计类	20	1498	1.22	
表演艺术类	6	231	0.19	
广播影视类	6	503	0.41	
公安管理类	12	2271	1.85	
公安指挥类	0	0	0.00	
公安技术类	0	0	0.00	
部队基础工作类	0	0	0.00	
法律实务类	8	764	0.62	
法律执行类	0	0	0.00	
司法技术类	0	0	0.00	
合计	839	122648	100.00	

五、对高等职业教育发展的若干思考

(一)要以特色建设为重点狠抓教育质量

高职院校只有实施特色发展战略，走特色办学之路，才能在竞争激烈的教育市场中占据一席之地，这已经成为人们的共识。然而，高职院校的特色发展不是一种抽象的理念，也不可能一蹴而就，而是一个不断创建和长期积淀的过程。因此，高职院校的特色发展需要战略思维，从长计议。

1. 突出学校特色，合理定位是高职院校持续发展的基本前提。所谓特色定位，是指在科学分析学校外部环境和自身特色优势的基础上，合理确定学校在教育系统中的位置。高职院校的特色定位，从本质上讲是“差异性”定位，目的是通过差异化发展确立自己的独有特色优势。差异化发展是企业生存和发展的重要战略，指企业向顾客提供的产品或服务与其他企业相比独具特色，别具一格，从而使企业建立起独特的发展优势。在市场经济条件下，这种发展战略对高职院校的特色发展同样具有借鉴作用。高职院校可以从很多角度寻求差异化，但最具有吸引力的差异化方式是其他学校模仿起来难度很大或代价高昂的方式。也就是说，差异化战略所寻求的是持久的差异化优势。这就要求高职院校认清自身的实力，着眼于持久的差异化优势的建立。只有这样，高职院校才能通过打造品牌形成自己的不可代替性，实现特色发展。鉴于高等职业教育具有“高等性”和“职业性”的双重属性，高职院校要确立自己的坐标，必须从高等教育系统、职业教育系统和高等职业教育系统三个层面进行全方位定位。

从高等教育系统层面上讲，“职业性”是高职院校的特色定位。我们知道，20 世纪 90 年代以前，我国高等教育处于“精英教育”时期。由于当时的工业生产主要采用传统技术，高等教育无需承担技能人才培养的任务（当时主要由中专教育来承担），其主要任务是培养学术型和工程型等学科型人才。因此，当时的高等学校（以下简称普通高校）实施的是学术教育和工程教育等学科教育（俗称普通高等教育）。随着工业生产进入以计算机和数控等高新技术为主体的发展阶段，继而进入以网络和信息技术为核心的经济发展时期，我国经济建设遇到了高技能人才严重短缺的挑战。正是在这种背景下，高职院校应运而生，承担起实施高等职业教育的任务，以培养经济建设急需的高技能人才。这就决定了高职院校与普通高校有着不同的类型定位和目标追求。我们应该充分注意这种类型定位和目标追求，坚持自己的“职业性”特色，努力培养高技能人才，否则就会迷失方向。例如，在师资建设方面，我们应该坚持“专业带头人”而不是“学科带头人”的培养，否则就会误入学科教育的轨道；我们应该将“双师型”队伍建设成“讲师+技师”，而不是“讲师+工程师”，否则就与高职院校培养的是高技能人才而不是（至少不直接是）工程型人才的目标相背离。因此，能否坚持“职业性”定位，为社会培养高技能人才，对高职院校的特色发展至关重要。

从职业教育系统层面上讲，“高等性”也是高职院校的特色定位。与中等职业院校培养的传统技能人才相比，高技能人才具有较高的规格要求和文化素养，具有较强的适应能力和发展潜力。从专业角度讲，这种高等性主要体现在三个方面：专业理论和技术原理知识较深厚，前沿性技术了解和掌握程度较高，专业复合性更强。这是由高技能人才的岗位工作要求决定的。例如，CDA/CAM 在制造业中的推广，就要求高技能人才具有较深厚的专业理论知识，既要掌握机械加工技术，又要掌握计算机辅助设计和计算机辅助制造技术，如果忽视这种高等性，高职院校就很可能会“种别人的田，荒自己的地”，不仅形成对中等职业学校的挤压，而且无法实现自己的目标追求和特色发展。

从高等职业教育系统层面上讲，“区域性”更是高职院校的特色定位。区域定位是指确定高职院校在专业设置、科研取向、人才培养和社会服务等方面的地理区域范围。服务于区域社会经济发展，是高职院校办学的指导思想和基本社会职能。高职院校应坚持区域性定位，将区域性特色作为特色发展的重要内容之一。专业结构与教学模式、人才培养的类型与规格要求、经费筹措渠道与办学机制建设等，都应以所在区域为依托和基础。只有立足于地方，为地方社会经济发展培养人才、提供服务，高职院校的特色发展才有可靠的依据和保障。为使区域性更好地成为高职院校的重要特色，在建设示范性高等职业院校时，应坚持“全国一盘棋”的原则，适当考虑区域分布，以便通过不同区域示范院校的建设和辐射作用，推动不同区域高职院校的特色发展。

2. 积极推进课程体系改革是适应培养目标的客观需要。高职教育工学结合模式的实施，首先面对的就是对原有课程体系进行改革。高职教育要适应经济社会发展对高素质技能型人才的要求，其课程体系和课程内容必须按职业岗位的要求进行设计和选择，课程体系要从学科型转变为工作过程导向型。课程体系改革的首要任务是研究制订并落实好教学计划。制订教学计划时应根据企业和学生的实际情况，建立弹性学习制度，要按照“文化知识够用、强化专业能力培养”的原则，调整课堂教学和实习实训即技能训练的比例。要按照有关要求设置好职业基础课程、职业能力课程、素质教育课程，保证并落实学生接受理论与实践学习的总课时，同时处理好基础课程、专业课程学习与企业岗位实践学习之间的关系，以及学生基础能力、专业能力和综合素质培养三者的关系。

3. 建设稳定的校内外实训基地是培养学生实践动手能力的必需条件。首先，要着力建设校内实训基地，充分发挥实习实训在工学结合中的功能和作用。根据实训的生产性和实践性、真实性和效益型、功能多样性和建设多元性的特点和要求，高职院校应主动与行业企业合作，共同制订教学和实训计划，由学校提供场地和管理，行业企业提供设备，并选派技术人员到学校组织实训。在建设校内实训基地的同时，还需开辟和建立一批较为稳定的校外实训基地。在校外实训基地组织实习实训，有利于学生将所学的知识转化为实践能力。同时，校外实训基地也是学生学习社会文化、增进社会交往能力和培养团结协作精神的重要场所。建立校外实训基地并解决好相关的具体问题，可使每个学生都能得到有效的实践锻炼，迈出其职业生涯的第一步。

4. 明确校企的任务和职责是促进双方共同实现人才培养目标的保证。实施工学结合,必须选择好合作企业,寻求并得到若干个需求稳定、实力雄厚的企业的支持。在实施过程中,校企双方必须签订相应的合同,明确职责。无论在校内还是校外实训中,学校主要承担学生思想品德、文化知识及有关的专业知识和基本技能教育,在学校职业生涯设计、择业创业等方面予以帮助和指导。企业则根据自身的需要和可能,提供相应的生产实训场所和条件,承担对学生进行企业文化教育和岗位专业技能的教学和训练任务。同时,合同中还应包含保障学生权益的内容,建立健全保障工学结合顺利进行的管理制度和具体办法。

5. 建设具有较高素质的"双师型"师资队伍是提高人才培养质量的关键。工学结合实施的关键是要建设一支理论基础扎实、技术应用能力较强的"双师型"师资队伍。针对目前高职院校普遍存在的"双师型"教师数量不足、对新技术新工艺缺乏了解、教学中缺少案例、实践教学缺少互动等薄弱环节,应采取以下措施:一是要制定"双师型"教师建设目标和规划,包括数量、知识和专业结构等;二是构建校企互通的教师培养机制,选派专任教师在校内外实训基地担任管理和指导人员,全程参与教育管理、教学指导和生产实训,与学生一起接触专业前沿知识和最新技术,扎扎实实地实践新技术;三是加大从企事业单位和社会上聘请兼职教师的工作力度,适当增加兼职教师的比例,要争取企业的支持,聘请富有实际工作经验的专业技术人员和能工巧匠在校内外实训现场做指导教师;四是要有选择地引入企业具有"双师"素质的技术人员到校任教,建设一支素质优良的专兼职教师队伍。

(二)要以适应经济社会建设需要为前提坚持正确的专业设置原则

专业是高职院校人才培养的载体,是高职院校与社会需求的结合点,是体现学校办学内涵、办学特色、人才培养工作水平的标志,也是高职院校师资队伍建设、软硬件设施建设和实习实训基地的基本依据。专业设置是否合理、机构是否优化,直接影响到高职院校的生存和发展。因此,许多高职院校都把专业建设置于学校建设的中心地位,尤其重视专业设置和结构优化。但是,对于建校时间短、发展历史不长的高职院校,专业设置目前还不能完全适应市场需求,存在着一定程度的随意性、雷同性、粗放性、盲目性和功利性等。审视高职院校专业设置存在的问题,在实际工作中,应坚持以下原则。

1. 坚持以市场为导向的原则。高等职业教育是社会主义市场经济发展的产物。高等职业院校必须面向市场,融入到市场经济中去,围绕市场需求设置专业。前面讲过职业性是高等职业院校的基本属性。近代工业化社会及其社会职能分工所形成的职业、职业知识技能、职业规范进入高等职业教育领域,并成为高职院校专业设置的基本依据。按照职业类型、职业人群规模和职业发展趋势设置专业是市场导向原则的首要内涵。高等职业院校以培养高技能人才为己任,需要始终瞄准高技能人才市场需求。有关调查显示,珠江三角洲、长江三角洲和渤海湾地区三大沿海制造业基地都面临着普通农民工供过于求,有专业职业技能的技工严重短缺的供需矛盾;目前,在我国 2.7 亿城镇从业人员中,包括高级技师、技师、高级技工在内的"高技能"人才只有 1860 万人,不到 7%。高职院校设置的专业与在校生规模只要与高技能人才市场需求对接,我们的毕业生就能有所作为。按照市场导向原则设置专业,当然要考虑生源供给问题,也就是要考虑学生和家长对学校及所学专业的需求。市场对高技能人才需求与学生及家长对学校所学专业的需求客观上存在不对称。高职院校如果不考虑学生报考需求,就会招不到学生,就难以维持其生存,实现育人目标就成为泡影。可见,职业教育及其发展趋势、高技能人才市场需求及生源供给现状与变化,是高职院校专业设置、专业调整及专业结构优化最基本的考虑。

2. 坚持为地方经济服务的原则。要把高等职业教育的根植于地方的沃土之中,就必须牢固树立为地方经济服务的思想,深入研究地方的产业结构、产业优势、经济特色、人才需求,据此设置和调整专业。高职院校只有贴近区域社会,贴近地方经济,贴近企业,特别是骨干龙头企业和点多面广的中小型企业设置和调整专业,为其源源不断地输送高技能人才,以服务求支持,以贡献求发展,才具有持续的发展动力。

3. 坚持科学规划的原则。高职院校专业设置是一个系统工程,必须统筹兼顾、科学规划。专业设置与建设规划要在学校总体发展规划指导下进行,要与学校办学定位和发展目标相一致,经过认真调研和充分论证之后,按照循序渐进的原则,有计划地设置专业。目前,专业设置的盲目性、雷同性既影响了高职院校的社会声誉,也影响了高职院校持续健康的发展。

4. 坚持突出特色建设的原则。前面已经讲到了特色的重要性,应当说,特色是高职院校办学兴校、竞争制胜的一大法宝。学校的特色是在长期的办学实践中凝练而成的。它体现在办学的指导思想、治校方略、人才培养模式、教育教学过程等各个方面,但专业始终是办学特色最集中的体现,没有专业特色就没有学校的办学特色。为此,高职院校专业设置要考虑强化学校办学特色要求,既要与其他高职院校“错位”发展,避免与其所设置的专业雷同;更要重视弘扬学校优良办学传统和办学特色,强化体现特色的品牌专业,围绕品牌专业设置新专业,构建结构合理的专业群;还要注意独辟蹊径,大力发展与高新技术产业发展趋势及职业发展趋势相一致的应用型专业,以培植新的特色专业。

(三)要以加快发展为目标认真做好国家示范性高等职业教育的创建工作

国家示范性高等职业院校建设(以下简称示范校建设)风雨过后,我们应该冷静下来,平心静气地好好想一想、看一看,在哪些方面我们是成功的,哪些方面还有差距,哪些方面还不符合高职教育的客观需求……认真地探讨诸如此类的问题。认真探讨内涵建设的抓手,寻求内涵建设的有效途径,规划出示范校建设的愿景。

1. 要有实事求是的工作态度和踏踏实实的工作作风。学校目标的定位要从学校的实际出发。不同的院校身处的区域环境不同,发展的基础也有很大的差别,所以改革的重心和发展的举措应该结合自身的实际情况,实事求是地找差距,制定改革方案,建设保障措施,踏踏实实地做好自己的整体规划和设计。按照示范校建设的目标，从学校的层面明确到底要解决哪些问题、如何解决、预期成果是什么，从而根据实际和长远发展的需要，科学地制定出完全适合我们自己学校的建设目标。

示范校建设，就是要做教学改革的示范、科学管理的示范、重视质量的示范、科学发展的示范。最终的理想成果当然是我们必须追求的，但更重要的是诸如教学观念提升、运行机制改革、规范教学管理、重视课程建设、提升教学水平、保证人才质量、产学合作以及实验实训条件改善等一系列教改工作的“创新过程”必须精心操作，我们要把我们的示范成果锁定在围绕内涵建设核心的“改革之路、管理之路和发展之路”的过程中。正如大家常说的一句话“观念决定思路，思路决定出路”，它强调的就是科学合理的运行过程。

在“争优创示范”的申报工作过程中，我们的示范院校更需要脚踏实地、有计划地稳步推进。必须克服由于已经取得的成绩而产生的浮躁心理，只有在起步阶段就形成一个实事求是的工作态度，就奠定一种踏踏实实的工作作风，才能真正一步一个脚印将示范校的内涵建设工作落到实处。

急于求成的浮躁心理会使我们失去对自我的准确定位，容易使人随波逐流、盲目行动，对学校的正常运作极为有害。克服浮躁的心理，很重要的一点就是要给自己准确定位。既清楚地知道我们自己学校所处的位置，也清楚地知道我们应发挥的作用，更知道我们未来发展的方向。因此，我们每一所学校一定要从国情、省情、校情以及地情的实际出发，把高职教育的成功经验和办学效益的优秀篇章写在我们西部的大地上，写在甘肃的热土上，写在自己学校的发展史上。

2. 要找到内涵建设的抓手和落脚点。学校的内涵是什么呢？当然是多方面的，但就其主要方面讲，主要有下面几点：

（1）相对于规模发展的质量发展。与外延发展过多关注学校规模的不断扩大不同，内涵发展是一种追求质量的发展。它强调的是必须提升学校的办学质量，也就是提升学校的“软实力”，把注意力集中在办学水平的不断提高上,使得规模与质量、效益达到有机的协调统一。简言之,就是要在不断规范管理、保证教育教学质量的基础上适度扩大规模。

(2)相对于粗放发展的精细发展。发展有粗放和精细之分。粗放型的发展主要把发展的关注点汇集在标志性成果上,汇集在外在物体形的改变上,汇集在最终目标的达成上;而精细型发展是秉承"天下大事,必作于细"的原则,将学校的教学、德育、师生互动等多种因素作为学校改革与发展的关注重点,在事关学校发展的每项工作上都力求精心计划、从长计议、讲求实效。也就是我们大家常说的"细节决定成败"。只有认认真真、扎扎实实地做好学校每一项工作的每一个环节,才能保证达到比较理想的工作目标。

(3)相对于模仿发展的创新发展。内涵发展完全可以借助外力的推动,但绝不是仅仅依靠外力而推动的, 它是源于学校内部变革力量推动的一种自我发展,因而学校也就有了更多的创新动力。因此,正确处理继承与创新的关系、创新与务实的关系,积极挖掘、利用、整合学校资源,将学校导入一种新的发展境地,才是我们每所高职院校应当努力追求的新目标。

3. 要寻求示范校建设的合理有效途径。示范校建设为中国高等职业学校教育和高等职业院校提供了一个跨越发展的机遇, 也为我省高等职业教育树立了典范和榜样。我省好几所高职院校都为此做出了很大的努力,开展了各方面的积极准备工作。有的学校严格按照示范高职的标准投入了一定的财力、物力,使学校基础设施的整体条件有了根本的改善,使学校的办学条件和内部环境发生了深刻的令人鼓舞的新变化; 有的学校积极推行了院内各项改革,加大了教学管理力度,出台了一些新的举措,有效地调动了广大教职工的积极性、创造性, 使学校师生员工的精神面貌发生了新的变化。这都充分说明,我们各个学校都在努力追求发展、争取支持、争创示范,这不仅是难能可贵的进取精神、坚持不懈的奋斗精神,也是学校领导班子团结奋进、谋求发展良好精神状态的具体反映。但这只是一个良好的开端和起步,更艰巨、更重要、更复杂的具体工作还在后续。我们必须保持清醒的头脑,正确地估计自己、认识自己。评上示范学校的并不是一切条件具备、什么都是强项,不存在差距和弱势;没评上示范学校的也不是一切都不占优势、没有自己的特色。无论是评上示范校的还是没有评上示范校的,从长远发展来讲,我们都必须根据学校实际和长远建设与发展的客观需要,在认真调查研究、分析论证的基础上制定出系统的、创新的项目建设保障机制,保证各个项目有序地、高效地、安全地朝着名副其实的示范院校的目标实施建设。

示范校建设的成功标志是在突出内涵建设的同时形成了一个以“工学结合”为主要特征的、长效的校企办学运行机制,而且教学质量明显提高,教学改革成果显著,在众多的高职院校中真正起到示范带头作用。这应当是我们所有高职院校努力的方向和目标。

总之,高等职业教育既是普通高等教育的重要组成部分和不可替代的人才培养基地,又是职业教育的领军者和主要力量。在我们按照党中央、国务院提出的建设人力资源强国的战略目标加快各类人才培养、大力提高人口素质和国民整体综合素质的过程中,我们高职院校的任务更加繁重,责任更加重大,发展中的困难也更多。我们每所学校都应当牢牢把握住历史的发展机遇,认真贯彻落实好省政府关于全省职业教育体制改革的总体要求和具体的实施方案,有计划、有步骤的扎扎实实地做好各项工作,用我们的实际行动为建设人力资源强省、促进甘肃的经济社会发展作出我们应有的贡献。

独立学院科学发展的思考

一、独立学院发展的基本情况

到2009年底，我国有民办性质的独立学院322所，在校生218.4万人，其中本科在校生196.3万人，专科生22.1万人，另有其他形式教育的学生1.1万人；民办其他高等教育机构866所，各类注册学生92万人。据统计，2009年各类民办高等教育机构在校生规模约为550万人，而全国各类高等教育总规模接近3000万人，民办高等教育占整个高等教育规模的18%。我省的民办高等教育也正在健康有序的稳步发展之中。目前，全省有民办普通高校6所（其中独立学院5所），在校生39574人（其中本科生29742人，专科生9832人），约占全省普通高校在校生的13%；其中完全属于民办性质的普通高校3所（陇桥学院、博文学院、兰州外语职业学院），在校生20039人（其中本科12235人，高职、专科7804人），约占全省高校在校生的6.65%。显然，民办高等教育不仅已成为高等教育的重要组成部分，而且已经为我国高等教育事业和各类人才的培养作出了积极而重大的贡献，已经被广大学生、家长和社会所认可，已经成为促进高等教育走向大众化的重要力量，已经成为不可替代的高等教育资源。特别是《民办高等教育促进法》及其实施条例颁布以来，各级政府按照“积极鼓励、大力支持、正确引导、依法管理”的16字方针，采取积极措施，鼓励扶持民办高校发展，引导民办高校规范管理体制，完善规章制度，改善办学条件，规范办学行为，教育教学质量得到了明显提高。民办高校的举办者和学校各级管理者也都在创业和办学的实践过程中，不断学习和正确理解党和国家的各项方针政策，不断学习和熟悉高等教育的规律，使其政策水平、管理水平、教育教学水平都得到了明显提高，从而有力地促进了学校的整体健康发展。但客观地讲，民办高校在发展的过程中也确实存在着一些实际问题和具体困难，需要政府和学校共同努力才能得到解决。

二、近年来我省独立学院工作取得的主要成绩

(一)扩大了办学规模，缓解了高考压力

我省的民办高等教育主要是独立学院的发展。独立学院始办于1999年，经过几年的实践，目前，全省共有独立学院5所，在校生总数达32777人，占全省普通高等教育在校生总数的10%；校舍建筑总面积67万平方米，教学行政用房近40万平方米；购置教学、科研仪器设备超亿元，固定资产总值7.7亿元。独立学院的快速发展进一步扩大了我省高等教育的办学规模，促进了高等教育大众化，有效缓解了人民群众对接受高等教育的迫切需求和高等教育资源严重不足的矛盾。

(二)规范了办学行为，促进了学校健康发展

我省独立学院及其举办者始终贯彻国家的教育方针，坚持社会主义办学方向和教育公益性原则，依法规范办学活动。普遍制定了教学计划、教学运行、教学质量管理等一系列教学文件，实行了教学督导、教授上讲台、学生评教和教学检查等制度，初步建立了教学质量保障、监控和评价体系。同时，依法健全内部管理体制。学校理事会(董事会)为学校决策机构，依法行使决策权，校长依法行使教育教学和行政管理权。逐步健全了财务、会计制度和资产管理制度，严格执行价格部门批准的收费标准和收、退费办法。同时，省教育厅也加强了对独立学院的管理和指导。2008年3月，省教育厅专

门成立了由相关专家组成的调研督导组，从办学方向、管理机制、办学条件、教师队伍、教育教学、学校管理等六个方面，对全省独立学院的办学情况进行了调研督导，不仅比较全面地了解了独立学院的基本情况，而且对进一步规范独立学院的办学行为起到了积极的推动作用。2009年3月—4月，省教育厅再次组织专家组，对全省独立学院及民办高校的教学工作情况进行了全面检查，进一步规范了独立学院及民办高校的教学秩序，保障了教学质量。

（三）深化了教学改革，教育教学质量得到了提高

独立学院以其灵活、高效的机制特性，不断更新教育思想观念，积极探索实践型、应用型人才培养模式改革。在实验、实践教学改革上，积极推进校内实训室和校外实训基地的建设，推进实验、实训教学模式、内容、方法、手段的改革与创新。在专业设置上，立足本省，紧密围绕学院定位和专业特色，以社会需求为导向，优化学科专业结构。目前，我省5所独立学院共开设本、专科专业169个，初步形成了各具特色的骨干专业和精品课程体系。独立学院的教育教学改革大大增强了人才培养的适应性，受到了社会和用人单位的普遍欢迎。

（四）千方百计积极筹措资金，不断改善办学条件，为广大师生员工创造了较好的工作、学习和生活环境

几年来，我省独立学院及民办高校特别是陇桥学院、博文学院、兰州外语职业学院在没有政府资金支持、没有社会团体捐助的情况下，全靠学校自力更生、艰苦奋斗，千方百计筹措资金，加强了学校基础建设，增加了先进的教学仪器设备，扩建了文化娱乐设施，使办学条件得到了明显的改善，有的学院目前的办学条件比我们有的二本高校环境还要好，这都是我们这些独立学院民办高校辛勤奋斗、不懈努力的结果。

（五）为社会作出了积极贡献，赢得了较好的社会声誉

我省独立学院、民办高校创办以来，严格执行党和国家的有关方针政策，不断更新教育思想观念，拓展办学空间，扩大办学规模，改善办学条件，

规范教育教学管理，提高办学质量和水平，赢得了良好的社会声誉。一是绝大多数学生的基本素质和实践能力较强，毕业生就业、创业能力稳步提高，兰州理工大学技术工程学院近三年毕业生就业率保持在85%以上，已高于我省不少普通高校的就业率；二是外省籍考生报考我省独立学院的生源数量持续增加，生源质量越来越好；三是及时稳妥地处理了一些不规范的办学行为，有效地维护了国家政策的严肃性和学校的稳定，得到了教育部的充分肯定和好评。

总之，我省独立学院的发展是健康、稳步、积极、有序的，这5所独立学院董事会的全体领导和参加创业的广大教职工为之付出了艰辛的劳动和辛勤的汗水。大家这种自力更生、艰苦创业、热爱教育事业、敬业奉献的精神值得我们敬佩和学习，几年来取得的显著成绩也应该给予充分的肯定。在这里，我向为独立学院创建与发展辛勤奋斗的各位同仁表示崇高的敬意和衷心的感谢！

三、独立学院在实际运行中存在的主要问题

在充分肯定成绩的同时，我们还要清醒地看到我省独立学院、民办高校目前存在的一些问题和矛盾。这些问题和矛盾归纳起来，主要反映在如下几个方面：

（一）办学特色不够突出，办学思路有待进一步清晰

有些独立学院定位不够准确、科学，办学理念还不能完全适应形势发展的需要。主要照搬母体大学办学模式，在人才培养目标、专业设置和课程体系上出现与母体大学雷同现象，没有形成独立学院自身的办学特色，类似母体学校的二级学院，难以发挥独立学院“独”、“优”、“民”的特性和优势，限制了独立学院的发展空间。

（二）师资力量还比较薄弱，办学条件有待进一步改善

目前，我省部分独立学院校园建设和教学设施尚未达到教育部要求，有的学院生均占地面积仅23平方米，生均教学仪器设备值3100元，生均教

学行政用房9平方米，生均图书42册，离教育部的要求（合格标准分别为54平方米、4000元、14平方米、80册）还存在很大差距。另外，专任教师数量不足，目前，我省独立学院专任教师仅1545人，个别学院生师比竟高达34:1，明显超过教育部要求的标准。由此可见，个别学院对师资队伍建设还没有足够的重视，还存在"只要学生能招得来、课程能开得出就行"的应付思想，不愿意在师资队伍建设上下工夫、花气力、多投入。所以，能借则借、能聘则聘，缺乏长远发展的建设理念。

（三）管理机制尚需完善，办学行为有待进一步规范

作为新生事物，独立学院和民办高校在初创及前期发展过程中不可避免地存在一些不规范与尚待完善之处。如有的在办学条件还不成熟与不完备的情况下即进行招生宣传，甚至向考生和家长进行虚假宣传或不符合国家政策规定的虚假承诺；有的在收费、财务、毕业证书的管理等方面，没能自觉地按照国家相关法律法规和方针政策办事；有的申办学校和合作方的责、权、利不够明确，造成申办学校在教学质量上没有尽到监控保证责任，合作方在办学条件建设上没有投资到位；还有的没有建立行之有效的教育教学质量保障体系和规章制度，在管理方面有较大疏漏和不足。这些问题如不引起高度重视并及时解决，势必影响独立学院的健康发展和社会稳定。

（四）人才培养模式相对落后，教学质量有待进一步提高

主要是我们的教师还没有真正做到因材施教，还不能很好地根据实际情况来制订课程体系、教学内容、教学方法，仍旧生搬硬套地采用公办院校、母体院校的教学大纲、教学计划、专业内容和教学模式。同时，学生的实习实训环节也非常薄弱，多数学院对专业实习实训教学环节缺乏足够认识，缺乏必要的资金支持，缺乏足够的师资，缺乏长期固定的实习基地和必需的教学实验室，不仅直接影响了教学实验课的开设，而且影响了对学生实践动手能力的培养。

（五）对高等学校的科学管理和教育规律的深入学习研究不够

在独立学院和民办高校的创建与发展的实践过程中，各学院尤其是院

级党政领导都总结积累了一些成功的经验和做法，对继续办好学院起到了积极的作用。但由于不少同志过去不在教育工作岗位，也没经过教育行政管理和业务培训，仅靠对高等教育的热爱和经费投入是远远不够的，还必须有一个再学习、再提高和正确认识教育、转变教育观念、树立新的办学理念、学习和熟悉教育规律、按教育规律办教育的理论与实践过程。

四、独立学院面临的主要任务和当前应重点做好的工作

(一)要继续认真学习贯彻国家政策规定，把思想统一到全国独立学院工作会议精神和教育部第26号令要求上来

自2003年4月，教育部出台了《关于规范并加强普通高校以新的机制和模式试办独立学院管理的若干意见》，我省认真按照“六个独立”的要求开展工作，一是全面完成办学许可证申领、独立学院法人登记工作；二是支持学校创造条件建立独立校园，目前，5所独立学院和民办学院经过积极努力和建设，已建成了独立的校园；三是督促对高校举办的独立学院，积极进行将土地、校舍从母体中剥离的工作，2007年开始，未完成剥离手续的学院按照《国务院办公厅关于加强民办高校规范管理引导民办高等教育健康发展的通知》要求，进一步加快了工作进度，目前正在积极争取各方面的协调与支持，争取早日完成剥离工作。2008年出台的《独立学院设置与管理办法》(以下简称《办法》)，对于进一步加强独立学院的规范管理、提高教育教学质量有很重要的指导作用和现实意义。《办法》要求，计划用5年的过渡期，引导独立学院向“撤”、“并”、“转”三个方向发展：“撤”，即被市场淘汰，自生自灭；“并”，即被收归到举办高校，成为其二级学院；“转”，即完全脱离原举办高校，也不再沿用母体高校的冠名，成为真正独立的民办高校。现在看来，这不仅是今后独立学院加快发展提高质量的客观需要，也是规范办学行为、突出民办高校特色、发挥民办高校优势的需要。

2008年2月底，教育部召开了全国独立学院工作会议。会议主题是贯彻落实《独立学院设置与管理办法》，促进独立学院健康发展。会上，周济部

长作了重要讲话，传达了《关于〈独立学院设置与管理办法〉的工作说明》，进一步明确了独立学院的有关政策与制度建设。

一是从法律上进一步明确了独立学院的性质。《办法》明确指出，独立学院是民办高等教育的重要组成部分，也就是说独立学院属于民办性质，学校可依据《民办教育促进法》及其实施条例的相关规定依法办学，享有民办高校各项奖励和扶持政策。

二是明确了独立学院举办者的条件。《办法》明确提出独立学院举办双方必须达到的资质和条件，规范了双方的出资方式和责任，对确保独立学院的办学条件和教学质量，保证独立学院长期可持续发展将起到积极的推动作用。

三是明确了独立学院的法人财产权。《办法》规定独立学院的法人财产权不属于参与举办的高校或社会组织、个人，而属于独立学院所有，并要求独立学院的举办者将出资的资产产权过户到独立学院名下，避免了独立学院的办学风险。

四是明确了独立学院的法人治理机构。《办法》要求独立学院设立理事会或董事会作为决策机构，规定了理事会或董事会议事制度，明确了理事会或董事会、独立学院院长的职责，强调了独立学院内部各项管理制度的建设。

五是明确了独立学院的回报提取方式。开办独立学院以来，一些独立学院举办者对合理回报概念不太清楚。《办法》明确指出，独立学院在扣除办学成本、预留发展基金以及按照国家有关规定提取其他必需的费用后，出资人可以从办学结余中取得合理回报。也就是《办法》对出资人的合理回报有了明确的规定，这不仅规范了财务管理制度建设，也保护了出资人的积极性和权利。

六是明确了普通高校参与办学的无形资产必须计入独立学院办学总投入。实践中，不少高校无形资产并未计入独立学院总投入中，因此，《办法》规定，普通高校投入办学的无形资产，应当依法作价。也就是说，无形资产的作价，应当委托具有资产评估资质的评估机构进行评估；无形资产占办学总投入的比例，由合作办学双方按照国家法律、行政法规的有关规定以及创办初期双方的有关合同或协议予以约定，并依法办理有关手续。要真正做到相互支持、相互理解、共同努力、共同发展。

七是明确了独立学院的文凭。独立学院的文凭问题是广大学生、家长、社会关注的焦点问题，也是近年来独立学院在学籍管理中最突出的矛盾。《办法》明确规定独立学院的毕业证书，以独立学院名称具印；自2008年招收的新生起必须颁发独立学院的学位证书。这项工作在各学院的积极努力下，已完全按照《办法》规定认真执行，并且得到了考生、家长、社会的认可。

八是明确了独立学院的设置标准和办学条件。《办法》规定，独立学院的设置标准参照普通本科高等学校的设置标准执行；独立学院应当根据核定的办学规模充实办学条件，并符合普通本科高等学校基本办学条件指标的各项要求。

九是明确了独立学院规范办学行为。独立学院应当按照办学许可证核定的名称、办学地址和办学范围组织开展教育教学活动，不得设立分支机构，不得出租、出借办学许可证。独立学院的招生简章和广告的样本，应当及时报省级教育行政部门备案，未经备案的招生简章和广告，不得发布。独立学院应当严格执行国家下达的招生计划，按照国家有关规定招生学生。在这些方面，应当说我省的独立学院和民办高校都已经做得比较规范。

十是明确了独立学院的法律责任。《办法》进一步明确了独立学院的审批机关、举办者以及自身等出现违规时的法律责任，在法律层面予以了支持和保障。

总之，《独立学院设置与管理办法》的出台，对于指导和加强独立学院的管理与建设有着十分重要的作用。我省教育部门和各独立学院都在认真学习、深刻领会精神实质的基础上，结合我省各独立学院的实际，对独立学院管理工作和整体运行工作过程开展了全面的检查，也采取了一些切实有效的措施开展了具体的整改落实工作，使我省的独立学院管理更加规范，建设更加有序，发展更加科学。

(二)要以就业为导向,在认真分析论证的基础上,比较准确地考虑办学定位

大学的定位，通常是把层次和类别同时加以考虑的。眼下所谓的教学型、教学研究型、研究型大学,主要是指层次上的定位;综合大学、多科大学、单科大学(如医科大学、外国语大学等)则是比较笼统的类型定位。最关键的定位还是学校以哪些专业作为自己特色的定位。前一种定位可以多年不变,后一种定位则需视社会发展和科技发展情况进行一定的调整。

如果一所大学将自身定位在研究型层次上，那么它可能要考虑在学科专业上追求学术性。因此,这样的大学不把职业性作为主要的方向,也不会过多地花费精力在职业主修领域上。这样的大学通常是学术导向型的。

研究型大学因其专业和课程更注重基础性和学术性，对学生来说,在就业问题上好像无法和教学型、职业技能型大学竞争,实际上这样的大学,其本科生多数都会进入研究生阶段，所以通常也不必过多考虑本科毕业生的就业问题。

作为教学型的独立学院,应该面向一线培养技术应用型人才。如此,教学为主和职业性就应该成为它的主要特点，其专业设置和课程安排就必须考虑有关行业和劳动力市场对人才的直接需要。像这样的学校，目的主要是将知识运用到某个具体的职业部门,最终是要以这些职业性的专业为主。这样的大学，必须不断根据人才市场和职业部门的需求变化来调整自身的专业设置和课程安排，以求最大限度地满足社会用人部门的要求。可以认为,这样的大学基本上就是社会导向型的,它的专业设置和课程安排对于学生就业起着极为关键的作用。

(三)要根据学校定位和社会对人才的需求,坚持科学合理地设置专业

和公办普通高校一样，专业设置也是民办高校人才培养的基础，开设什么专业直接关系到学校能为国家培养什么样的专业人才，培养出来的专业人才是否符合社会的需求，这最终会关系到每一所民办高校的长远发展和生存问题。作为都是属于民办性质的高校,无论是独立学院,还是高职院

校，都同样重要。独立学院和民办高校在发展初期，都是基本依靠母体高校开设专业，这在促使独立学院快速发展的同时，也造成当前独立学院专业设置上的趋同。《独立学院设置与管理办法》自 2008 年 4 月 1 日开始实施，今后五年独立学院面临的主要任务是规范办学，提高质量。这也在客观上要求独立学院在充分利用母体高校优质高等资源的同时，在专业设置上应寻求独立学院与母体高校、独立学院与独立学院二者之间的差异，做到以质量求生存，以特色求发展。

1. 要通过专业结构合理调整，逐步克服独立学院专业设置的趋同性。独立学院能否持续健康发展，克服专业设置的趋同性非常重要。造成独立学院专业设置趋同的原因是多方面的。一是符合国家最初利用优质公办高等教育资源试办独立学院的初衷；二是符合独立学院发展初期专业开设以社会需求量较大的热门专业为主的基本原则；三是作为我国高等教育的一种全新探索，独立学院开设公办高校已开设的专业，有现成的经验可以借鉴，使学校可以少走弯路，减少办学风险；四是对于新兴的专业，不少独立学院尚缺乏相应的办学条件；五是在我国高校专业目录确定的情况下，也决定了独立学院专业开设不可能跳出专业目录的范围。

独立学院专业设置的趋同，主要表现在独立学院与母体高校专业设置的趋同。独立学院专业开设与母体高校的趋同，有利于充分利用母体高校优质的高等教育资源，让新兴的独立学院快速形成品牌效应并得到社会的认可。但由此带来的弊端是，独立学院与母体高校在人才培养上的重复和相互竞争。即使短时间内这种趋同的现状也无法改变，但是应明确独立学院与母体高校在同一专业面前人才培养目标的差异性，否则不仅不利于独立学院自身的发展，也会降低对优质高等教育资源的利用效果，甚至影响母体高校的办学水平和长远发展。

独立学院专业设置的趋同，还表现在独立学院之间专业设置的趋同。与独立学院和母体高校专业设置趋同相对应的是，独立学院之间专业的趋同性也较强。《2007 中国民办高校评价研究报告》调查表明，全国独立学院中约有75%的院校开设有英语专业;71%的院校开设有计算机科学与技术专业;62%的院校开设有国际经济与贸易专业。独立学院目前开设的其他较多专业是艺术设计、市场营销、电子信息工程、法学、工商管理、信息管理与信息系统、会计学等,全国的独立学院约有40%以上的院校都开设有上述专业。独立学院之间专业的趋同性,一个重要的原因是这些专业是热门专业,是社会需求量较大的专业;但另一方面,竞相开设社会需求量大的热门专业,独立学院自身的专业特色和优势难以凸显。从长远来看,这也不利于独立学院的发展。

2. 要根据经济社会发展和学院自身的优势,逐步凸显独立学院专业设置的差异性。独立学院作为我国高等教育一种全新的办学体制,其发展初期在专业设置上呈现出趋同性是一种发展的必然。但是,经过近十年发展的独立学院,如今在具备一定的办学条件和办学规模之后,与专业设置趋同性相对应的是,专业设置的差异性也开始逐渐凸显。这种差异的凸显,既有教育部行使教育宏观调控与引导的原因,也有独立学院开始逐渐谋求自身独立发展、打造自身专业特色的现实需要。这点在2008年全国独立学院新增专业中得到充分体现。可以预计,随着经济社会的发展和产业结构的调整,今后独立学院专业设置的差异性将会更加明显。

专业设置的差异,主要表现在独立学院专业设置开始呈现出“集中与分散”的特点。据统计,2008年全国193所独立学院共计增加了133个专业。在这133个专业中,有超过10所院校同时新增了动画、广告学、日语、财务管理、市场营销、人力资源管理等专业。与集中对应的是,核工程与核技术、阿拉伯语、保险、表演、导演、大气科学、财政学、地理科学、雕塑等54个专业,均系某一所独立学院新增的专业。另外有法学、录音艺术、土地资源管理等20个专业,为某两所独立学院2008年同时新增的专业,而且这些专业多系在某一省、市、区范围内某一所或两所独立学院新增。随着高等教育质量的不断提高和高校竞争力的提升,专业特色已经成为高校竞争力的一个重要方面,如果独立学院都争相开设同一个专业,不论这个专业的市场需求量有多大，造成的必然结果都是毕业生在人才市场上的竞争力将会直接减弱。2008年独立学院新增专业现状表明，一些院校在开设社会急需的热门专业的同时，也在思考和探索如何在专业人才培养上形成“人无我有、人有我优”的发展思路。

专业设置的差异，还表现在不同区域之间独立学院专业设置的数量差异。据有关资料统计的2008年全国独立学院新增专业数量结果来看，中部8个省的70所独立学院共计新增本科专业147个；西部10个省、市、区的39所独立学院共计新增本科专业95个。2008年东部、中部、西部地区独立学院平均专业增长数分别为2.23个、2.1个、2.44个。而据《2007中国民办高校评价研究报告》数据，全国平均每所独立学院开设的专业数约为17个，东部地区独立学院平均开设的专业数高于中部和西部地区院校。东部、中部、西部独立学院之间存在的这种差异，有多方面的原因，比如西部地区优质高等教育资源相对较少，独立学院建设起步相对较晚，等等。但是，随着社会主义新农村建设等国家战略的实施，西部地区对人才的需求相对旺盛，而教育部近年来也在政策上向西部高校倾斜。对于西部地区的独立学院而言，如何利用每年新增的专业较多的这种优势，显得十分重要。同样，对于东部和中部地区专业已相对完备的独立学院，在专业增加已经相对放缓的情况下，如何优化专业人才培养、提高质量，同样十分重要。

目前，我省5所独立学院共开设本科专业95个。其中，兰州理工大学技术工程学院25个；兰州交通大学博文学院21个；兰州商学院长青学院17个；兰州商学院陇桥学院17个；西北师范大学知行学院15个。这95个专业分别为：工学专业37个，占总数的39%（其中有相同专业的计算机科学与技术5个，电子信息工程3个）；管理学专业29个，占总数的31%（其中相同专业有会计学4个，信息管理与信息系统4个，财务管理3个，工商管理3个，人力资源管理3个，市场营销3个）；文学专业13个，占总数的14%（其中相同专业有英语5个，艺术设计3个）；经济学专业9个，占总数的9%（其中相同专业有国际经济与贸易3个）；理学专业4个，占总数的

4%；法学专业2个，占总数的2%；教育学专业1个，占总数的1%。也就是说，我省5所独立学院现共开设95个本科专业，其中有39个专业重复开设的学校在3个以上，雷同数达已开设专业总数的41%。兰州外语职业学院也已开设22个专业，其中财经类专业8个，教育语言类专业7个，旅游类专业2个，电子信息类专业2个，艺术设计类专业1个，法律类专业1个，房产类专业1个。除了应用阿拉伯语专业对学院的特色有所体现之外，大多数专业与其他独立学院有所雷同，这个问题也要引起学院的足够重视才行。当然，这些专业的开设也确实弥补了我省高校尤其是独立学院的母体高校教育资源不足、师资力量不足、培养能力不足的问题，而且为国家和社会培养了一大批专业人才，同时也缓解了我省高校招生的压力。独立学院和兰州外语职业学院的成绩是显而易见的，但从长远发展来看，我省独立学院和兰州外语职业学院专业设置雷同的现象必须引起教育部门和各学校的高度重视，必须随着生产结构的调整对人才需求的实际情况逐步地、有计划地、慎重地进行专业设置的科学分析和研究，并根据各学校的实际分别进行适度调整，使我省民办高校独立学院的专业设置逐步减少雷同性，更加趋于合理性。也就是说，作为独立学院在专业设置上不应当盲目地追求数量，也不应当盲目地跟随别人，应当在全面正确把握国情、省情、社情、校情的基础上，根据人才的需求和学校师资队伍的现状以及教学条件、基础设施等各方面的综合因素分析，来慎重研究决定现有专业结构的调整和新开设专业的补充，从而达到让老专业、传统专业相对稳定并作为骨干专业起到支撑作用，让新专业能够填补空白、充满生机，促进人才培养质量的不断提高和学校的可持续发展。

（四）要重视和加强党的建设工作，充分发挥党组织的作用

“鼓励和规范社会力量兴办教育”的核心，在于确保民办学校坚持社会主义办学方向（解决培养什么样的人、为谁服务的问题），坚持教育的公益性原则（解决举办者为什么办学、为谁办学问题），走健康规范、科学发展之路（解决如何办学、如何培养人的问题）。由于管理体制不同，民办高校党委

的地位和作用与公办高校党委也有所不同。公办高校实行党委领导下的校长负责制，党委统一领导学校工作，讨论决定学校重大事项，起着领导核心和决策作用。民办高校实行董事会（理事会）领导下的校长负责制，董事会（理事会）是学校的决策机构。在这种管理体制中，民办高校党委处于何种地位，扮演什么角色，这是首先需要明确和把握的问题。

1. 民办高校党委在坚持正确的办学方向中要充分发挥坚强的政治核心作用。加强党对民办高校的领导，确立民办高校党委的政治核心地位，是我国的国家性质和我党的执政地位决定的。民办高校党委政治核心地位的确立，主要在于落实政治上的领导权、管理上的参与权和行为上的监督权。政治上的领导权主要体现在宣传和执行党的路线方针政策，全面领导学校党建、思政工作和德育工作；管理上的参与权主要体现在参与学校改革、建设和发展以及教学、科研、行政管理等工作中重大问题的讨论与决策；行为上的监督权主要体现在引导和监督学校坚持教育公益性原则，依法治教、规范办学。党委通过政治核心作用的发挥，确保民办高校始终坚持社会主义办学方向和教育公益性原则，确保民办高校大学生的思想政治素质和社会主义核心价值观，确保民办高校在社会主义市场经济条件下健康有序地发展。

2. 民办高校党委在推动学校事业发展中要充分发挥积极的协调作用。根据中组部、教育部党组《关于加强民办高校党的建设工作的若干意见》精神，民办高校党委要通过多种途径对学校的发展规划、人事安排、财务预算、基本建设、招生收费等重大事项提出意见和建议，直接参与研究、讨论和决策；支持学校改革发展，及时向上级党组织和政府职能部门反映学校的合理要求，帮助解决影响学校改革发展稳定的突出问题；支持董事会（理事会）、学校教学行政机构和校长依法行使职权，组织开展教育教学活动；充分发挥党组织的战斗力和凝聚力以及党员的先锋模范作用，增强广大教职工对民办高等教育事业的认同感和工作积极性，促进学校的改革、建设与发展；围绕学校的根本任务和中心工作，全面加强党建工作，致力于培养社会主义合格人才。这些职能的明确，使民办高校党委的工作任务与学校的发展要求得到了有机统一，有力地推进了学校健康、协调、科学地发展。

3. 民办高校党委在促进学校和谐稳定中要充分发挥有力的保证作用。构建和谐高校是构建和谐社会的重要组成部分。和谐稳定对民办高校来说意义尤其重大，它不但是党和政府推进高等教育改革发展的必然要求，更是民办高校自身可持续发展的最基本要求。民办高校只能走稳，才能走好；只有走好，才能走远。走稳，就是有一个安全、稳定、和谐、文明的发展环境。走稳的关键在于正确的办学方向和办学目的，完善的管理制度和运行机制，依法、诚信、规范的办学行为以及安全稳定的校园环境。一是民办高校党委一定要认真学习党的十七大关于构建社会主义和谐社会的政策、理论，充分认识构建和谐民办高校对于构建和谐社会、促进民办教育事业健康持续发展的重要作用和意义；二要发挥监督制约作用，保证学校贯彻执行党的教育方针，坚持社会主义办学方向，坚持办学目的公益性，引导和监督学校依法治教、规范管理、诚信办学；三要发挥协调作用，协调、沟通董事会（董事长）与学院行政（院长）之间的关系，及时化解矛盾；四要完善管理制度，建立和健全维护民办高校安全稳定的工作机制；五要建立一支素质优良、执行有力的党务工作者队伍，不断加强和改进大学生思想政治教育工作；六要深入开展凝聚力工程建设，积极努力地改善教职工的生活、学习、工作条件，调动教师教书育人的积极性，行政管理人员管理育人、服务育人的积极性，营造团结、和谐、积极、文明的工作氛围。

当前，有的民办高校董事会主动提出赋予学校党组织重大决策参与权、办学方向监督权、人员聘用审议权等，这是明智之举。所有民办高校都要真心实意地相信和依靠学校党组织，主动为党组织发挥政治核心作用提供适合的条件和工作平台，这是十分必要的。

加强民办高校党组织建设，首先要建立一支强有力的党务工作者队伍。根据中央指示精神和试点经验，一是由上级党委向民办高校派驻督导专员，促进学校依法规范办学和持续健康发展；二是采取民办高校自主选择，上级党委考察任命方式，从有关部门和公办高校选聘一批长期从事党务和教育工作的离退休领导干部担任民办高校党委书记，这对民办高校的党建工作和学校稳定、健康发展有着举足轻重的作用。三是设立和健全党务工作机构，配备政治思想素质高、党性强、作风好、热爱党务工作的党委领导班子，并有计划、有目的地进行培训，不断提高党务工作者的业务能力和思想、理论、政策水平，使学校党建工作按照党和政府对民办高校的有关政策和要求，健康有序地进行。

同时，要建立一支朝气蓬勃的学生辅导员队伍。辅导员要以党员为主体，需具备基本条件，即本科以上学历、年富力强、为人正派、热爱学生工作、能够熟悉和了解学生情况。这种用人标准的确立，不仅从根本上保证了学生辅导员队伍的整体素质，而且有利于从高中到大学思想政治教育的内容、方式、方法、途径等方面的衔接，也更能贴近民办高校学生的实际，更具有针对性和实效性。还要培养一支渴求进步而且素质优秀的入党积极分子队伍，重点在大学生中打下发展党员的坚实基础，逐步壮大党员队伍。一是要通过广泛宣传党的基本知识和充分发挥党员的表率作用，激发大学生的政治热情和入党意识，使他们确立对党组织"普遍认同、自觉追求"的价值取向。要按照大一有积极分子、大二有党员、大三有党支部的发展规划，做到"早选苗、早教育、早培养"。二是要建立并完善教育培养体系，做到年级有党章学习小组、系有党课辅导讲座、校有业余党校培训，从而提高入党积极分子的政治觉悟和思想素质。三是要有计划地组织入党积极分子参与社会实践活动，如社会调查、志愿者行动等，使他们在实践中受到共产主义世界观、人生观和价值观的教育。四是要在党员的发展和管理工作中，正确处理党员数量与质量的关系，严把党员"入口关"和注重发展后的管理，防止重发展、轻管理的倾向，确保党员队伍的先进性。五是要注意发挥民办高校中共青团、学生会及各种学生社团组织的作用，通过开展丰富多彩的活动，为入党积极分子的成长提供广阔的舞台。六是要切实加强对整个党员队伍的教育管理，坚持把党员先进性教育活动引向持久、深入和经常化，有效地发挥全体党员的模范带头作用，进而带动民办高校扩大入党积极分子和青年大学生奋发向上、成人成才。

综上所述，民办高等教育独立学院是我国高等教育事业的重要组成部分,它已经发挥和正在发挥着不可替代的重要作用。尽管在目前的建设与发展中还存在着很多困难和实际问题,但这毕竟是发展中的困难、前进中的问题。当前,摆在全省民办高校面前一个重要而又现实的任务,就是5所独立学院都应当认真学习领会教育部颁布的《办法》精神,按照要求开始做好学院“撤”、“并”、“转”的工作。我想,我们每所学院能够发展到今天是多么的不容易啊,大家经历了多少酸甜苦辣,承受了多少压力和委屈,克服了多少难以想象的困难,所以“撤”不应当是我们的心愿,更不应当是我们要看到的结果。而“并”、“转”应当是我们可以选择的方向,至于哪个学院“并”,哪个学院“转”,这要取决于学院办学实力和人才培养质量以及发展的后劲如何,取决于独立学院加快发展的决心和战略决策的眼光,取决于母体高校的宽容大度和对民办高等教育的支持程度。希望各独立学院一定要按照国家的政策规定结合自己的实际,从长远发展考虑,妥善地协调处理好与母体学校的各种关系；也希望各举办高校一定从我省高等教育事业的整体发展需要出发,从支持民办高等教育出发,从互相支持、共同发展出发,指导独立学院顺利完成过渡期。

我坚定地相信,有国家优先发展教育的政策支持,有省委、省政府的正确领导,只要我们各举办高校和独立学院都能够清楚认识、正确把握“加强党的领导是办好学校的坚强保证；提高管理水平是学校安全运行的基本条件;全面维护学校的安全与政治稳定是党委的重要任务;提高办学质量始终是学校工作的核心;培养合格人才永远是学校的最终目标”这个大的发展方向，而且也能真正做到在任何形势下始终保持清醒的头脑，勇敢地面对现实,全面地分析问题,采取积极有效的对应措施,我们的民办高等教育独立学院就一定能得到更好更快的发展。

民办高等教育科学发展的思考

一、民办高等教育的基本情况

中国民办高等教育起步于上世纪 80 年代。近年来由于国家政策的支持和积极引导，民办高等教育队伍得到了较快的发展和壮大。据教育部统计，到 2009 年底，全国共有民办高校 658 所 （含独立学院 322 所），在校生 446.14 万人，其中本科生 252.48 万人，专科生 193.66 万人，另有自考助学班学生、预科生、进修及培训学生 19.39 万人；民办的非学历高等教育机构 812 所，各类注册学生 85.22 万人。据不完全统计，2009 年各类民办高等教育机构在校生规模约为 550 万人，而全国各类高等教育总规模接近 3000 万人，民办高等教育占整个高等教育规模的 18%。我省的民办高等教育也正在健康有序的稳步发展之中。目前，全省有民办普通高校 6 所（其中独立学院 5 所），在校生 39574 人（其中本科生 29742 人，专科生 9832 人），约占全省普通高校在校生的 13%；其中完全属于民办性质的普通高校 3 所（陇桥学院、博文学院、兰州外语职业学院），在校生 20039 人（其中本科生 12235 人，高职、专科生 7804 人），约占全省高校在校生的 6.65%。显然，民办高等教育不仅已成为高等教育的重要组成部分，而且已经为我国高等教育事业和各类人才的培养作出了积极而重大的贡献，已经被广大学生、家长和社会所认可,已经成为促进高等教育走向大众化的重要力量,已经成为不可替代的高等教育资源。特别是《民办高等教育促进法》及其实施条例颁布以来,各级政府按照"积极鼓励、大力支持、正确引导、依法管理"的16字方针,采取积极措施,鼓励扶持民办高校发展,引导民办高校规范管理体制、完善规章制度、改善办学条件、规范办学行为,使民办高校教育教学质量得到了明显提高。民办高校的举办者和学校各级管理者也都在创业和办学的实践过程中,不断学习和正确理解党和国家的各项方针政策,不断学习和熟悉高等教育的规律,使其政策水平、管理水平、教育教学水平都得到了明显提高,从而有力地促进了学校的整体健康发展。但客观地讲,民办高校在发展的过程中也确实存在着一些实际问题和具体困难,需要政府和学校共同努力才能得到解决。

二、民办高等教育在建设与发展中存在的主要问题

(一)《民办教育促进法》规定的扶持政策,还有一部分有待进一步落实

1. 一些地方没有落实民办高校的税收优惠政策。出资人不要求取得合理回报的民办高校,没有依法享受与公办高校同等的税收优惠政策;出资人要求取得合理回报的民办高校的税收政策尚未制定。

2. 国家未出台民办高校举办出资人取得合理回报的标准和办法,使合理回报的取得难以实施。

3. 一些地方民办高校教师在人事档案管理、职称评定等方面,没有享受到与公办高校教师同等的待遇。

4. 一些地方民办高校学生在升学、就业、档案管理、评奖评优等方面没有享受与公办高校学生同等的权利。

(二)对民办高校的监管需要进一步加强

这是一个问题的两个方面,一方面是扶持,一方面是监管。主要表现为:

1. 管理力量薄弱,职责不清。一些地方政府对民办高校疏于管理,管理

中存在缺位、不到位和重审批、轻管理的现象。

2. 有关部门的协调、配合不够。民办高校监管涉及教育、财政、税务、审计、工商、物价、民政、公安等多个部门,但目前部门间相互沟通、共同研究、协调解决问题的工作机制有待进一步完善。

3. 社会对民办高校进行监督的渠道不完善，尚未形成政府依法管理、民办高校依法办学、行业自律和社会监督相结合的民办高校管理格局。

(三)民办高校的内部管理和办学行为需要进一步规范

1. 个别民办高校举办者办学指导思想不端正,对坚持社会主义办学方向和教育事业的公益性原则存在认识上的偏差。按照《民办教育促进法》的规定,民办高等教育是公益性事业。但是,个别民办高校举办者却将办学作为谋取个人和组织利益的途径,注重经济效益,忽视社会效益。

2. 一些民办高校的内部管理体制不健全,董事会、理事会,董事长、理事长、校长的职责不够明确,“家族式管理”、“出资人一人说了算”等情况比较普遍。

3. 一些民办高校的党团组织不健全,学生管理和思想政治工作队伍薄弱，对出现的问题或者是对问题发生之前的苗头不能够及时发现并加以疏导,出现问题也不能及时控制。

4. 绝大部分民办高校出资者投入学校的资产没有过户到学校名下。《民办教育促进法》规定,民办学校享有法人财产权。这就要求把投入学校的资产过户到学校名下，而不是在出资者的名下。民办高校法人财产权不落实,办学存在风险。一些民办高校财务管理不规范,没有专门的机构和具有任职资格的专职财会人员，记账方式混乱；部分民办高校的财务甚至是由公司管理。

5. 一些民办高校招生行为不规范。如招生宣传时,模糊校名、毕业证书类别、所提供教育的性质,或者是借用其他学校的校园进行虚假宣传,夸大办学实力,误导考生,或利用中介机构违规招生、滥发录取通知书等。

6. 一些民办高校没有依法保障教师的工资和福利待遇,没有按照国家有关规定为教师缴纳社会保险费，导致教师队伍在一定程度上存在不稳定的问题。

三、民办高等教育教学中存在的主要问题

(一)学生基础差且程度参差不齐

受传统“重学轻术”思想的影响,高职往往是在普通本科录取完之后才录取,这种制度上的人为安排,已使我国目前的高等职业技术教育形成了低起点的入口。而民办高职院校由于办学历史较短，很多学校的办学特色尚未形成,社会声誉不高,其入口自然就更低。入口低不仅表现为低分学生入学人数较多，还表现为学生掌握基础文化知识的差异程度较大。尽管不能单用分数来衡量学生的水平和能力,但学生基础薄弱、学习习惯差、程度参差不齐，会给教学工作带来很多问题和困难。基础好的学生往往学习方法好,学习习惯也好,学习积极主动,接受能力强,接受新知识快;基础差的学生往往学习方法不当或学习习惯不好,进而影响知识的接受和巩固。

目前,大多数民办高职院校受师资、教学场地及其他教学资源的限制,在课程和教学安排上往往忽视了以生为本的原则，没有根据学生入学时的基础加以区别对待,而是将他们看作同一起点,按照同样的目标和方式实施教学,其结果自然是可想而知。就学生自身来讲,往往是基础好的学生认为教学难度太低,进度太慢,由于经常吃不饱而逐渐失去学习的兴趣;基础差的学生往往因课程难度太大,难于消化而无法赶上进度,由此进一步加剧其厌学的心理。而对教师而言,由于学生的基础差异较大,教师不仅要传授新的知识,还要补习以前他们没学好的东西,在现实的教学中很多预定的教学计划无法按照正常的秩序来开展,甚至出现虎头蛇尾、匆匆收场的现象。总之,由于民办高职院校学生学习基础参差不齐、学习能力两极分化严重,从而导致了教师没法教、学生苦不堪言的现象,教学收获甚微。

(二)师资队伍年轻且缺乏稳定性

与公办高职高专院校相比,多数民办高职院校为新办学校,教师新,专

业新，一切都缺乏相应的基础。这种白手起家的办学基础犹如一把锋利的双刃剑,既有其有利的一面,也有不利的一面。就师资队伍来讲,其有利的一面在于使民办高职院校在专业设置和课程开设方面没有太多的包袱,避免了因人设置专业和开设课程的情况，能根据市场的需求，灵活地设置专业,开设课程,并根据所需,招聘和聘请相关的教师;不利的一面在于这些新招聘的教师以刚毕业的大学生居多，他们不仅在教学经验方面不足,而且也缺乏“双师型”师资所应具备的实践和动手能力。由于这些教师很多都缺乏技术应用型人才的各种素质，从而使教学只能采取课堂授课的方式进行理论知识的传授，教学场所多局限在单一的教室中，社会所要求的应用型能力培养目标无法实现。此外,由于民办院校教师待遇低,所以引进人才困难,再加上现有的师资队伍流动性较大,许多教师不能专心投入于教学,就更谈不上因材施教和根据教育对象调整教学内容、教学形式和教学要求,这些都使民办高职院校的教学质量难以得到有效的保证。

（三)实习和实训基地缺乏

由于高等职业技术教育的技术性和应用性等训练特性，决定了高职院校应用型人才的培养对实践环节的要求很高，它要比普通本科教育相应的专业需要更多的教学设备和实习场所。离开这些教学装备和实习基地,仅在纸上或口头上谈技术训练和技能操作，应用型人才的培养只能是一句空话。而目前的民办高职院校在实习实训方面确实还存在着一系列的问题,首先,实习实训基地缺乏,学生动手能力培养无法从硬件设施上得到保证。由于缺乏必要的资金支持，有些民办高职院校的实习和实训基地根本没办法得到保证,特别是一些新兴专业,根本没有实习和实训基地可言。其次,设备老化和硬件太差是导致实习和实训工作不能很好地收到实效的另外一个原因。很多民办高职院校的实训设备较少,重复使用率较高,设备已经老化，设施更新跟不上工业或生产流程的变化，因而难以适应当今社会发展的需要。此外,即使一些民办高职院校有较好的硬件和软件设施,但由于受教师素质和其他方面条件的限制，这些设施也得不到很好的运用。具体表现有:第一,实习和实训的安排不合理,不能根据学生和教学的需要合理安排实习和实训工作;第二,有的实习和实训工作还缺乏教师有效的指导;第三,有些实习和实训工作缺乏与社会的实际联系,无法与市场的需要有机结合起来。总之,由于实践环节薄弱,学生实习和实训的时间得不到有效保证,动手能力得不到有效的训练,这些都影响着民办高职院校应用型人才培养的质量。

(四)教材建设缺乏针对性和适应性

教学内容是教学目标的载体,当前民办高职院校在教材建设方面存在的一些问题,正严重影响着其教学质量的提高。首先,表现为缺乏适合高职教育特点的教材。由于大多数民办高职院校的教师都比较年轻,缺乏相应的教学和实践实验,因此,在教材的选择上,很多课程都借用本科院校的同类教材,只是在内容上做一些增减。由于这些教材过分地强调知识的系统性,偏重于基础理论的传授,应用技能比例偏轻,因此与高职院校的应用型人才的培养目标有较大差异,并不适应高职教学的实际需要。其次,由于教材多是借用,不仅体系不明确,还造成相近专业或同一专业不同课程的教材内容交叉重复等问题。第三,教材内容难以适应社会发展的需要。很多民办高职院校开设的专业多是适应市场需要而开设的,而借用的教材大多内容陈旧,因此难以适应经济和社会发展对应用型人才的要求。最后,在以知识为主的教材体系依托下,很多教师只能拘泥于课堂加粉笔的教学模式和以理论教学为主的教学方法之中,因而教学效果很不理想。

(五)学业成绩考核办法单一

由于很多民办高职院校尚未形成自己的办学特色,因而在对学生学业成绩进行考核时还在沿用普通本科院校的传统考核办法。具体做法是集中在期末几天,一张纸、一支笔,一般都采用闭卷形式,均以理论考试为主。而且是"一卷定乾坤",学生的学科结业、升留级、评优、毕业都以这份试卷作为唯一的依据。在这种学业评价体制的导向下,很多学生也在沿用中学阶段的学习方法,将自己的思维禁锢在课本中,读死书,很多学生是临考前突击完事,目的只是为了应付考试,而实践技能无法得到体现,更谈不上创新意识的培养。因此,造成了学生只注重知识记忆、不注重实践技能,只注重结果、不注重过程,这种成绩考核办法已不适应今天的高职技术教育,必须进行改革与创新。

四、对解决民办高等教育教学中的现存问题的思考

针对教学中存在的上述问题，民办高职院校必须认真对待，从各个方面入手,积极进行教学方式、教学内容的改革,才能不断提高自己的办学质量,培养出符合经济和社会发展需求的应用型人才。

(一)以生为本,教学安排充分考虑学生的实际情况

针对学生来源多样、基础参差不齐的现状，各民办院校尤其是高职院校，首先要研究制定适应不同生源实际状况的培养方案，或在同一培养方案的实施过程中充分考虑不同基础学生的实际需要，真正做到根据学生的实际起点进行因材施教。因此，各民办院校特别是高职院校在新生入学之初,对学生进行摸底测验是非常必要的。其次,针对基础较差的学生,既要给予必要的客观压力,同时又要为其提供第二次学习机会。给其压力,就是说对于已确定下来的教学要求不能随意降低,考试要严格把关,毕业论文、毕业设计的要求不能放松，对于某些专业，可以将相应的职业资格证书和相应的技术等级证书与毕业挂钩,至少也应与奖励、毕业推荐挂钩,这对提高其学习动力是必不可少的。而所谓的第二次学习机会，指的是针对学生以前没能掌握的知识,为其提供再次学习的机会。此外,作为教师,必须牢固树立“以学生为本”的理念,正视并尊重学生在性格、气质、兴趣爱好及思维习惯等方面的差异，不以智力高低定亲疏，不以成绩好坏分优劣，要因人、因时、因势力导,因材施教。

(二)建设一支适应高等职业技术教育的师资队伍

针对师资队伍年轻和流动性频繁等特点，今后，民办院校无论是本科还是高职院校都应从提高教师待遇和加强师资队伍培训两个方面去努力。

向教师提供优厚的待遇是民办院校吸引人才的先决条件。有了优厚的条件,教师就可以安心教学,充分发挥自己的才能,搞好教学。在师资队伍培训方面,除了根据各系专业的特点不断调整教师结构,选派教师到相关专业的高层次学校进行学习外,同时也应加强同社会各界特别是企业的联系,了解需求信息,有计划、有周期、有目的地安排教师到企业去实习、挂职,进行专业实践,不断提高教师的专业技能和实践能力,这样才能拓宽知识,更好地发挥在教学中的主导作用。此外,从生产、服务、管理第一线聘请一批有丰富经验和教学能力的相关专业的技术人员做兼职教师,并加强管理,使他们与学校的教师共同进行教学活动,以适应社会发展的需要。

(三)加强校内外实训基地的建设,强化学生技能训练

当前,民办高校尤其是高职院校实习实训基地缺乏的问题,正严重影响着其应用型人才的培养质量。为此,各民办院校首先要争取建立校企合作机制,建设好校内外的实验、实习、实训基地等教学装备硬件,这是构建民办高校和高等职业技术学院教育教学质量保障体系及运作体系的物质基础保证。其次,各民办院校还要进行实践教学的改革,将实践教学贯穿到教学的整个过程中,将理论与实践、知识和能力有机地结合起来。如在整个教学计划中,将理论教学与实践教学穿插进行,针对不同的教学内容,对学生提出不同的要求,穿插实习可以使每次实习各有侧重,与理论教学相辅相成,在每一门课中或每一个教学环节中,随时随地地将理论与实践结合起来讲授,使高职学生在做中学,在学中做,边学边做,教、学、做合一,既加深对知识的理解,也使学生在独立运用已学知识的过程中,形成实际操作的技能。

(四)努力建设适合高职教育特点的教材体系

在教材建设方面,民办高校尤其是高职院校要打破传统的学科体系,根据民办高校和高职教学的特点以及学生的特殊性,重新整合教学内容和体系。首先,立足职业岗位群的需求,以职业能力为中心来确定教材的知识深度和范围,坚持以“必需、够用”为度,以掌握概念、强化应用为教学重点的原则,注重知识的实用性和系统性。除了基础理论方面的教材外,还应有

与其相配套的训练职业能力的实践技能教材，包括实验课教材、岗位学习教材、模拟实验课教材和毕业实习、设计教材等。这些实践技能教材的出现，能使各种实践技能训练更加具体化、规范化、系统化。其次，教材的组织还要根据高职学生的特点来进行，同一门课程不同专业或同一专业不同基础的学生学习时就应区别对待。比如，有专家提出，在高职教学中可以将数学模块实施课程小型化改造，将课程按知识点分解为初等微积分、矩阵代数、统计方法、积分转变、图论初步、集合论初步等六门课程，各专业可根据需要从中选三至四门课程，这种模块化的课程组织方法，既有利于学生对知识点的全面掌握，也充分体现出基础课程服务于专业课程的特点。此外，尚需做出改革的是，在教学方法上，应相应增加实践教学课时，逐步摆脱以理论为主的单一模式，教学场所也应由单一的教室不断向实验室、厂矿企业等不同岗位等多元化方向发展，以增强学生的动手能力及训练的机会。

（五）构建以知识和技能考核为主的多元化评价体系

针对学生学业成绩评价方面存在的考核办法单一问题，民办高校主要是高职院校可以从以下几个方面着手：首先，在内容上要变传统的以理论知识考核为主为理论考试和技能考核并重。只有加强了对技能的考核，才能使得学生在学习理论知识的同时，注意实践能力的培养，增强创新意识，才不至于使其成为整天抱着书本啃的书呆子。其次，要改变传统的一考定终生的评价方式。具体的实施策略有二：一是采用多种考核形式，如让学生分别参加理论知识和实训技能两个考试；二是把课程终结考试与过程考核结合起来，作为判断学生学业总成绩的重要依据。此外，还要改变评价高职学生“唯分数”的传统，逐步建立学生综合素质测评制度，并以一定的学分把学生综合素质测评要求固定到培养计划之中，成为全体学生必须达到的教学目标。最后尚需注意的是，上述评价方式的变化必然会导致学业成绩评价在内容、方式、方法等方面的多样性，为此，民办院校还应制定有关加强教学考试考核的办法及实施细则，以确保教学工作的有序进行。

五、民办高等教育面临的形势和主要任务

(一)全面落实《民办教育促进法》及其实施条例，才能够促进民办高校健康发展

应正确理解和全面贯彻“积极鼓励、大力支持、正确引导、依法管理”的16字方针，坚持鼓励扶持和规范管理两者并重，不能只管理不支持，也不能只支持不管理，两者缺一不可。健康发展是民办高校的目标，是教育部门的目标，也是社会的目标。因此，促进民办高校健康发展要抓两个方面，一方面是鼓励扶持，一方面是规范管理。

(二)建设和谐的民办高校校园是构建社会主义和谐社会的必然要求

民办高校要站在党和国家大局的高度，深刻认识构建社会主义和谐社会的重要性和紧迫性，把构建社会主义和谐社会的要求和学校自身发展的实际结合起来，大力推进和谐校园建设。要着力转变发展观念，提高办学质量，自觉地把学校各项事业的发展转入全面协调可持续发展的轨道。这既是今后一段时期内我国高等教育的发展重点和目标，也是民办高等教育在今后一段时期内需重点考虑的问题。作为民办高校，一要坚持社会主义的办学方向，全面贯彻党的教育方针；二要扎实推进党的思想、组织、作风和制度建设，充分发挥党组织凝聚人心、促进和谐的重要作用；三要把维护安全稳定摆在突出位置，全力维护学校的和谐稳定；四要规范内部管理，努力提高教育管理能力和服务水平。

(三)民办高校的发展重点应转移到稳定规模、规范管理、提高质量的轨道上来

经过几年的发展，我国高等教育规模取得了历史性成就，步入了大众化阶段，为现代化建设培养了大批高素质人才，为国家经济、社会发展作出了重要贡献。但我国高等教育还面临着许多矛盾和问题，特别是高等教育质量还不能完全适应经济、社会发展的需要。为此，党中央、国务院做出了

高等教育要“适当控制招生增长幅度，相对稳定招生规模，把重点放在提高办学质量上”的决策部署。随着党和国家把高等教育发展重点放到提高质量上，民办高校发展的重点也应有所调整，“稳定规模、规范管理、提高质量”是“十一五”期间对民办高校发展提出的新的要求。

（四）要正确处理好建设与发展中的六个关系

党的“十七大”报告提出“鼓励和规范社会力量兴办教育”，近年来，我国民办教育在快速发展的同时，一系列矛盾和问题也随之显现。对于出现的矛盾和问题，若不引起高度重视并得到及时有效的解决，必将制约民办教育的健康发展。而要有效解决好这些问题和矛盾，进一步促进民办教育事业的持续健康发展，就必须把贯彻落实党的“十七大”精神贯穿于民办教育改革与发展的全过程，特别是要正确处理好六个重要关系。

1. 要正确处理好依法办学与自主办学的关系。依法办学是民办学校自主办学的前提和基础。《民办教育促进法》及其实施条例等一系列法律法规的出台与实施，为民办学校依法办学提供了强有力的法律保障和依据。同时，国家保障民办学校的办学自主权，切实保障民办学校与公办学校具有同等的法律地位，在民办学校招生、聘任校长与教职工、自主开展教育教学活动、收费、优惠政策扶持等方面享有更多的办学自主权。但自主办学不是自由办学，更不是随意办学，自主办学必须在依法办学的前提和基础上进行。各民办学校应当严格遵守有关的法律法规，依法办学，全面规范办学行为，把依法办学、诚信办学与自主办学有机地结合起来。

2. 要正确处理好民办教育与公办教育的关系。党的“十七大”报告提出“社会和谐是中国特色社会主义的本质属性”。构建社会主义和谐社会，必须实现教育的和谐发展，确保民办教育与公办教育协调发展。民办教育与公办教育一样都是社会主义教育事业的组成部分，都是在为社会主义建设培养建设者和接班人，为国家和社会培养人才。我们各级教育部门要在思想上把民办教育摆在与公办教育同等的地位，切实将民办教育工作提上议事日程，着力抓好民办教育的发展规划、综合协调和宏观管理，主动帮助民办学校解难题、办实事、办好事。从民办学校自身来讲,要坚持正确的办学方向,遵守国家的法律法规,全面贯彻党和国家的教育方针,保证教育质量,致力于培养社会主义建设事业的各类人才,办好让人民满意的学校。

3. 要正确处理好民办教育的公益性和效益的关系。民办教育事业属于公益性事业。作为一项事业,也必须要讲效益。教育的效益首先体现在社会效益上,关键是要培养出合格的人才,服务好经济社会发展。曾经一时有人提出了"教育产业化"的口号,这一口号不仅脱离了教育的本质,违背了教育的公益性原则和效益原则,而且是一个错误的思想认识和错误的舆论引导。党的"十七大"报告明确提出要"坚持教育公益性质"。因此,我们要从构建和谐社会和培育更多优质教育资源的高度来认识民办教育,加大对民办教育的政策支持力度。同时,民办学校投资者办教育,一定要讲办学效益、办学成本,正确处理好民办教育的公益性和效益的关系,把二者有机地结合起来,为民办学校的可持续发展提供有力的保障。

4. 要正确处理好扩大办学规模与提高教学质量的关系。规模与质量是辩证统一的,规模是前提,没有规模就没有效益,也就谈不上教育质量的提高。同时质量又是规模的保证,不顾质量盲目地扩大规模,学校就不可能持续发展。今后一段时期,民办学校要在合理扩大办学规模的基础上,重点提高办学质量。一是要进一步加大后续投入,进一步改善办学条件,完善办学设施,着力把学校办成优质学校。二是要转变教育观念,创新人才培养模式。坚持育人为本、德育为先,实施素质教育,以质量求生存,以特色求发展,着力打造学校的品牌和特色,走内涵发展之路,把重点转移到提高教育教学质量上来。

5. 要正确处理好民办学校发展与规划的关系。民办教育首先要坚持发展这个第一要务不放松,但发展不能盲目,而应该是有规划地发展。因此,一定要正确处理好民办学校发展与规划的关系,要根据我省发展民办教育的条件和教育发展的现实需要,制定一个科学合理的发展规划,强化监管力度,保持民办学校合理布局,突出我省民办教育发展重点,防止盲目办学、恶性竞争，避免造成新的教育资源浪费。对于民办学校而言，一定要科学规划、因校制宜，树立适合本校实际的发展思路，有计划、有目的地去培养和形成自己的办学特色，在激烈的竞争中立于不败之地。

6. 要正确处理好民办学校投资者与管理者的关系。民办学校投资者一旦选择了投资办教育，就意味着选择了奉献。作为投资办学者，必须要加大学校的校园校舍建设和教育教学设施等软硬件建设的投入，选好一个既热爱教育事业又懂教学管理、熟悉教育规律的优秀管理者——一个好的校长，赋予校长相应的教育教学和行政管理权限，实行专家治校。投资者和校长都要按照各民办学校的章程和《民办教育促进法》及其实施条例的有关要求，明确各自的职责和权限，做好各自职责内的工作，正确处理好投资者与校长的关系，着力构建一个"开明的投资者"与"专家治校"相结合的新型民办学校管理体制。

（五）要根据学校定位和社会对人才的需求合理设置专业

和公办普通高校一样，专业设置也是民办高校人才培养的基础。开设什么专业，直接关系到学校能为国家培养什么样的专业人才，培养出来的专业人才是否符合社会的需求，这最终会关系到每一所民办高校的长远发展和生存问题。作为同属于民办性质的高校，无论是独立学院，还是高职院校，都同样重要。以独立学院为例，据《2009 年全国教育事业发展统计分报》统计，全国现有独立学院 322 所，在校生总人数达 218.4 万人，占全国普通高等教育本专科在校生总数的比例超过 10%。独立学院发展初期，都是基本依靠母体高校开设专业，这在促使独立学院快速发展的同时，也造成当前独立学院专业设置上的趋同。《独立学院设置与管理办法》自今年 4 月 1 日开始实施，今后五年独立学院面临的主要任务是规范办学、提高质量。这也在客观上要求独立学院在充分利用母体高校优质高等资源的同时，在专业设置上应寻求独立学院与母体高校、独立学院与独立学院二者之间的差异，做到以质量求生存，以特色求发展。

1. 克服独立学院专业设置的趋同性。独立学院能否持续健康发展，克服专业设置的趋同性非常重要。造成独立学院专业设置趋同的原因是多方面的。一是符合国家最初利用优质公办高等教育资源试办独立学院的初衷；二是符合独立学院发展初期，专业开设以社会需求量较大的热门专业为主的基本原则；三是作为我国高等教育的一种全新探索，独立学院开设公办高校已开设的专业，有现成的经验可以借鉴，使学校可以少走弯路减少办学风险；四是对于新兴的专业，各省独立学院尚缺乏相应的办学条件；五是在我国高校专业目录确定的情况下，也决定了独立学院专业开设不可能跳出专业目录的范围。

独立学院专业设置的趋同，主要表现在独立学院与母体高校专业设置的趋同。独立学院专业开设与母体高校的趋同，有利于充分利用母体高校优质的高等教育资源，让新兴的独立学院快速形成品牌效应并得到社会的认可。但由此带来的弊端是，独立学院与母体高校在人才培养上的重复和相互竞争。即使短时间内这种趋同的现状还无法改变，但是应明确独立学院与母体高校在同一专业面前人才培养目标的差异性，否则不仅不利于独立学院自身的发展，也会降低对优质高等教育资源的利用效果，甚至影响母体高校的办学水平和长远发展。

独立学院专业设置的趋同，还表现在独立学院之间专业设置的趋同。与独立学院和母体高校专业设置趋同相对应的是，独立学院之间专业的趋同性也较强。《2007中国民办高校评价研究报告》调查表明，全国独立学院中约有75%的院校开设有英语专业；71%的院校开设有计算机科学与技术专业；62%的院校开设有国际经济与贸易专业。独立学院目前开设的其他较多专业是艺术设计、市场营销、电子信息工程、法学、工商管理、信息管理与信息系统、会计学等，全国的独立学院约有40%以上的院校都开设有上述专业。独立学院之间专业的趋同性，一个重要的原因是这些专业是热门专业，是社会需求量较大的专业；但另一方面，竞相开设社会需求量大的热门专业，独立学院自身的专业特色和优势难以凸显。从长远来看，这也不利于独立学院的发展。

2. 凸显独立学院专业设置的差异性。独立学院作为我国高等教育一种全新的办学体制，其发展初期在专业设置上呈现出趋同性是一种发展的必然。但是，经过近十年发展的独立学院，如今在具备一定的办学条件和办学规模之后，与专业设置趋同性相对应的是，专业设置的差异性也开始逐渐凸显。这种差异的凸显，既有教育部行使教育宏观调控与引导的原因，也有独立学院开始逐渐谋求自身独立发展、打造自身专业特色的现实需要。这点在 2008 年全国独立学院新增专业中得到充分体现。可以预计，随着经济社会的发展和产业结构的调整，今后独立学院专业设置的差异性将会更加明显。

专业设置的差异主要表现在独立学院专业设置开始呈现出“集中与分散”的特点。据统计，2008 年全国 193 所独立学院共计增加了 133 个专业。在这 133 个专业中，有超过 10 所院校同时新增了动画、广告学、日语、财务管理、市场营销、人力资源管理等专业。与集中对应的是，核工程与核技术、阿拉伯语、保险、表演、导演、大气科学、财政学、地理科学、雕塑等 54 个专业均系某一所独立学院新增的专业。另外有法学、录音艺术、土地资源管理等 20 个专业为某两所独立学院 2008 年同时新增的专业，而且这些专业多系在某一省、市、区范围内某一所或两所独立学院新增。随着高等教育质量的不断提高和高校竞争力的提升，专业特色已经成为高校竞争力的一个重要方面。如果独立学院都争相开设同一个专业，不论这个专业的市场需求量有多大，造成的必然结果都是毕业生在人才市场上的竞争力将会直接减弱。2008 年独立学院新增专业现状表明，一些院校在开设社会急需的热门专业的同时，也在思考和探索如何在专业人才培养上形成“人无我有、人有我优”的发展思路。

专业设置的差异，还表现在不同区域之间独立学院专业设置的数量差异。据有关资料统计的 2008 年全国独立学院新增专业数量结果来看，中部 8 个省的 70 所独立学院共计新增本科专业 147 个；西部 10 个省、市、区的 39 所独立学院共计新增本科专业 95 个。2008 年东部、中部、西部地区独立学院平均专业增长数分别为2.23个、2.1个、2.44个。而据《2007中国民办高校评价研究报告》数据，全国平均每所独立学院开设的专业数约为17个，东部地区独立学院平均开设的专业数高于中部和西部地区院校。东部、中部、西部独立学院之间存在的这种差异，有多方面的原因，比如西部地区优质高等教育资源相对较少，独立学院建设起步相对较晚，等等。但是，随着社会主义新农村建设等国家战略的实施，西部地区对人才的需求相对旺盛，而教育部近年来也在政策上向西部高校倾斜。对于西部地区的独立学院而言，如何利用每年新增的专业较多的这种优势，显得十分重要。同样，对于东部和中部地区专业已相对完备的独立学院，在专业增加已经相对放缓的情况下，如何优化专业人才培养、提高质量，同样十分重要。

目前，我省5所独立学院共开设本科专业95个。其中，兰州理工大学技术工程学院25个；兰州交通大学博文学院21个；兰州商学院长青学院17个；兰州商学院陇桥学院17个；西北师范大学知行学院15个。这95个专业分别为：工学专业37个，占总数的39%（其中有相同专业的计算机科学与技术5个，电子信息工程3个）；管理学专业29个，占总数的31%（其中相同专业有会计学4个，信息管理与信息系统4个，财务管理3个，工商管理3个，人力资源管理3个，市场营销3个）；文学专业13个，占总数的14%（其中相同专业有英语5个，艺术设计3个）；经济学专业9个，占总数的9%（其中相同专业有国际经济与贸易3个）；理学专业4个，占总数的4%；法学专业2个，占总数的2%；教育学专业1个，占总数的1%。也就是说，我省5所独立学院现共开设95个本科专业，其中有39个专业重复，开设的学校在3个以上，雷同数达已开设专业总数的41%。当然，这些专业的开设不仅弥补了我省高校尤其是独立学院的母体高校教育资源不足、师资力量不足、培养能力不足的问题，而且为国家和社会培养了一大批专业人才，同时也缓解了我省高校招生的压力，独立学院的成绩是显而易见的。但从长远发展来看，我省独立学院专业设置雷同的现象必须引起教育部门和各学校的高度重视，必须随着生产结构的调整对人才需求的实际情况逐步地、有计划地、慎重地进行专业设置的科学分析和研究,并根据各学校的实际分别进行适度调整,使我省民办高校独立学院的专业设置逐步减少雷同性,更加趋于合理性。

3. 独立学院在专业设置上应处理好趋同与存异的关系。在我国高校专业总数相对稳定的情况下,高校如果想让自己开设的专业都成为"独家"或"独有"是不现实的事情。对于独立学院而言,在今后的一段时间内,仍要继续发挥母体高校优质高等教育的作用,专业设置的趋同性也仍将继续存在,甚至还会占主导地位。但是,独立学院要增强自身的竞争力,实现可持续发展,除了尽可能地开设一些"独家"专业外,最主要的还在于如何优化人才培养,提高人才培养质量,增强人才培养的竞争力,这点在独立学院今后的专业设置上,甚至应该起到主导作用。

处理好趋同与存异的关系,关键在于增强现有专业的竞争力。我国高等教育已经到了国际公认的大众化水平,2007 年高等教育毛入学率达到23%。高等教育当前面临的主要任务是适度控制规模,着力提高质量。独立学院作为本科层次的高校,今后五年的主要任务不是增加学院数量和扩大规模,而是稳定规模、规范管理和提高质量。独立学院处理好专业设置趋同与存异的关系,关键还在于通过优化人才培养,增强现有专业的人才培养竞争力。要增强现有专业人才培养的竞争力,一是要明确学校的办学定位,制定科学的发展规划,明确人才培养与母体高校、与其他院校的差异性,通过差异形成特色,强化特色;二是根据社会需求,及时调整和完善人才培养的目标和方案;三是积极筹措资金,不断加大办学投入,改善办学条件,加强师资队伍建设,提高对学生动手能力的培养;四是要有符合和满足本校人才培养自身需求的教材、实验室和实训场所;五是要重视对毕业生的跟踪调查,通过跟踪调查来完善和优化人才培养目标以及具体的实施方案。

处理好趋同与存异的关系,还在于能够打造特色专业。不少独立学院目前开始追求专业的多学科性,似乎是专业越多、学科越全越好。对于以培养社会需求热门专业人才为主的独立学院而言,其教学型的性质,以及现在的办学条件，还不宜定位为多学科协调发展的高校。独立学院要处理好专业设置上趋同与存异的关系，打造属于自己的特色专业。一是要能在充分利用母体高校优质高等教育资源的基础上，发挥独立学院灵活的办学体制优势，开设出有社会需求但目前高校又开设相对较少的热门专业。二是要能对新开设的专业以及已开设的专业形成自己的特色，如与招生在第一批次的本科院校相比，应在学生的组织、表达、沟通、管理等非专业素质方面优于一本院校；与招生在第二批次的本科院校相比，应在学生的实践动手能力等方面优于二本院校；与招生在第四个批次的高职高专类学校相比，在强化学生动手能力和非专业素质培养的同时，还要让学生在专业方面具有一定的理论水平。三是可以在专业的基础上，实行分方向有针对性地培养，如实行校企合作培养、跨专业培养、结合学生家庭背景或者特长量身培养，等等。独立学院一个专业办出了特色，也有利于带动与这个专业相近的几个专业同时办出特色，几个相近的专业办出了特色，学院从整体上也就有了自己的特色。

总之，作为民办性质的独立学院也好、高职院校也好，在专业设置上都不应当盲目地追求数量，也不应当盲目地跟随别人，应当在全面正确地把握国情、省情、社情、校情的基础上，根据人才的需求和学校师资队伍的现状以及教学条件、基础设施等各方面的综合因素分析，来慎重研究决定现有专业结构的调整和新开设专业的补充，从而达到让老专业、传统专业相对稳定并作为骨干专业起到支撑作用，让新专业能够填补空白、充满生机，促进人才培养质量的不断提高和学校的可持续发展。

（六）要重视和加强党的建设工作，充分发挥党组织的作用

首先，要充分认识民办高校党委在新时期民办高校发展过程中的重要地位。“鼓励和规范社会力量兴办教育”的核心，在于确保民办学校坚持社会主义办学方向（解决培养什么样的人、为谁服务的问题），坚持教育的公益性原则（解决举办者为什么办学、为谁办学的问题），走健康规范、科学发展之路（解决如何办学、如何培养人的问题）。由于管理体制不同，民办高校

党委的地位和作用与公办高校党委也有所不同。公办高校实行党委领导下的校长负责制,党委统一领导学校工作,讨论决定学校重大事项,起着领导核心和决策作用。民办高校实行董事会(理事会)领导下的校长负责制,董事会(理事会)是学校的决策机构。在这种管理体制中,民办高校党委处于何种地位,扮演什么角色,这是首先需要明确和把握的问题。

1. 民办高校党委是学校办学方向的扶正者。加强党对民办高校的领导,确立民办高校党委的政治核心地位,是我国的国家性质和我党的执政地位决定的。民办高校党委政治核心地位的确立,主要在于落实政治上的领导权、管理上的参与权和行为上的监督权。政治上的领导权主要体现在宣传和执行党的路线、方针、政策,全面领导学校党建、思政工作和德育工作;管理上的参与权主要体现在参与学校改革、建设和发展以及教学、科研、行政管理等工作中重大问题的讨论与决策;行为上的监督权主要体现在引导和监督学校坚持教育公益性原则,依法治教、规范办学。党委通过政治核心作用的发挥,确保民办高校始终坚持社会主义办学方向和教育公益性原则,确保民办高校大学生的思想政治素质和社会主义核心价值观,确保民办高校在社会主义市场经济条件下健康有序地发展。

2. 民办高校党委是学校事业发展的推动者。根据中组部、教育部党组《关于加强民办高校党的建设工作的若干意见》精神,民办高校党委要通过多种途径对学校的发展规划、人事安排、财务预算、基本建设、招生收费等重大事项提出意见和建议,直接参与研究、讨论和决策;支持学校改革发展,及时向上级党组织和政府职能部门反映学校的合理要求,帮助解决影响学校改革、发展、稳定的突出问题;支持董事会(理事会)、学校教学行政机构和校长依法行使职权,组织开展教育教学活动;充分发挥党组织的战斗力和凝聚力以及党员的先锋模范作用,增强广大教职工对民办高等教育事业的认同感和工作积极性,促进学校的改革、建设与发展;围绕学校的根本任务和中心工作,全面加强党建工作,致力于培养社会主义合格人才。这些职能的明确,使民办高校党委的工作任务与学校的发展要求得到了有机统一,有力地推进了学校健康、协调、科学发展。

3. 民办高校党委是促进学校和谐稳定的保证者。构建和谐高校是构建和谐社会的重要组成部分。和谐稳定对民办高校来说意义尤其重大，它不但是党和政府推进高等教育改革发展的必然要求，更是民办高校自身可持续发展的最基本要求。民办高校只能走稳,才能走好,只有走好,才能走远。走稳,就是有一个安全、稳定、和谐、文明的发展环境。走稳的关键在于正确的办学方向和办学目的,完善的管理制度和运行机制,依法、诚信、规范的办学行为。民办高校党委一定要认真学习党的十七大关于构建社会主义和谐社会的政策、理论,充分认识构建和谐民办高校对于构建和谐社会、促进民办教育事业健康持续发展的重要作用和意义;二要发挥监督制约作用,保证学校贯彻执行党的教育方针,坚持社会主义办学方向,坚持办学目的公益性,引导和监督学校依法执教、规范管理、诚信办学;三要发挥协调解决作用,协调、沟通董事会(董事长)与学院行政(院长)之间的关系,及时化解矛盾;四要完善管理制度,建立和健全维护民办高校安全稳定的工作机制;五要建立一支素质优良、执行有力的党务工作者队伍,不断加强和改进大学生思想政治教育工作;六要深入开展凝聚力工程建设,营造团结、和谐、积极、文明的工作氛围。

4. 要切实发挥民办高校党委的作用。当前,一些民办高校内部管理体制不健全,董事会(理事会)和行政领导之间权力制衡不够合理,缺乏对董事会(理事会)的制约机制,本应发挥监督制约作用的党组织形同虚设,使董事会(理事会)权力无限放大,再加上举办者是以经济回报为主要目的投资办学,那么,势必会使民办高校偏离正确的办学方向和办学原则,使办学违背教育规律,甚至违法,从而危及民办高校和社会的稳定。因此,民办高校党委要及时推动并积极参与建立和健全学校内部管理体制，完善董事长(理事长)、校长和党委书记相互配合、制约的法人治理结构,形成决策、执行、监督有机结合的管理机制;同时,建立利益协调机制、诉求表达机制、矛盾调处机制和权益保障机制。通过管理体制的完善和制度建设，确保党委应有的地位,进而畅通党委的监督保证渠道,强化监督保证作用,提高监督制约效能,保证民办高校健康运作。

民办高校实行的是董事会(理事会)领导下的校长负责制。在办学过程中,董事长考虑更多的是"回报",注重的是办学效益,较少顾及教育规律;校长考虑更多的是"治学",注重的是人才培养,较少顾及办学的经济效益,从而使双方在办学观念和利益上产生矛盾并不断加剧,这也是有些民办高校校长走马灯似的换人的主要原因。为此,民办高校党委要积极发挥协调沟通、决策参谋的作用,和谐处理党董(理)校关系,使各方责任和权益到位。

首先,党委要正确认识在民办高校加强党的领导,是靠"能力"而不是"权力",是靠"服务"而不是"服从",是靠"监督"而不是"决策"。因此,党委要支持和帮助董事长(理事长)、校长把学校办好,把学生培养好;党委书记要带头做好校长的"后勤部长",积极支持和配合校长搞好教育教学工作,做到"到位"而不"缺位"或"越位",以自己的正气、真诚、勤奋、有为,换取董事长(理事长)和校长的信任,在工作中建立良好关系。

其次,党委书记要积极引导董事长(理事长)正确处理投资与回报、经济效益与社会效益、市场规律与教育规律的关系,使"回报"更多地体现在办学质量的社会效应上;引导校长在依法行使职权、自主办学、全面提高教育质量的同时,要兼顾举办者的利益,要从民办高校的办学特点出发,引入市场机制,努力使教育资源利用最大化,在"治学"中体现效益观,努力使董事长(理事长)的"回报"与校长的"治学"得到和谐统一。两者都朝着培养高素质人才、打造学校特色和品牌、提高社会形象和声誉的目标努力。

要积极推进党委与董事会(理事会)、党委与学校行政管理机构之间的双向进入、交叉任职。党委书记按法定程序进入董事会(理事会),党委与董事会(理事会)之间建立协商沟通机制。党委领导班子成员与学校行政领导班子成员交叉任职,建立党政分工合作、集体领导、民主决策、集中指挥的工作机制,做到党政工作目标一致、相互渗透、全面推进。如宁波大红鹰职业技术学院党委书记直接进入学院理事会,同时兼任学院副院长,学院院长兼任党委副书记,使党委的重大问题决策参与作用更到位,确保了学院成功创业、快速发展、和谐稳定。

实践证明,民办高校党建工作是学校各项工作开展的有力保障,民办高校要实现可持续发展,离不开有效的党建工作。

民办高校党组织的基本定位就是在学校工作中充分发挥政治核心作用。而坚持“三要”、“四服务”,是民办高校党组织有位、有为的关键所在。

民办高校党组织的“三要”是:一要坚持党组织和党员的先进性。党组织的先进性,就是要自觉贯彻落实党的方针政策,遵循党的教育方针和国家有关教育法规,密切配合董事会实现学校的根本宗旨和办学目标。党员的先进性,就是要按照学校发展建设和工作部署的要求,带头勤奋工作、学习,勇挑重担,开拓创新,兢兢业业地创造一流的工作业绩,并牢记“两个务必”,永葆共产党人的政治本色。二要把党的工作融入学校管理,参与学校重大事项的决策,为学校发展出谋划策,并尽力帮助解决实际问题。党组织要把学校改革热点、发展难点和群众关心的焦点问题作为发挥作用的重点,在学校制度建设、队伍建设、文化建设等方面发挥党组织的优势,为民办高校的持续健康发展提供坚强的政治保障。三要监督学校办学行为,使之更好地依法诚信办人民满意的教育。

民办高校党组织在做到“三要”的同时,应当大力开展“四服务”活动,不断深化和丰富“整个党组织服务学校、学校党委服务下属党组织、基层党支部服务党员、党员服务群众”的各项措施,为学校和师生员工办实事、做好事,既维护广大师生员工的合法权益,也维护举办者的合法权益,在利益调整、权益保障中增强党组织的影响力、凝聚力与战斗力。实践证明,民办高校党组织只要找准定位、责任到位,工作就大有可为。

当前,有的民办高校董事会主动提出赋予学校党组织重大决策参与权、办学方向监督权、人员聘用审议权等,这是明智之举。所有民办高校都要真心实意地相信和依靠学校党组织,主动为党组织发挥政治核心作用提供适合的条件和平台，这是十分必要的。

加强党组织建设，夯实三支队伍力量，是民办高校党建工作顺利开展的有力保证。首先，要建立一支强有力的党务工作者的队伍。根据中央指示精神和试点经验，一是由上级党委向民办高校派驻督导专员，促进学校依法规范办学和持续健康发展；二是采取民办高校自主选择，上级党委考察任命方式，从有关部门和公办高校选聘一批长期从事党务和教育工作的离退休领导干部担任民办高校党委书记，这对民办高校的党建工作和学校稳定、健康发展有着举足轻重的作用；三是设立健全的党务工作机构，配备政治思想素质高、党性强、作风好、热爱党务工作的班子，并有计划、有目的地进行培训，不断提高党务工作者的业务能力和思想、理论、政策水平，使学校党建工作正常有序地进行。

再次，要建立一支朝气蓬勃的学生辅导员队伍。辅导员要以党员为主体，需具备四个过硬条件，即本科以上学历、中级以上职称、年富力强、了解学生情况。这种用人标准的确立，不仅从根本上保证了学生辅导员队伍的整体素质，而且有利于中学与大学思想政治教育在内容、方式、方法、途径等方面的衔接，也更能贴近民办高校学生的实际，更具有针对性和实效性。

第四，要培养一支渴求进步而且素质优秀的入党积极分子队伍，重点在大学生中打下发展党员的坚实基础，逐步壮大党员队伍。一是要通过广泛宣传党的基本知识和充分发挥党员的表率作用，激发大学生的政治热情和入党意识，使他们确立对党组织“普遍认同、自觉追求”的价值取向。要按照大一有积极分子、大二有党员、大三有党支部的发展规划，做到“早选苗、早教育、早培养”。二是要建立并完善教育培养体系，做到年级有党章学习小组，系有党课辅导讲座，校有业余党校培训，从而提高入党积极分子的政治觉悟和思想素质。三是要有计划地组织入党积极分子参与社会实践活动，如社会调查、志愿者行动等，使他们在实践中受到共产主义世界观、人生观和价值观的教育。四是要在党员的发展和管理工作中，正确处理党员数量与质量的关系，严把党员“入口关”和注重发展后的管理，防止重发展、轻管理的倾向，确保党员队伍的先进性。五是要注意发挥民办高校中共青团、学生会及各种学生社团组织的作用，通过开展丰富多彩的活动，为入党积极分子的成长提供广阔的舞台。六是要切实加强对整个党员队伍的教育管理，坚持把党员先进性教育活动引向持久、深入和经常化，有效地发挥全体党员的模范带头作用，进而带动民办高校扩大入党积极分子和青年大学生奋发向上、成人成才。

综上所述，民办高等教育是我国高等教育事业的重要组成部分，它已经发挥和正在发挥着不可替代的重要作用。尽管在目前的建设与发展中还存在着很多困难和实际问题，但这毕竟是发展中的困难，前进中的问题，只要我们能够正确把握党的领导是保证管理的前提、办学质量是核心、培养人才是根本这个大的发展方向，始终保持清醒的头脑，勇敢地面对现实，全面地分析问题，采取积极有效的措施，我们的民办高等教育一定能得到更好更快的发展。

提高高等学校教学管理水平和人才培养质量的思考

一、目前甘肃省高校教学改革取得的主要成绩

近年来，在教育部的大力支持和省委、省政府的正确领导下，我省高等教育事业实现了历史性跨越，教学改革走向深入，办学质量明显提高。到2010年，在11所接受教育部本科教学水平评估的学校中，有6所高校被评为“优秀”；在国家示范性高等职业院校建设中，我省有3所高职学院进入百所“国家示范性高等职业院校建设计划”行列。另外，我省在教育部质量工程建设中，已建设国家级精品课程23门，省级精品课程401门；国家级优秀教学成果34项，省级优秀教学成果489项；国家级教学名师6名，省级教学名师52名；国家级特色专业57个，省级特色专业77个；国家级实验教学示范中心9个，省级实验教学示范中心38个；国家级教学团队13个，省级教学团队41个；国家级人才培养模式创新实验区4个；国家级双语教学示范课程4门；国家级大学生创新性试验计划项目2个。已建设国家大学科技园3个，国家重点实验室1个，国家工程技术研究中心1个，国家级人文社会科学研究基地3个，教育部重点实验室10个，教育部工程研究中心6个。

以上这些数据充分说明，在我省高校的共同艰苦努力下，特别是经过教

学第一线广大教师和教务部门的辛勤工作，我省高校教学改革的成绩是显著的，教学质量是有保证的。

二、甘肃省高校教学改革面临的主要问题

在充分肯定成绩的同时，也要清醒地看到，全省高校的教学改革还面临着许多困难和实际问题，人才培养工作还不能完全适应全省经济社会发展客观需要。

（一）教学条件还远远不能适应人才培养的客观需要，必须进一步大力加强和改善

实事求是地讲，近年来，甘肃省委省政府确实十分重视高等教育，并且已在经费投入上给了高等教育一定的倾斜和支持，全省高校生均财政事业费从2005年的3384元提高到2008年的5980元。但由于我省处在经济欠发达地区，财政收入总量偏小，投入到高校的实际经费仍然很少，除了能够维持学校的正常运转之外，可以用来改善办学条件的经费非常有限。

由于低成本扩张、超负荷运行，导致整体办学条件较差，生均占地面积、生均教学行政用房、生均教学仪器设备、生均图书、生均校舍面积和生均宿舍面积均低于全国平均水平，与国家要求差距较大，影响了我省高等教育的健康持续发展。

（二）专业结构和人才培养结构还不能完全适应甘肃经济社会发展的客观需要

一些高校的专业及课程设置还没有能够以市场需求为导向进行规划，存在一定的盲目性，同类院校之间的专业趋同现象也十分严重，造成供给大于需求。不少学校专业划分过细，培养出的毕业生知识面过窄，学习能力和适应能力较差。一些高职、高专教育在教学大纲、教学计划上仍按本科压缩型来培养，没有体现出高职生必须具备的技能特点。也就是说，有些高校对自己的定位和职责还缺乏正确的把握，存在着“种了别人的责任田，荒了自

家的自留地”现象。

（三）教师队伍无论从数量上还是质量上都不能完全满足在校学生规模和人才培养的实际需要，亟需进一步加强，尤其是广大教师参与教学改革、提高教学质量的积极性还需进一步调动

由于受西部社会经济发展水平和办学经费的双重制约，我省高校师资队伍建设面临着诸多困难。首先是编制紧张，数量明显不足。到2009年底，我省高校在校生总数达到36.15万人，而专任教师仅1.9万人，全省高校生师比平均为18:1，最高达到33:1，远远高于全国的平均水平；其次是师资队伍的水平亟需提高，具有研究生学历（占44%）和高级职称（占36%）的教师比例还不够高，高水平拔尖创新人才、学科专业带头人、“双师型”教师、青年骨干教师队伍等都有待进一步培育。

（四）人才培养模式还不能完全适应现代市场经济的需求

目前我省高校的人才培养模式还存在人才培养目标不够明确、人才培养与社会需求之间适应度较弱，有的专业教学内容陈旧落后，课程体系也不够合理，重知识传授和课堂灌输、轻创新精神和实践能力培养等问题，已经不能很好地适应现代社会及科学发展的需要。这既是发展的新形势对我们提出的新要求、新任务，也是省委、省政府给我们高校提出的新目标、新课题，更是我们高校必须高度重视和努力做好的重要工作。因此，改革和调整旧的人才培养模式势在必行。

三、下一步深化教学改革、提高教学质量的若干思考

（一）要进一步转变教学管理观念，牢固树立为教学工作服务的意识

教学教务管理是高校管理工作的重要组成部分，它直接影响学校的管理水平，在很大程度上决定学校的综合水平。

在新形势下，师生不再是“管理”的对象，而是“服务”的对象，我们教务部门应以科学发展观为指导，切实树立以人为本的管理理念，不断深化教

学管理体制改革，进一步增强教学教务管理的服务性。我们高校的教学管理从表面上看是一个行政管理过程，而实际上却是学术管理。教务部门应起到业务指导和组织作用，教务处的工作应当是一个非常严谨、科学有序而又充满活力的学术研究、业务指导、发现人才、凝聚学术力量的过程，努力把学校广大教师和拔尖创新人才的积极性、能动性和创造性调动起来、组织起来、发挥起来。

（二）要以深化学分制改革为突破口，积极探索和构建现代大学管理制度

现代大学制度建设应紧紧围绕大学的内部管理体制来进行，一是理顺行政管理体制；合理设置行政机构，进一步明确和规范行政机构管理权限及其运行机制。二是遵循教育教学规律，适应科技创新和社会服务的需求，调整、优化教学科研机构设置，理顺机构职责和运行机制；三是健全校级学术委员会、学位委员会、职称评审委员会等学术性组织，进一步理顺行政权力与学术权力的关系，激发学术组织活力，在学术性事务，学术性评价、考核、晋升等方面要淡化行政权力，强化学术权力，从而更加充分地体现“教授治校”的理念。

在高等教育科学发展的今天，构建现代大学制度已经不再是一个需要争论的问题，而是一个需要我们付诸努力的现实课题和工作任务。其中，学分制改革是现代大学教学管理制度最重要的内容之一。

学分制因“以学生为主体，尊重个体差异，注重个性发展”的教育理念而在世界各国高校得以广泛运用，是国际上形成共识的现代教学管理制度。所谓学分制，是指以学生取得的学分数作为衡量和计算学生学习量的基本单位，以取得最低总学分作为学生毕业的主要标准的教学管理制度。学分制起源于1779年美国威廉和玛丽学院的选课制。现代意义上的学分制则产生于1872年的美国哈佛大学，它伴随着选课制的出现和美国高等教育的大发展而逐步确立。

上世纪90年代以来，全国高校纷纷通过引入学分制教学管理新模式，有力地推动了高等教育的改革和发展。我省高校学分制改革始于上世纪90

年代。1997年,兰州理工大学在其所属的技术工程学院(独立学院)进行了“全学分、全走读、全交费”的学分制管理制度改革试点,成为全省学分制改革试点最早的高校,经过7年的逐步完善,该校从2003年起在本科生中全部推行学分制;西北师范大学从2001级学生起,在所有专业中全面推行学分制;兰州交通大学、甘肃农业大学、天水师范学院、兰州商学院、甘肃民族师范学院等也先后实行了学分制,取得了一定效果。2009年,在郝远副省长的高度重视和省财政厅、省物价局的大力支持下,省物价局、省财政厅、省教育厅联合下发了《关于推行高校学分制收费改革工作的通知》(甘价费[2009]286号)文件,学分制收费改革开始在兰州理工大学、兰州交通大学和甘肃农业大学三所高校率先试点,2010年起在全省本科高校全面推开。

(三)要积极响应省委提出的全省区域发展战略,进一步加强专业结构布局调整,使高等教育人才培养工作更好地适应和服务于我省经济社会发展的需要

最近,甘肃省委十一届七次扩大会议上提出了“中心带动、两翼齐飞、组团发展、整体推进”的区域发展战略。中心带动,就是支持兰州率先发展,建设兰州—白银都市经济圈,充分发挥中心城市的龙头带动作用;两翼齐飞,就是打造陇东能源化工和河西新能源及新能源装备制造两大新基地;组团发展,就是支持各市州发挥比较优势,发展特色经济;整体推进,就是在基础设施建设、生态治理与保护、扶贫攻坚、人力资源开发和循环经济发展等方面实现新突破。

我省高校应积极贯彻省委区域发展战略,大力开展新一轮学科专业结构调整,为全省工业经济发展提供各类人才支持和知识贡献。今后一段时间,我省高校专业结构调整要继续认真贯彻落实徐守盛省长、郝远副省长多次提出的明确要求,以主动适应区域发展战略对人才培养的要求为出发点,以发展高新技术类和应用型学科专业、改造和提升传统学科专业为重点,全面进行学科专业结构调整;以提高人才培养质量为核心,由以数量扩展为特征的外延发展向以质量提升为特征的内涵发展转变,打造专业品牌,

突出办学特色，形成具有鲜明时代特征的人才培养结构和学科专业结构体系。

兰州高等教育区要优先发展高新技术、新兴交叉学科类专业;大力发展信息科学、生命科学、新材料科学等学科专业,加快高新技术成果转化;加强财经、政法类专业建设,创建具有甘肃地域与人文特色的专业,积极开办应用文科专业,促进人文教育与科技教育的结合,努力探索新的学科专业方向。

陇东高等教育区应针对石油化工、煤炭、天然气等产业发展,加快发展地矿类、能源动力类、化工类、交通与运输类等应用型学科专业。

河西高等教育区要结合太阳能开发、风力发电、装备制造、农产品加工、制药等特色产业发展,重点建设电气信息类、机械类、制药类、农学类等学科专业。这仅仅是我们根据省委、省政府的指示结合全省高校实际所提出的一些建议,最终的决定权还在于各高校根据省情、校情而定。

(四)要进一步抓好新一轮的高等教育质量工程建设,尤其要抓好当前教学改革中的重点和着力点

1. 进一步做好精品课程建设。精品课程是具有一流教师队伍、一流教学内容、一流教学方法、一流教材、一流教学管理等特点的示范性课程。精品课程建设是教育部启动的“质量工程”的重要组成部分,对于提高高等学校人才培养质量、改进学校育人环境、激发师生工作学习的积极性和创造性有重要的作用。

在组织规划精品课程建设时，要以基础课和专业基础课的精品课程建设为主,充分考虑学科与专业分布以及对学校教学工作的示范作用,要把精品课程建设与高水平教师队伍建设相结合。

认真总结和反思这几年全省精品课程的建设工作,回过头来看,当初,我们为了充分调动各校的积极性,给广大教师提供一个比较宽松的环境,对精品课程的评审比较宽松,使得我们有些学校的精品课程确实体现了学校特色,但也有些仅仅是数量上去了,质量没上去。今后我们要建设的精品课程,

必须首先经过学校广大学生的亲身感受和认可，经过广大教师的充分认可，确实把精品推荐上来，经得起实践的检验，真正在全省高校具有示范作用。

2. 认真做好教学成果建设。自教育部1989年组织开展高校教学成果评奖活动以来，我省也立即开展了此项活动。1994年，国务院发布了《教学成果奖励条例》；同时甘肃省人民政府也下发了《甘肃省教学成果奖励实施办法》，确定教学成果奖与国家科技进步奖、自然科学奖、科技发明奖具有同等重要的地位。国务院《教学成果奖励条例》明确指出："教学成果，是指反映教育教学规律，具有独创性、新颖性、实用性，对提高教学水平和教育质量、实现培养目标产生明显效果的教育教学方案。"这些年来，我省已先后评选出省教育厅级优秀教学成果310项，省级优秀教学成果450项，从中产生出国家级优秀教学成果34项，其中国家级特等奖2项，国家级一等奖4项。2009年是我省教学成果奖申报数量最多的一年，全省共申报220项，经过专家委员会的认真评审，层层推荐，共评选出124项优秀教学成果，其中厅级85项，省级39项。这次教学成果的评选将对全省高校加快教学改革、提高教学质量、进一步调动广大教学人员的积极性、创造性有着很大的推动作用。这些教学成果的取得，不仅真实地反映了我们广大教师潜心研究、辛勤努力的敬业精神，也真实地反映了我们全省高校主管教学的校(院)长和教务处的同志们精心组织、认真抓好教学改革的主动性、创造性。

在今后的教学工作中，各高校要把教学成果的培育和建设工作纳入学校教育教学改革的大系统中去考虑，扎扎实实抓教学改革，才能产生优秀的教学成果；反过来说，优秀的教学成果是教学改革实践的结晶，是成功经验的总结，对指导教育教学工作有着重要的理论意义和实践意义。学校应该自觉利用教学成果不断深化教学改革工作，真正使教学成果在教学改革中发挥出最大的效益。

3. 做好实验室建设工作。在实验室建设上，省委、省政府高度重视，积极推进。2007年省教育厅、省财政厅实施了"甘肃省高校实验室建设工程"，联合下发了《关于实施"甘肃省高等学校实验室建设工程"意见》(甘教财[2007]34号)。文件明确指出,要重点建设一批省级实验教学示范中心和特色重点实验室。在"十一五"期间,甘肃省每年建设3~5个省级实验教学示范中心,同时资助部分特色重点实验室。据统计,省财政已连续4年累计下达实验室建设专项经费近2个亿,极大地推进了全省高校的实验室建设步伐。

下一步,各校要在建设一批覆盖面广、受益面大的基础实验室的基础上,逐步建立一些有特色、有代表性、在全省起带头作用的重点实验室。因为重点实验室的建设水平高低不仅是学校办学条件、办学实力强弱的体现,也是广大教师开展教学、学生培养实践动手能力必备的条件。

(五)要进一步加强师资队伍建设,特别是中青年教师队伍建设,引导教师把更多的精力投入到人才培养活动中去

1. 为广大教师特别是中青年教师提供创业干事的良好环境。要在教学成果、教学名师、教学团队、精品课程、特色专业等各种评奖中,进一步向教学第一线教师倾斜,特别是向中青年教师倾斜。

要进一步完善传帮带制度,广大老教师、名教授要多关心和培养中青年教师,敢于和善于给年轻的硕士研究生、博士研究生、博士后多分配教学任务、压担子,要多看到、多发现年轻教师的优势、特长,不要对他们求全责备。我们谁都年轻过,都有过不成熟的阶段,都有过不断成熟、成长的过程,要支持年轻教师在教学工作的实践中成长、成才。

要坚持教授上讲台制度。在老本科院校,要强调从事教学工作的博士研究生、博士后、教授给本科生上课;在新建本科院校,要鼓励从事教学工作的硕士研究生和副高职称以上的教师给学生上课。

2. 要进一步完善对教师的评价体系,要从体制上、评价指标上进一步向教学倾斜,鼓励教师积极进行教学改革,创造更多的教学成果。我们大力提倡广大教师在首先出色完成教学任务的基础上积极开展科研活动,多出科研成果。因为,在高校里没有科学研究和科学成果的支撑,就不可能促进

教学质量的提高,也不可能为社会作出更大的贡献。但是,我们必须克服和防止“重科研、轻教学”的片面性。

(六)要进一步促进教学资源共享,努力提高办学效益。高校资源共享是一个双向和互动的过程,是在资源相对不足的条件下,穷省办好、办大高等教育的有效途径

1. 积极推进高校教师资源共享。高等学校要打破教师一校所有制和只能为本校服务的旧体制、旧观念,积极建立教师人才资源共享机制。鼓励高校之间互聘名师名家授课,开设讲座;进行骨干教师教学交流,提倡教有余力的优秀教师、骨干教师跨校授课,并由聘请学校按授课时数发放酬金;要充分发挥离退休高水平教师的作用,聘请条件允许的离退休名师承担一定的教学工作量,发挥他们对青年教师的传、帮、带作用,其待遇可等同在岗教师;鼓励各高校之间互派访问学者,互聘青年教师导师,开展教师交流工作,不断提高师资队伍水平。

2. 在大学相对集中的社区实行大学之间的紧密合作办学。对于相互毗邻的大学,要拆掉思想上的围墙,紧密合作,逐步建立起大学共同体,逐步实现专业统一设置、课程互相开放、学分互相承认、教师互相聘用等。省教育厅将在有关政策方面予以倾斜和支持。

3. 逐步实现高校实验室全面开放和图书资料共享。各高校要充分发挥现有实验室和实训基地的作用,在整合和优化、实现校内实验实训资源共享的基础上,面向其他高校全面开放实验室和实训基地。要全面开放国家级、省级实验教学示范中心,进一步发挥其辐射示范作用,确保实验教学示范中心的满负荷运转。各高校图书资料也要实行开放式管理,允许外校学生通过办理相关手续,自由借阅、就座阅览。

4. 构建沟通全省高校的教育信息网络。我们全省各高校要抓住机遇,加强对现代化教育技术和教育手段的推广和应用,加强计算机辅助教学软件的研制开发和选用,加快校园网建设步伐,尽快建成沟通全省高校的教

育信息网，开设网上课程。特别是要将已建成的401门精品课程上网，向全省高校免费开放。

（七）要进一步促进全省高校之间、省际高校之间的互动和交流

老本科院校不仅要积极支持新建本科高校的发展，更要不断加强与省外高校、一流高校的交流，省内高校之间要进一步加强相互交流，兰外高校要多与兰内高校、省外高校交流。真正通过互动、互学达到优势互补、取长补短。

要逐步建立起比较稳定的交流平台和制度，丰富交流内容，创新交流方式，研究各校共同关心的问题，提出有针对性的发展对策，实现校际之间的资源优势互补。

本科高校全面实施学分收费制改革的思考

一、正确理解学分制的主要内涵，是推进学分制改革的思想基础

高等学校实行学分制在我国已经是一个老话题。旧中国的大学，基本上实行的都是学分制。新中国成立后，由于多种原因，学分制不再实施。改革开放后的1980年前后，武汉大学冲破旧思想、旧观念的阻力，首先大胆地再举学分制大旗，但由于当时人们的思想观念有一定的局限性，武汉大学的这项改革举动在国内引起一时轰动，不少学者和高校持反对或否定的态度，又由于历史原因，跟进的大学并不是很多。上世纪90年代中期，许多大学才有所尝试地开始推进学分制。当高等教育改革发展到了欣欣向荣的今天，国内几乎所有的本科大学又都在说自己实行的就是学分制，甚至有的高职高专院校也说自己实行了学分制。但我国目前普遍实行的学分制，是不是真正意义上的学分制，学分制的内涵是否得到了体现，这确实值得我们认真分析和冷静思考。

单从形式上讲，学分制是一种制度形式，是建立在测量手段基础上的一种高等教育教学人才培养过程中的管理制度。正是在这一意义上，有人认为学分制的本质是一种测量手段，是衡量学生学习质量的一种重要工具。但从其价值取向的角度来看，学分制体现的是一种以学习自由为核心的大

学教育理念。学分制彰显的是以学生为本及提升学生主体地位的理念，其内涵包括学生选择学习内容的自由、选择学习方式或学习进程的自由，以及形成自己思想的自由。也只有这样，才能体现学分制的优越性，也才能激发学生的积极性。

实行学分制的前提是选课制，只有在全面选课的基础上，才能体现学习自由的理念，而学校所开设的课程质量、特色以及教师的教学水平、效果如何，则是让更多的学生能够全面选课的前提和必要的保证，也就是说，学校必须有充足的精品课程、优质课程供学生来自由选择，此时的学分制才有真实的意义。按照这样的理解来分析我国目前实行的学分制，就不难发现，现阶段我们的学分制与真正意义上的学分制不但有很多不相适应的地方，而且还有相当大的距离。一是由于过分强调了专业性，所以跨院系、跨专业选课基本上做不到；二是由于现行的管理体制所限，教学资源配置方式和组织架构，以及教学管理系统根本无法适应学生进行全面选课的基本要求。我们目前所实行的学分制，大多数还只是把学时换算成了学分，此时的学分制只具有统计学和教学管理上的意义，并非具有真正学分制的意义。在此背景下，我们的大学生大多数仅知道学分制是学校的教学管理措施，而并不完全知道学分制对他们而言，真正能够体现自我价值和主体选择的意义。也就是说，实施学分制究竟对学生自身有什么好处，学生并不完全理解。

对我国目前学分制实施的状况，人们都比较清楚，也大致知道基本的症结在哪里。问题的关键是，我们是否有勇气改变业已形成的人才培养模式。如果我们实行的是真正的学分制，恐怕就不会在我国的大学里，有众多的主辅修和双学位制度了。因为，在真正的学分制框架内，主辅修和双学位是自然生成的，是学生们自我选择的结果，是学校为满足学生的求学需要而采取的教育教学方式，而并不是学校非要求学生必须去做的一种强制行为。

国外大学的学分制走到今天，学分作为计量单位的功能已渗透到大学管理的方方面面，成为聘任教师和考核教学工作量、核定人员编制岗位、预测学校办学规模、测算办学成本、收取学费、进行财政拨款、调配教学资源以及跟踪评估学生学习的重要手段和依据。但从严格的意义上说，上述功能都是学分制的衍生功能，并非学分制的本质。

就拿按学分收费来说，今天的国外大学，基本上都是在按照学分收费，但它们的学分制是建立在全面选课基础上的学分制。至于国外的大学，是有了学分制就开始按学分收费，还是在学分制完善之后才开始按学分收费，直到今天，我们的高等教育工作者和很多专家学者也不一定都能说得很清楚。实事求是地讲，按学分收费并不等于学分制的全面改革，这只是学分制改革的一个方面，更不是实行学分制的充分条件。按学分收费应该是学分制走向成熟的产物，不是学分制改革的目标。如果人才培养模式、课程体系、教学运行机制以及资源配置机制等方面没有进行改革，那么此时按学分收费与按学年收费只是学费的结算方式发生了变化，两者的区别没有实质性的意义。相反，还多了许多不必要的收费手续。尤其需要警惕的是，如果确有个别高校在推行学分制改革当中，以按学分收费为名，行乱收费之实，这种按学分收费更是要不得，因为这样做，不仅扭曲了学分收费制的正确内涵，也影响了整体改革的顺利推行，必须引起我们的高度重视，千万不可出现一点偏差。

如前所言，按学分收费是学分制的附属功能和“衍生产品”。在我国大学真正的学分制尚未建立之时，按学分收费很有可能出现偏差。学分制改革的最终目的是以人为本，突出学生的学习主体地位，承认学生的自主选择权，从而给学生更多的学习自由。真正的学分制，应该有充分的课程资源让学生选择，尤其是应当有更多的精品课程、特色课程可以供学生自由选择。但这种充分的课程资源并非局限在传统的专业或院系的框架内，而应当与经济社会的发展需要和人才培养目标的需要更加贴近、更加适应才对。

从目前我国推进学分制的情况来看，客观地讲，很多高校也只是学到了学分制的皮毛，还没有把握学分制的真谛。所以说，无论从全国来讲，还是从我省来讲，建立真正的学分制还有很长的路要走，还有更艰苦细致的工作要做。实际上，按学分收费容易，建立真正的学分制难。我们现在面临的问题是：究竟是通过按学分收费来推进学分制，还是加大力度推进学分制，在建立真正的学分制之后，再实行按学分收费。两种不同的路径可能会导致不同的结果，因为每所高校的办学历史、管理水平、教学质量以及生源质量、教风、学风和学校领导的思想观念、工作方法都有很大的差异，这就不仅需要我们进行理性的思考，开展深层次的理论研究，而且要在具体的工作进程和实践中不断总结和完善。

二、深刻认识实行学分制的必要性与可行性，是推进学分制改革的工作动力

（一）学分收费制是促进教育公平、深化教学改革的必然要求

高校实行学分制改革后，本科必然成为弹性学制，而按学分收费之后，单位学分的收费标准必然依据学校的培养成本、教学成本等进行测算。实施学分收费制的根本目的，不是为了改变收费方式或变相增加收费，而是为了更有效地提高学生的自主学习能力。前面已讲过，学分收费制在本质上是一种教育收费管理制度，是一种学习引导机制，体现的是学分制的核心理念，即保障和促进学生的学习自由，鼓励学生个性发展，但绝不是一种简单的收费制度，更不是为了收费而改革。

实施学分收费制，也是规范学校办学行为、促进教育公平的必要手段之一。目前，我国高校存在两种学费收费方式，即学年收费制和学分收费制。学年收费制是以学年为单位，按物价部门核准的统一收费标准计收学费的收费管理制度，它反映的是一种“收付实现”关系，即收付双方完成收付行为，至于收付之后的权益和责任，只是未来的一种抽象存在，而且能否实质发生，并不可控。而学分收费制按学生实际修读的学分数计收学费，反映的是一种“权责发生”关系，它不仅能有效地反映特定学习期间学生的学习情况和学习业绩，以及教育教学资源的使用分布状况，而且有助于收付双方

更好地履行权利和义务。因此,与学年收费制相比,一方面,学分收费制更能准确反映收付双方的权责关系,从而规范学校办学行为,增强学校与学生双方的共同责任感,有力地促进学校依法治校;另一方面,学分收费制更能体现高校教育作为一种准公共产品而实施的"谁受益谁付费"的收费原则,通过提高多占用资源的专业学分的价格,让多占用资源的学生多付费,而学习勤奋、成绩优良、少占用资源的学生少付费等方式促进教育公平,不仅能够引导学生自主学习和个性发展,而且可以引导学生之间开展优胜劣汰的良性竞争,鼓励每个学生充分发挥自己的学习积极性和创造性。

实施学分收费制,是深化学分制教学改革的必然要求。从学分制的实践来看,随着学分制改革的不断深化,学生基于自主选择而形成的差异化学习计划,必然意味着出现差异化的学费账单,这好比一人一份点菜单,必然需要一人一份付账单,只有这样,方能体现收费的公平与合理。同时,也只有差异化学费账单的跟进,学分制改革才能进一步深化。而且,学分收费制基于学生自主选择而形成的差异化学费账单,能有效反映不同学科、专业、课程之间的差异,促使广大教师在刻苦钻研新知识、努力改进教学方法、注重教育教学质量的提高上下工夫,从而有助于公平竞争机制的形成和资源的合理配置,促进学校教学质量的提高,特别是对促进学校精品课程建设有很大的促进作用。

(二)学分收费制有利于切实保障和促进学生的自由发展

学分收费制以学分作为计收学生学费的基本单位,学分因而也被赋予了"价格杠杆"的作用。因为学分被赋予价格后,不仅可以促进学生养成尊重自己的学习成果、珍惜辛勤努力的过程,也能够促进学生尊重教师劳动成果、遵循教学规律等良好风气的形成,而且会使学生更加重视每一学分的获得,否则重修会加大自己的经济成本。学校则可以通过一些学分减免或学分奖惩等政策促使学费价格发生变化,从而实现对学生有目的的教育引导。

实施好学分收费制,关键是要以促进学生自主学习为导向,充分发挥学分收费制的学习引导功能,让学生实现"选我所爱,爱我所选"。为此,高校应当建立一套“以生为本、奖罚并用”的学分收费管理办法。比如,为鼓励学生自主钻研,个性发展,学校可设置创新教育、创业教育等各类奖励学分,并允许学生用其自由冲抵学业学分且免收学分学费,不仅可以在经济上保障学生的创新性、个性化学习,而且能够为学生提供更加宽松、良好的学习环境。

正如不同学校学分制的实现模式可能不同,高校的学分收费制也可能由于学校教育理念、人才培养目标、资源占有程度不一样而在政策规定和管理办法方面各具特色。但不管学分收费管理方式和手段如何变化,学分收费制的制度理念和根本目的是不变的,即以学生为本,为学生学习提供方便,为学生成才创造条件,切实保障和促进学生的自由发展。

(三)完善配套措施,确保学分收费制的公平性和合理性

学分收费制作为一项收费管理制度,必须遵循公平、合理的原则,必须符合高等教育事业的非营利性、准公共性的本质属性。因此,学分收费制的制度设计必须坚持“以学生受益为本,适当兼顾成本”的理念。因为只有坚持这一理念,学校从管理到教师的每一节课程的讲授,都会为学生增长知识、全面发展而考虑,就不会出现为收费而改革,为收费而设计制度。

首先,收费标准必须合法合理。由于目前国家对各公立高校的收费没有完全放开,而是根据各个地区的财政状况由物价等相关部门统一规定,各高校予以执行。我们认为,为保证收费标准的合理性,必须严格执行国家和地方政府的相关法律法规,一般情况下学费收费总额应不高于学年制学费总额。同时,高校应当通过合理确定学分总数和各学分的收费标准,使学生所付出的教育成本尽量合理。因此,为了体现各专业在培养成本上的差异,让多占用资源的专业得到相应多的成本补偿,并确保学校各专业的学分收费标准统一,以免出现不同专业选修同一课程所缴学费不同的不合理现象,学校可以采取“专业学费+学分学费”的收费方式。总之,学分制收费既要体现以人为本,又要体现公平合理。

其次,收费过程必须公开透明。公开收费过程、广泛接受监督是规范收

费行为、保证收费制度公平合理的重要保障。为此，学校应当制订详细的收费细则，并使其公开化、规范化、合理化，从而有效保证学分收费制的正常施行。例如，南京信息工程大学在这几年的学分制收费改革实践中，已逐步形成了“政策宣传—项目公示—实施收费—接受监督—信息反馈”的学分制收费程序，其中，收费项目的额度以学生权益的实际发生为准。

三是配套措施必须系统健全。正如学分制教学管理的改革是一项系统工程一样，学分收费制的实施也同样需要完善的配套措施。比如，日益差异化的学费账单，必然需要一个系统功能完善的收费管理体系；逐步走向个性化、一体化的教育服务，必然需要教务、学工、财务部门，以及银行间的协同配合。必须提及的是，一套完整的学费制度还要包括对经济困难学生的资助和救济制度。作为学校，不仅有责任、有义务支持帮助每一个学生全面成才，而且有责任、有义务关心帮助每一个家庭经济困难的学生克服困难完成学业。人才培养的实践已告诉我们，往往越是家庭困难的学生，学习劲头更足，吃苦精神更强，学习成绩更优秀。

三、正确把握实行学分制的主要目的，是推进学分制改革的关键所在

我国传统的高校学生管理都是学年制的，以学年为依据收费，以学年为依据衡量学生是否达到毕业的标准。随着我国高校教育的不断发展，现行的传统管理办法已不能适应新形势的客观需要，这种比较僵化、固定、程序化的学年制管理越来越受到挑战。

在学分收费制下，学生可以根据自己的需要和专业的需要选修自己需要的相应的学分，按照自己所修学分的多少来缴纳相应的费用，这种收费方式在一定程度上能避免不分专业、不分类别“一刀切”的收费方式的弊端。同时，按学分收费，学生考虑到个人经济情况，会更合理地去选择自己需要的课程并能积极主动地学习，在一定程度上能避免学生选择课程的盲目性和对待课程学习的消极态度。

但是,由于学生在选择中存在功利性,因此可能出现对一些关乎人类发展和社会发展但很难一下子带来实际效益的课程，选修的学生很少甚至没有学生选修的情况；而一些能带来实际利益的普遍受学生欢迎的所谓热门课程则出现爆满的状况。另外,如果在教学上不能真正地实行学分制,是按学年收费还是按学分收费就没有太大的区别了，最多也只是形式上的变换而已。

通过收费改革,要充分利用一切有效的教育资源,更好地提高学校办学效率、提高学生的学习积极性，从而更好地促进人才培养的各项制度和措施的完善，达到提高教育教学质量和人才培养水平的目的，这是高等院校实施收费改革的主要目标所在。为此,一是要实质性地改革学生管理制度,真正实行学分制管理,条件允许的话,应当积极推行弹性学制,给学生更多选择的自由。二是要改革学校课程设置,根据社会和学生需要,不断增加新的课程，鼓励教师不断开发新的课程资源。三是对于一些已经过时或不能很好适应社会需要而明显造成毕业生就业困难的学科要不断缩减甚至取消。四是对学生的选课要进行科学的辅导，尽可能让学生了解课程的核心内容和自身价值，做到选有所值。五是对于一些不能立即带来即时的效益而又关乎国家和社会长远发展的课程,不能轻易取消,而要从长远考虑,正确引导学生主动选修。一方面可以根据社会需要进行适当的改革；另一方面要引导学生在选课时要有战略眼光，从长计议，不要仅仅拘泥于眼前利益、个人利益。

四、了解和熟悉目前我国高校按学分收费的基本情况,是推进学分制改革的有益借鉴

目前,我国实行学分制收费的高校越来越多,不少省市逐渐有一批院校将实行学分制收费试点工作。为加强规范指导工作,教育部、国家发展和改革委员会、财政部以及各省(市、自治区)物价局、教育厅、财政厅等也相继联合出台了一系列学分制收费暂行规定(通知)。在此之下,国内各省(市、

自治区)、各高校制定的按学分收费的标准、办法,大体包括以下内容:

(一)学费的组成

一种情况是学费由专业学费与学分收费两部分组成(如江苏、浙江等省)。具体实施情况是:各高等学校在学年学费中划出一定比例作为学分学费,并统一规定每学分的收费标准;专业学费为规定的学年学费减去学分学费之差;学生正常完成规定学业所缴纳的学费总额不得高于实行学年制的学费总额。

另一种情况是有些省份(如四川等省)并未将学费划为两部分,而是将学年学费直接换算成学分学费。具体实施情况是:学生在校期间,每学年的第一学期预缴规定数额的学分学费后,取得选课资格,学生选课后按实际学分数结算学分学费。

(二)学费的标准

广西壮族自治区 2002 年规定,四年制本科不低于 210 学分,每学分从 50 元至 90 元不等。

四川省 2004 年规定,最低学分为 160 至 190 学分,每学分收费标准最高为 250 元,最低为 78 元,根据具体的高校和专业有所不同。

上海市 2005 年规定,总学分为 310 个,其中全校性公共基础课 110 学分,校管实践课程 6 学分,专业类课程 194 学分,前两类每学分 65 元,专业类则因专业而异,从每学分 78 元至每学分 208 元不等。

浙江省 2005 年规定,四年制本科生 160 学分,五年制本科生 200 学分,其他学制按每学年 40 学分类推。每学分收费不高于 75 元。如浙江大学将学年制的收费一分为二,分为专业注册费和学分学费两部分。一般专业的学分制收费标准是每生每年 4800 元,其中 1800 元为专业注册费,另外 3000 元是学分学费,除以每学年 40 学分,即每学分为 75 元。

(三)加修的规定

学生在所修专业规定的课程和学分外要求加(选、辅)修其他专业课程,可按所修课程规定的学分收费标准收取学分学费,免收加(选、辅)修专业的专业学费。

因考试不及格而不能取得某课程学分的学生，将有一次免费补考的机会。补考后仍不及格需要重修的，学校将按照这一课程的学分学费标准收取学分学费。

许多省份强调重修费用不得高于原来的选课费用。湖南省则规定允许学生重修，并可按照学分收费标准的50%收取重修费。

综上所述，当前，对高校收费制度进行改革是十分必要的。学分收费制符合现代高等教育的发展趋势，在改革的方向性上值得充分肯定。

归纳起来，学分收费制的积极意义主要有如下四个方面：首先，有助于实现学生的学习自主权，充分发挥每个学生努力学习的积极性；其次，可以有效地促使高校教师在建设精品课程上多下工夫，不断提高课程的教学质量；三是有利于拉动校内和校际的良性竞争，从而促进学术的广泛交流和进步；四是有利于弹性学制的实现，帮助学生更好地完成学业。

为了充分发挥学分收费制的积极作用，在实施中要用切实可行的具体措施尽力避免一些不良的倾向。譬如，按学分收费成为变相的乱收费，甚至有的教师有意难为学生，在学生重修学分上做文章。如人为增加考试的难度、更为苛刻地批改试卷、故意造成让学生重修学分的结果等，从而达到增加收费的目的；学生与教师、学校之间单纯的经济关系悄然形成，高校教书育人的意识淡化，成为贩卖学分的商场；个别教师依靠放松课堂纪律、降低课程要求等措施"招揽学生"，等等。

当然，我们不能因为惧怕出现问题而放弃改革。鉴于高校目前的实际情况，充分考量按学分收费方案的利弊，我们认为这是一项利大于弊的改革方案。不仅在国外，即使国内，大部分高校早已经有很多的成功经验可资借鉴，所以，我省在实施学分收费制的过程中，一些不良的问题就完全可以规避、防范和解决。因此，我们对按学分收费方案的成功实施充满信心。

五、及时总结甘肃省本科高校学分制收费试点工作的基本经验，是推进学分制改革的实践基础

目前，我省本科高校共 14 所，在校学生总人数 26.3 万人，其中，规模最大的本科高校在校生 43246 人，规模最小的本科高校在校生 6052 人；全省本科高校在校生平均规模 18786 人。我省高校学分制教学管理制度改革始于上世纪 90 年代。1997 年，兰州理工大学在其所属的技术工程学院（独立学院）进行了“全学分、全走读、全交费”的学分制教学管理制度改革试点，成为全省学分制改革试点最早的高校。经过 7 年的逐步完善，该校从 2003 年起在本科生中全部推行学分制；西北师范大学于 2001 年起，在完全选课制的框架下在所有专业中全面推行学分制教学管理制度；兰州交通大学、甘肃农业大学、兰州商学院等也在这此后的 2 至 3 年间先后实行了以弹性学制为前提、以完全选课为核心、以选修学分为计费计量单位的教学管理制度。目前省内本科院校均实行学分制教学管理制度，这为学分制收费改革奠定了制度基础和前提条件。

但与完全意义上的学分制相比，我省目前高校实行的学分制只能算是“近似的学分制”或“折中的学分制”，如弹性学年制、有选修课的学年制、学年学分制，等等。与此同时，各高校的学费制度仍然沿用学年制学费制度，没有形成与学分制相适应的新的学费制度。形象地讲，就是“穿着传统学年制收费办法的旧鞋，走着学分制管理的新路”。例如，兰州理工大学在我省高校是最早推行学分制的，也有一套比较可行的做法和经验，但是，虽然目前实行的是完全弹性选课制，但学分计费标准采取的是将不同学科、专业学生的入校学年学费乘以基本学制再除以该专业最低毕业学分的办法，尚未涉及教育教学成本及学分标准核算问题；在我省本科生中最早全面实行学分制的西北师范大学，在创新培养模式近 10 年的情况下，仍然采用的是按学分选课、按学年收费的办法。其他各高校也处于与以上两校相似的状况。由于收费制度未能同步配套进行改革，致使许多高校陷于学分制管理与收

费制度"两张皮"、"换马不换鞍"的尴尬境地,学生不能充分享受"弹性学制"、自由选课制、主副(辅)修制等实行学分制所带来的好处,"以学生为主体,尊重个体差异,注重个性发展"的现代高等教育理念无法很好地得到应有体现。总之,甘肃省高校现行收费制度只是将传统学年制收费标准简单换算为单位学分学费标准,尚未深入到学分制收费的核心层面,大大限制了其应有功能的正常发挥,直接影响和制约着高校人才培养模式改革和深入发展。

在这种情况下,为进一步深化我省高校教学管理改革,完善高校收费管理制度,形成人才培养过程中良好的竞争激励机制,提高人才培养的整体质量,2009 年 4 月,在郝副省长的高度重视和热情鼓励下,省财政厅、省教育厅、省物价局、省监察厅联合组织了"甘肃省高等学校学分制收费改革研究"课题组。由各部门主管厅长任组长,主管业务处长为课题组成员,有关高校和业务部门负责人参加,对甘肃省高等学校学分制收费改革的必要性、可行性、基本思路和实施方案进行了深入研究。2009 年 4 月至 5 月,课题组先后赴浙江、江苏、四川、陕西和新疆维吾尔自治区进行考察,全面调研了省内外和有关高校学分制改革与收费的现状,形成了《甘肃省高等学校学分制收费改革研究报告》和《甘肃省高等学校学分制收费改革方案(草案)》。本研究报告和改革方案后又经课题组多次研究和论证,并报请省政府审定。

2009 年 12 月,经省政府同意,省物价局、省财政厅、省教育厅三家联合下发了《关于推行高校学分制收费改革工作的通知》(甘价费[2009]286 号)文件,决定我省本科高校自 2009 年起推行学分制收费改革工作,并确定兰州理工大学、兰州交通大学、甘肃农业大学 3 所高校的本科专业为学分制收费改革试点单位,2010 年起在省内本科高校中逐步推行学分制收费;文件同时要求各校要将本校实施学分制收费改革具体细化方案报省物价局、省财政厅、省教育厅核定后执行。2010 年 3 月,省发改委、省教育厅、省财政厅共同召开了甘肃省高校学分制改革工作座谈会。会上,兰州交通大学和兰州理工大学作为先期实行学分制收费试点单位介绍了经验,其他与会院校就本校推行学分制收费改革的相关准备情况进行了交流,这次会议对全省高校推行学分制收费改革起到了很好的推动作用。最近，全省本科高校正按照省上的有关要求，积极主动开展学分制收费方案的论证和上报工作。据统计，目前全省14所本科高校已有12所(除兰州大学和西北民族大学)向省级价格主管部门上报了学分制收费改革方案，待省上批准后正式实施。总之，我省本科高校学分制收费试点工作在郝远副省长的热情关心和正确指导下，经过各方面的共同努力，特别是经过兰州理工大学、兰州交通大学、甘肃农业大学3所高校的试点，目前进展比较顺利，已经有了一个良好的开局。

当然，我省高校在实施学分制的教改实践中，也遇到了许多困难和挑战，既需要我们有敢于开拓创新的意识，又要有认真慎重的态度来积极应对。其中影响较大的几个问题如下：

一是传统的教育思想观念制约了学分制改革进程。由于长期以来在学年制下“以教师为中心”的传统教育思想观念根深蒂固，实行学分制后部分教师和管理人员对学分制缺乏深层次的认识，学分制意识淡薄，还没有在观念上接受学分制，对推行学分制改革的积极性不高，在教学、管理中仍然沿用过去的教学、管理方法和手段，不能结合学分制改革的实际改革和创新；同时，部分学生的自主学习意识和能力不足，往往依赖于教师，缺乏独立自主的意识，在完全学分制条件下的学习主动性有待提高。

二是课程体系还不够完善，选课制实施效果不理想。学分制是通过灵活的选课制体现学生的个性发展，培养学生的创新精神和创新能力，以适应社会对人才的多元化需求，要达到这一目标，必须由与学分制相匹配的课程体系支撑来实现。而目前我省大多数高校现行课程体系模式统一，过分注重专业教育，强调专业课程的开设和学分，没有充足优质的选修课资源，不符合学分制的要求。另一方面，从目前选课制推行情况来看，由于缺乏有效指导，导师工作不到位，不少学生在选课时易出现盲目性，不从自身发展的角度选课，避难就易，避重就轻，形成“凑学分”现象，从而导致学生的培养质量很难保证，违背了学分制的初衷。

三是教学管理难度大幅增加，教学管理队伍建设滞后于学分制改革要求。完全学分制条件下，教学管理模式由群体管理转向个体管理，大大增加了教学管理工作的复杂性，尤其是学生在选课后，跨年级、跨专业、跨院系、跨校区的不确定因素同时存在，打乱了过去统一教学管理的模式，因而要求学校的教学管理必须及时跟进，必须建立一支高效的教学管理队伍。而从我省高校教学管理人员目前的情况看，一方面管理人员数量不足，结构不合理，编制普遍紧缺；另一方面，教学管理人员缺少进修、培训和提高的机会，在管理理念、管理水平和操作技能等方面都难以完全适应学分制管理的要求。

四是与学分制、学分收费制配套的制度、措施不健全，影响了学分制作用的发挥。由于我省高校学分制改革起步较晚，相关配套改革制度、措施仍需进一步健全和完善。目前高校在管理体制、办学条件、培养模式、就业制度、学籍管理、招生管理、学生管理、师资管理、收费管理、后勤管理等配套制度和措施上仍未完全及时跟进，使学分制施行过程中受到多方面制约，无法整体推进并达到预期效果。

六、加强各方面的制度建设，是推进学分制改革的根本保证

通过学分制改革在全省几所高校的试点，大家对在全省本科高校全面实施和推进学分制改革的重要性、必要性、可行性都已形成了共识，也初步有了一些比较成功的经验，这就为下一步在全省高校全面实施学分收费制奠定了良好的工作基础。我们应当在对兰州理工大学、兰州交通大学、甘肃农业大学的试点成功表示衷心感谢的同时，省教育厅和我们全省高校要在省发改委、省财政厅、省监察厅的大力支持下，继续认真做好学分收费制改革的全面推进，并要注意做好以下几个方面的工作：

（一）要进一步转变教育思想，树立新的教育理念

完善学分制改革，必须首先转变教育思想，树立以人为本的教育理念，不断突破传统和过时的教育思想观念的束缚，让学分制牢固地建立在相应

的教育价值观念的基础之上。一是要转变教学观。由以教师为中心的教育主体观向以学生为中心的教育主体观转变,从注重“教”转变为强调“学”,从强调教育的一致性转变为尊重学生个性发展,体现个性化教育,树立以学生为中心的教育思想和教育观念。二是要转变人才质量观,树立全面素质教育的思想,由以知识为中心向以知识、能力、素质为主要目标的教育质量观转变。三是要转变教学管理上的统一模式、统一要求的教育观念,以人的发展为本,由注重共性教育向注重个性发展的创新人才教育价值观转变。

(二)要进一步完善选课制,加强选课指导,提高选课的质量

1. 应制订更有弹性的培养方案。在新的培养方案修订中,要以选课制为核心制订教学计划,根据不同专业的人才培养要求和知识能力特点,合理确定必修课和选修课的结构与比例以及毕业所需的总学分。设置专业课程要突出主干课程内容,凝练专业特色;要进一步优化实践教学内容,突出实践能力培养,保证各实践环节的学分占总学分的比例,人文社会科学类专业不少于总学分的15%,理工农医类专业不少于总学分的25%。

2. 要建立完善的选课制度。加强选课与课程的管理,建立规范有序的选课流程,实行网上选课;建立教学指导体制,编印课程介绍和教学指导书,实行导师指导制,对学生的学习加以引导;扩大学生自主学习幅度,鼓励学生开拓性学习,建立奖励和创新学分,对课程体系之外的学习成果可给以学分奖励;辅以双学位制和主辅修制,弥补当前学分制的不足。

3. 要加强对选课的管理和指导。建立和完善导师制,聘请有经验的教师担任学生的指导教师,根据学生的学习基础、考试成绩等,指导学生合理安排时间和选修各科课程。帮助学生正确理解学校培养目标,把握本专业知识的整体结构和内在联系,帮助学生制订学习计划,指导学生选择专业方向,使每个学生的学习计划既体现个性化,又能达到培养目标的要求。

(三)要进一步加快构建高校学分制收费平台,建立健全按学分收费管理制度的进程

高校收费一直是社会各方面关注的热点和重点,从一种收费制度向另

一种收费制度转化过程中,要实现政策对接,必须严格按照规定程序进行,并需建立一套行之有效的收费管理制度，实行合理规范收费。各高校要按照相关规定制定学分制收费管理办法、收费实施细则等，严格规范学分制收费审批手续。在实施过程中要明确学分制收费对象和范围，规范收费标准、时间和方式,将收费工作纳入制度化轨道;严格执行收费公示制度,主动接受相关部门检查,接受学生、家长和社会的监督。政府相关部门也要构建行之有效的监督机制,要将监督机制公之于众,监督电话要进入校园。

同时,所有有条件的高校都要建立起学分制收费平台。按学分收费,从学生选课到学生对按学分计算的应缴学费的确认，整个过程工作庞杂,可变因素多。面对学生分阶段完成学业、学生的休学复学将会出现的收费对象、收费范围、收费金额不确定的情况,要求高校财务部门以现代电子网络和计算机软件技术为保障，依托内部管理局域网和互联网，建立一个可以与内部教学管理信息系统和外部银行储蓄管理信息系统相连接的高校学生收费管理信息系统，实现学校各部门的协作和数据共享，并能为相关部门提供关于高校的办学效益、办学成本、收费情况等方面的全面、详尽、准确的数据和决策信息。

(四)要进一步深化学分制教学管理制度改革,使学分制工作逐步走向规范化、制度化、科学化

要探索课程互选、学分互认制度。校际间教育资源共享,可以克服一些学校缺乏学分选修资源的不利条件，保证人才培养质量。教育主管部门应探索制定学分互修指导标准，鼓励在国内外同类型高等学校互相承认学分，构建与社会主义市场经济体制和教育规律相适应，不同类型教育互相沟通、相互衔接的学分管理体制，为学生提供更多的学习机会和更加灵活的学习方式。各高校也应积极探索校际间课程互选、学分互认制度,逐步实现校际间专业统一设置、课程互相开放、学分互相承认、教师互相聘用等,促进形成高等学校教育教学资源共享、优势互补。省教育厅将在有关政策方面予以倾斜和支持。

同时,要不断完善弹性学制。对提前修满学分的学生可随时办理毕业手续;需要学习两个以上专业的学生、学习有困难的学生或有其他特殊原因的学生经批准可以延长学习年限;鼓励有条件的学生停学创业,有经济困难的学生也可以暂时中断学习, 分阶段完成学业。停学和中断学习原则上以学年为单位,由学校规定时限。要严格把好学生的“出口关”,对于在规定学制内不能达到毕业要求者延长学习年限继续学习,直至修满全部学分,方可毕业。要做到这一点,作为学校的教务部门、学生工作管理部门,必须高度注意相互衔接和配合问题,不能在学生的注册和学籍管理上出现任何差错,更不能因为工作细节上的疏忽而给学生造成不必要的麻烦, 甚至影响学生的正常毕业和就业。

(五)要进一步完善“奖、贷、助、补、减”联动助学的资助体系,为帮助学生完成学业创造良好的条件

实行学分制收费后, 经济困难学生不但可以充分利用学分制弹性学制以及不同学期根据经济状况选择课程,而且高校要不折不扣地执行《国务院关于建立健全普通本科高校、高等职业学校和中等职业学校家庭经济困难学生资助政策体系的意见》(国发〔2007〕13 号)及其配套办法。落实国家奖学金、国家励志奖学金、国家助学金、国家助学贷款、生源地信用助学贷款、勤工助学、学费减免等多种形式的高校家庭经济困难学生资助政策体系,减轻家庭经济困难学生的缴费压力,确保他们能够顺利接受高等教育,绝不能因家庭经济困难而辍学。同时省教育厅要主动与人社厅等相关部门做好对接和沟通,并要积极制定相应政策,保证学生提前或推后一个学期毕业时能有畅通的就业渠道。

在落实国家相关资助政策体系的同时, 高校要创新家庭经济困难学生的资助办法,拓宽学生勤工助学的途径。要继续完善“绿色通道”制度,确保家庭经济困难学生顺利入学。已被录取入学、但确实家庭经济困难的学生,学校一律先办理入学手续,然后再根据核实后的情况,分别采取不同办法予以资助,绝不允许把已被正式录取的学生拒之门外。

（六）要进一步深化高校内部管理体制改革，降低高校管理成本，提高管理效益

目前，高等教育成本主要是依据高校日常运行成本来归集和核算的，即把已花费的成本纳入计算中，这样就很容易产生教育浪费。因此，科学核算高等教育成本，提高高等教育资源的使用效率，降低高等教育成本，是进一步完善高等教育成本分担体制的措施之一。一些没有为学生提供服务的项目应删除，对固定资产的评估与折旧核算应当准确。经费支出也应以支持教学、服务教学为重点，尽可能地降低高等教育成本，提高资源充分使用的效率。

（七）要进一步加大建立与按学分制收费相适应的监督监控机制的工作力度

在全省本科高校全面推进学分制改革，是一项非常复杂的系统工程，影响到社会的方方面面，关系到学校的方方面面。我们教育部门和各高校要真正把好事办好、实事办实，要把省发改委、省财政、省监察部门对我们的支持作为工作的动力，不仅要提高政策水平、工作效率，而且要通过改革的实践，不断总结经验，逐步建立健全科学合理、严格规范的监督监控制度。要做到五个确保：一是要确保教育消费者的知情权不受侵犯；二是要确保收费政策出台依据的公正、公平和客观；三是要确保有与新收费标准相匹配的教学质量和教育水平；四是要确保实行学分制收费政策后，任何高校都不允许再发生乱收费问题；五是要确保各高等学校都要科学地规定本校各科类应修学分数，坚持做到学分制收费制度下不出现学分膨胀现象。

总之，学分制改革是一项系统工程，也是一项新的工作，工作量大，涉及面广，任务繁重。各高校要严格按照省上的通知要求，进一步转变教育思想观念，适应新的发展要求；要树立科学规范的管理思想，加强标准化建设，修订和完善学分制管理的各项规章制度，扎实做好学分制收费的各项基础工作，突出各自的办学特色和水平；要认真落实教育收费公示制度，做好学分制收费后对学生的思想宣传和政策解释工作，积极稳妥、健康有序地推进我省高校学分制改革工作，促进我省高等教育事业健康有序地发展。

甘肃高校考试招生工作的回顾与展望

"十一五"期间,我省高校招生考试工作在省委、省政府和省招委会的正确领导下, 在各有关部门的大力配合和全省各级教育行政部门的辛勤努力下,特别是各级招生部门始终坚持以人为本、立足省情、着眼未来,不断解放思想、完善机制,深入推进"阳光工程",积极稳妥地推进各项改革,以"办人民满意的教育"为奋斗目标,以艰苦奋斗、勇于探索、开拓创新的精神,积极主动的推动工作,使我省高等教育事业迈上了新台阶。

一、"十一五"期间高校招生工作成绩显著

五年来,在各级党委、政府的共同努力与社会各界的关心支持下,我省教育事业取得了长足发展, 保障了人民群众受教育的权利。教育投入大幅增长,办学条件明显改善。教育改革逐步深化,办学水平不断提高。教育保障机制更加完善,高等教育大众化水平逐步提高,教育公平迈出坚实步伐。高等教育招生考试工作安全有序,录取平稳顺利,为办好人民满意的教育、维护社会和谐稳定作出了重要贡献。总体上看,社会比较满意,舆论健康向上,成绩十分明显。

(一)高等教育事业成就喜人,"十一五"规划目标基本全面实现

"十一五"期间,我省高等教育在积极创造条件不断扩大总量的同时,紧

密结合省情以及经济社会发展对人才的需求情况,进一步调整了结构,优化了布局,办学质量迅速提高;拓宽了高校基础设施建设的投融资渠道,不断加大投入,改善了办学条件;全省各高校采取有效措施,大力引进高层次人才,高校学科建设水平得到显著提升,高等学校科技创新和社会服务能力不断增强;教育信息化建设成效显著,带动了教育现代化发展,初步形成了一个充满活力、与我省经济社会发展相适应、布局结构比较合理、规模发展适度、具有我省特色的高等教育体系。

(二)高校招生规模不断扩大,生源质量稳步提高

2006 年我省普通高校招生报名人数为 248566 人,招生计划为 117237 人,录取人数为 117925 人;2010 年报名数、计划数、录取数已分别达到 290952 人、161650 人、178982 人。录取率从 2006 年的 47.44%(全国为 56.8%)增长到 2010 年的 61.5%(全国为 69.5%)。尤其是本科录取率从 2006 年的 22.43%增长到 2010 年的 31.5%,增幅达 40.4%。录取率的逐年提高以及本科录取率的大幅增长,表明我省高等教育招生规模不断扩大,生源质量稳步提高。2006 年我省高等教育毛入学率为 16%(全国 23%),2010 年已经达到 22%(全国 26.5%),高等教育大众化程度不断接近全国水平。

五年间,我省为各类大中专院校输送了 126 万多人,其中,博士研究生 0.4 万多人,硕士研究生 3.6 万多人,普通高校 72 万多人,成人高校 19.7 万多人,普通中专 28.7 万多人,成人中专 1.8 万多人。进一步满足了广大人民群众接受高等教育的愿望,为社会经济发展提供了强有力的人才保障,为把我省建设成西部强省作出了应有的贡献。

(三)结合省情,推进改革,努力提高招生考试管理水平

"十一五"期间,我省按照教育部"稳中求改、改中求进"的思路,积极稳妥地推进招生改革,不断完善考试制度,主要取得了以下成绩:

1. 2006 年我省率先在全国建立高考试卷保密室、值班室远程视频监控系统;同年,在全省建立了考场手机屏蔽系统。对考试安全保密和考风考纪起到了很大促进作用。

2. 2008 年建立了国家教育考试考务管理与服务平台，实现省、市（州）两级网络视频指挥系统和教育部指挥平台链接，在确保普通高校招生考试等国家教育统一考试安全、维护良好秩序等方面发挥了巨大作用，有力地推动了我省招生考试工作的现代化、信息化。

3. 严格规范了高考报名资格审查。2009 年，省招委会、省教育厅、省公安厅、省民委和省监察厅等五部门联合下发《甘肃省普通高校招生报名工作规定》，严格审查考生报名资格，按照“谁主管、谁审核、谁签字、谁负责”的原则，严格审查程序，有效遏制了违规报考现象的发生。

4. 深化艺术类、体育专业术科考试改革。通过近几年的改革，实现了普通高校招生美术类、音乐类和舞蹈类专业课全省统一考试。改进艺术类录取批次，为艺术类考生增加更多录取机会。重新修订体育专业考试评分标准与办法，细化体育教育专业方向，实行分类划线、分类录取。

5. 成功实施网上评卷。2009 年我省普通高校招生一举成功实现网上评阅试卷，使得评卷过程更加客观公正，评卷结果更加科学准确，评卷质量明显提高。

6. 稳步推进填报志愿改革。2008 年首次推行成绩公布后填报志愿，考生在“知分、知位、知线”的情况下填报志愿，增强了考生填报志愿的指导性；2010 年我省经过广泛调研，结合实际，认真组织，取得了网上填报志愿的成功。

7. 顺利实施藏文民语类考试过渡接轨。2006 年我省采用“3+藏文综/藏理综”考试模式。2010 年充分考虑甘南藏族自治州藏文民语类考生实际情况和维护民族地区的稳定，对甘南藏族自治州和武威市天祝县民语类考生采用“双计总分”的过渡办法。

8. 严格享受照顾政策考生资格的审核。省招委会、省教育厅、省监察厅、省人口委、省体育局、省台办、省侨办、省科协等八部门联合发文，进一步加强享受照顾政策考生资格审核工作，严格实行责任制和责任追究制及省、县、校三级公示制度。

（四）全面实施“阳光工程”，建立公开透明的招生工作体制

2005年，全省高校招生系统发起全面深入实施“阳光工程”的大行动，紧紧围绕公平公正这个核心，从制度建设、信息公开、从严管理、优化服务和加强监督五个方面加大建设力度。五年来，我省高校招生“阳光工程”深入人心，招生战线内抓管理从严治招，外树形象取信于民。通过建立高度的信息公开机制，进一步规范和细化了信息公开的内容和形式，进一步加大了信息公开的力度。按照“六公开”的要求，通过《招生通讯》、我省网站和省内各新闻媒体及时公开招生政策、招生计划、招生章程、录取结果等，切实维护考生的信息知情权、公平竞争权、自由选择权。严格执行省、县、校三级公示制度，考试期间公开咨询、申诉及投诉电话，考后成立信访接待室，为广大考生答疑解惑，全面提升了服务能力和水平。同时，纪检、监察部门派人全程监督，加大对考试、录取过程的监督，加大对违纪、舞弊问题的处理力度。在关键环节，邀请省人大、省政协等有关部门及新闻媒体监督指导。把招生工作完全置于群众监督、法制监督、民主监督、舆论监督之下，端正了风气，严肃了纪律，促进了公平公正，提高了政府管理的诚信度、国家招生考试的公信度、人民群众的满意度，得到了广大考生和社会的普遍认可。

（五）以人为本，积极创造条件，尽最大可能满足广大考生的升学愿望

五年来，我省积极主动采取措施，争取计划，不断提高升学率，满足广大考生愿望。一是遵照省委、省政府领导的指示，省教育厅、省招办的负责同志主动赴全国各地为我省积极争取计划；二是录取时主动加强与在我省招生的省外本科高校联系，争取调剂性计划；三是提前给生源丰富的重点院校致函，提供学校投档线上生源情况，争取学校在投档的120%以内多录考生；四是省招办在录取中主动热情地给院校提供全方位服务，为争取计划创造条件；五是积极申请教育部多投放“西部协作计划”；六是省内本、专科高校都能够顾全大局，为考生着想，积极挖潜，争取多录考生；七是积极应对自然灾害，给考生最真切的人文关怀。根据政策和实际情况，我省对2008年地震灾区、2010年舟曲泥石流灾区考生采取积极有效的特殊措施分别录

取的办法,最大限度地满足了灾区考生的升学愿望,为灾区考生送去了最根本、最现实的扶持。采取以上措施后,极大地缓解了我省高校招生的升学压力,给全省人民办了实事,广大考生得到了实惠。

可以说,“十一五”期间,我省高校招生工作实施“阳光工程”以来,有效规范了高校招生和学生报考行为,增强了招生的公信力,推动形成了公开、严谨、高效的招生工作运作机制,切实维护了考生的利益和教育公平,不仅为维护教育形象、端正教育行风作出了贡献,也用扎扎实实的高考招生工作成效把省委、省政府对全省人民群众和广大考生的关爱之情落到了实处。

二、立足现实,正确认识国家教育考试改革与发展的形势

目前,我省的高等教育已同全国一样,开始从过去的“穷国办大教育”转变和跨越到今天的“大国办强教育”这一历史性阶段,以国家中长期教育改革规划纲要的颁布为标志,我国高等教育站在了新的历史起点上。面对人民群众的新期待和教育形势的新发展,我省的高校招生公平公正与人民群众的需求矛盾依然突出,高考改革工作仍然任重道远。主要体现在:

(一)人民群众对高校招生公平公正的诉求与经济社会总体发展水平和现实制约的矛盾

当前,人民群众对招生考试、招生公平公正的呼声越来越高,维权意识越来越强。但受历史原因造成的教育资源配置不均衡和制度不完善、诚信不健全、不正之风干扰等因素影响,教育公平不能一蹴而就,尤其我省处于西部经济欠发达省份,教育投入受经济水平制约较大。因此,必须通过继续加大投入、加快改革,推动经济社会协调发展,逐步实现、不断促进高校招生公平公正,不断提高人民群众对教育、对高校招生工作的满意度。

(二)人民群众对“有学上、上好学”的渴求与高教资源特别是优质资源相对不足的矛盾

随着社会阶层流动的加快和个人实现自我价值意识的加强,老百姓对子女接受优质教育的渴望越来越强,高考承载的社会责任越来越沉重。尽

管每年录取率都在提高，但我省高教资源特别是优质资源相对短缺的结构性问题依然存在。因此，必须进一步努力逐步调控、合理配置优质教育资源,不断满足人民群众“有学上”之后“上好学”的需求。

(三)增强人才选拔方式多样性与大规模统考招生单一性的矛盾

内涵式发展要求我们深入推进素质教育,提高人才培养质量。在促进学生全面而有个性的发展方面，更加注重个性的发展。高考既要继续发挥大规模考试简便、高效的优势,也要更好地与办学培养模式多元化、个人发展需求多样化相适应,解决好考什么、怎么考的问题。因此,我们要通过内在的深层次改革,促进高考内容、考试形式、评价标准、选拔方式与素质教育要求有机结合,使高考制度更具生机和活力。

(四)保持正常招生秩序与维护社会和谐稳定的矛盾

人民群众对高考改革的要求很高,不同群体对改革的诉求也不尽相同。可以说,高考不改革不行、改得不稳妥不行、改得不好更不行。今后一个时期,随着我国适龄人口高峰的降低,我省一些高校必然出现生源比较困难、招生数量明显下降的现象，一些高校必将面临着人才培养入口质量及维护高校招生基本秩序的严峻挑战。因此,我省的高考改革既要坚持走稳步、又要改革不停步,这就必然要求我们要处理好改革、发展和稳定的关系,确保考试招生工作规范有序。

高考关系千家万户的切身利益、关系民生、关系社会的和谐稳定,是具有政治意义和全局意义的重要工作。高考上接高等教育,下连基础教育,对素质教育的实施、人才培养的选择影响很大。我们全省各级教育部门、各级各类学校必须正确认识国家教育考试改革与发展的形势，正确认识高考的地位和作用,围绕促进教育公平、提高教育质量这两个重点,按照教育规划纲要的部署,积极稳妥、有序地推进高考制度改革。

三、展望未来,全面落实教育规划纲要,继续推进高考改革

“十二五”的五年,是全面落实国家中长期科技、教育、人才规划纲要,

加快教育改革发展的五年。站在2011年实施“十二五”规划的起点，我们在总结过去五年工作成就的同时，按照《国家中长期教育改革和发展规划纲要（2010—2020年）》中优先发展、育人为本、改革创新、促进公平、提高质量的工作方针，结合省情，继续推动我省高等教育事业、高校招生考试工作科学发展，提高我省教育现代化水平。

（一）要立足省情，进一步明确我省高校招生改革目标

2010年，我省立足实际，根据《国家中长期教育改革和发展规划纲要（2010—2020年）》，制定了《甘肃省中长期教育改革和发展规划纲要（2010—2020年）》，明确提出：“到‘十二五’末，高校办学条件大幅改善，办学规模稳步扩大，高考录取率达到全国平均水平，高等教育毛入学率明显缩小与全国平均水平差距。办学能力明显增强，教育教学质量、科研创新和服务社会能力明显提升。要以考试招生制度改革为突破口，克服一考定终身的弊端，推进素质教育实施和创新人才培养。按照有利于科学选拔人才、促进学生健康发展、维护社会公平的原则，探索招生与考试相对分离的办法。建立和完善适应素质教育要求，分类考试、综合评价、多元录取的考试招生制度，发挥考试招生在公正选拔人才、维护教育公平、保证质量方面的重要作用。研究制定考试改革方案，指导考试改革试点。统筹和组织各类招生、招聘考试。”进一步明确了我省今后教育事业发展的目标以及高校招生工作的任务。

（二）要着眼长远，进一步提高高等教育质量

高等教育要发展，必须立足基本省情，借鉴先进经验，紧密围绕全省经济社会发展需求和人才培养需要，把优化结构、强化基础、提高质量、突出特色、增强创新与服务能力作为全省高等教育的工作主线，把提高质量作为高等教育发展的核心任务，实现高等教育工作重心从外延发展向内涵建设、从规模扩张向质量提升转移，推进全省高等教育持续、协调、全面发展。高校招生工作作为高等教育的重要组成部分，要紧密配合，服务于高等教育。根据教育部及《甘肃省中长期教育改革和发展规划纲要（2010—2020年）》

的要求，通过推进高考改革，逐步建立分类考试、综合评价、多元录取的考试招生制度。主要任务有四项：一是通过完善各渠道升学途径，改革高等教育自学考试、成人高考，办好开放大学，探索不同类型学习成果的互认和衔接，逐步改变“千军万马过独木桥”的状况；二是通过完善高中学业水平考试和综合素质评价，探索多元录取的模式，解决一考定终身的问题；三是通过深化考试内容和形式改革，积极推进高职院校建设和条件成熟的高职院校单独招生考试改革试点，促进高考与素质教育的有机衔接；四是通过积极争取支援中西部地区招生协作计划，完善高校招生名额分配方式，继续实施好“阳光招生”，规范和调整高考加分，强化高校招生信息公开工作，进一步促进高校招生公平公正。

（三）要适应发展，进一步推进高校招生“阳光工程”，促进高校招生考试工作改革顺利进行

当前，我国教育事业进入了新的发展时期，迈出了新的步伐。《教育规划纲要》对我国未来十年教育事业的发展进行了全面的谋划和部署，把促进教育公平作为国家教育的基本政策。教育公平是社会公平的重要基础，考试招生公平又是教育公平的重要组成部分。招生“阳光工程”是实现招生公平的基础性工程，关系到党和政府的形象，关系到教育的形象。实施好“阳光工程”对于教育事业的发展和社会的和谐稳定具有十分重要的意义。

1. 要继续坚持不懈地严抓考风考纪，确保考试绝对安全。国家教育考试是政府行为，是国家选拔培养人才的重要途径。考试安全保密是高校招生工作的生命线，考风考纪是高校招生公平公正的重要方面，是社会稳定的基础，关系千万家庭和考生的切身利益。我们要始终将考试安全保密和考风考纪工作放到首位，做到警钟长鸣、常抓不懈，不得有丝毫的松懈和麻痹。今后我们要继续严格落实责任制和责任追究制，高度重视安全保密和考风考纪工作，全力推进标准化考点建设，狠抓不懈，确保考试安全，确保良好的考风考纪。

2. 要继续坚持不懈地加大信息公开力度，全面落实“阳光工程”。“阳光

工程”作为高校招生的一项基本制度，要继续坚持教育部“六个公开”、“六个不准”的政策，结合招生考试工作进程和舆论关注的热点，把握宣传的时机、重点和方式，在招生的各个阶段我们都要实实在在地采取公开、透明、阳光操作的措施，适时地、实事求是地把政策规定、报考条件、学校情况、诚信考试、录取规则、助学通道、防欺诈警示等考试招生各个阶段考生须知、应知的基本内容和要求通告新闻媒体，及时告知广大考生，切实做好政策解读、志愿填报、信访查询等方面的服务工作。省、市、县三级要进一步建立多渠道、多形式、快捷方便的信息公开渠道，接受考生查询和咨询；明确高校招生报名、考试、录取各个阶段信息公开的内容和要求，防止违规招生和体制外招生，高校要主动规范招生行为，自觉营造和维护公正有序的招生环境；要进一步加强享受照顾政策考生资格审查及公示制度工作，维护良好的考试招生环境和公平、公正、公开的招生录取社会形象。

3. 要继续坚持不懈地继续优化服务，构建方便快捷的招考服务工作体系。进一步加强“阳光高考”信息平台建设，不断完善招生工作信息化建设，将服务贯穿于招生工作全过程。坚持贯彻“向考生负责、为院校服务”的宗旨，在高校招生全过程中，规范、明确信息发布的方式、内容、时间和要求。在报名、考试、录取三个主要工作阶段，全面、准确、及时发布相关招生信息，确保录取工作全程透明。要充分结合招生考试进程和舆论关注的热点，把握宣传的时机、重点和方式，在各个阶段定期召开新闻发布会，适时地、实事求是地把政策规定、报考条件、学校情况、诚信考试、录取规则、防欺诈警示等通告新闻媒体，告知广大考生。正确引导突发事件的宣传报道，避免渲染炒作，做到信息公开及时。高考成绩查询方式，做到甘肃省招生办公室网站、电信、移动、各地招办查询等多种渠道，提供免费和付费供考生自主选择的查询服务。继续做好第一时间公布各批次各高校第一志愿投档分数线，缓解考生和家长的焦虑心情。录取结果采取每晚在甘肃省招生办公室网站公布和逐级传至各市（州）、县（区）招办的方式，供考生随时免费查询。采取省、县、校三级公示方式，对特殊类型考生进行公示，接受社会监督。成立省、市、县三级信访机构,主动及时接待来信来访的考生和群众。录取中从广大考生的利益出发,广泛征求落榜高分考生意见,妥善解决高分考生落榜问题。

4. 要继续坚持不懈地严明纪律,坚决查处各类招生考试违规违纪行为。各级教育监察部门要与招生考试管理部门密切配合,围绕“严防出现试题失密泄密事件,严防发生有组织的大规模群体性舞弊事件,严防高校违规录取或体制外招生,严防因自身工作失误造成大的社会影响”这四个防范重点,进一步加大监督检查力度。严格执行高校招生责任制及责任追究办法,严肃查处各种徇私舞弊、弄虚作假案件。严禁将录取行为与收费挂钩。对未经教育部核准计划擅自招收的学生或未经省招办办理录取手续的学生,一律不予新生学籍电子注册。对有关学校或招生工作人员的各种违规行为,一定要按照《国家教育考试违规处理办法》和《教育部关于实行高等学校招生工作责任制及责任追究暂行办法》的有关规定,坚决进行查处,维护纪律的严肃性和高考的公信力。对招生考试中发生的有关违纪违规问题,不仅要追究直接责任人的责任,还要追究分管领导的责任;对因工作失职造成严重不良影响的,要追究有关部门和主管领导的责任;对瞒案不报、压案不查的,除追究有关部门的责任外,还要追究教育纪检监察部门的责任。

5. 要继续坚持不懈地进一步加强招生考试队伍的思想建设、作风建设。要继续加强招生考试队伍建设,在思想建设、组织建设、作风建设上有新的突破,进一步提高招生管理干部的业务能力和知识水平,提高监考人员的责任心和反作弊识别技能。各级招生管理干部和涉考人员要切实增强事业心和责任感,进一步提高工作的质量和效率,提升服务招生事业发展、服务广大考生、服务招生改革的水平,努力建设管理科学、技术过硬、作风优良的招生队伍。要把以人为本、科学发展、构建和谐社会的精神和宗旨具体化,要将考试招生各个阶段针对考生的应尽之责落到实处,想考生之所想,急考生之所急,在进一步提高招生服务水平和工作质量上多下工夫,让招生考试工作更能体现人民意志，做到党和政府放心、社会满意、考生和家长满意。

2011年是“十二五”开局之年，给我们带来了新的发展机遇，也带来了严峻的挑战。尤其是《教育规划纲要》的颁布实施，把我国教育事业带入了历史最好时期，也为我省高等教育和考试招生事业明确了方向。我们全省各级教育部门、各级各类学校必须围绕促进教育公平、提高教育质量这两个重点，以对党和人民高度负责的精神，更加高度重视，更加精心组织，更加扎实工作，继续努力，不断完善高等教育招生考试体制改革，进一步提升高等教育大众化水平，为建成西部教育强省和人力资源强省作出新的贡献！

建设和谐校园的思考

一、坚持不懈抓发展是构建和谐校园永恒的主题

经济全球化给我们带来更加先进的科学技术和先进的管理方法，不仅使西方的价值观、道德标准、行为取向、是非概念等呈现出多样化的趋势，而且也对我们的价值观、道德标准、行为取向产生了很大的影响；社会主义市场经济体系不断完善，人员的组织方式、流动方式发生了重要变化。为了积极应对国际国内形势的变化，团结和动员全党全国各族人民齐心合力、聚精会神地加快有中国特色的社会主义现代化建设，胡锦涛总书记提出了“八荣八耻”，成为我们共同努力实践的目标。如何努力实践好“八荣八耻”，充分调动各方面的积极因素，营造平安和谐的校园，为学校的发展创造一个比较宽松、良好的环境，这不仅是高校党委工作的主要任务，也是高校广大师生员工的热切期盼。

当前，全国教育系统正在认真学习贯彻党的十七届五中全会精神和全教会精神，研究制定“十二五”教育发展规划。高等教育事业健康、稳步、有序的发展，办学规模、办学水平、办学效益、办学特色等成为各高校之间竞争的重点，也成为广大师生员工和全社会共同关注的热点和焦点。在这种激烈竞争的形势下，发展不仅是高等教育的客观需要，也是所有高

等学校师生员工共同关心的根本利益所在。发展已经成为更加合理的整合教育资源、提高教育教学质量、增强办学效益的唯一出路。改革开放几十年来的实践,尤其是我省高等学校快速发展的成果一再证明,任何一个地区、任何一个单位、任何一所高校,要向前发展就必然会遇到各种困难和阻力,但只要能够克服困难和阻力,就必然能求得事业上的发展。也就是说,小发展大困难,大发展有困难,不发展最困难,解决困难靠发展。因此,我们在构建平安和谐的校园环境中,必须紧紧抓住推动学校各项工作全面发展这一主题。

(一)我们要清楚地认识构建和谐校园的深远意义和它的重要性

1. 构建和谐校园是落实科学发展观的内在要求,以人为本作为高等教育科学发展观的价值内核,贯穿在高等教育的方方面面。以人为本包括两个方面:一是学校办学以人为本,教师是办学的主体;二是学校教育以学生为本,学生是学校发展的主体。建设和谐校园是落实以人为本的科学发展观的需要。以人为本,就是要关心人、尊重人,就是要促进人的全面健康发展,就是建立使师生员工身心愉悦的物质和精神环境,构建和谐校园体现了这种要求。

2. 构建和谐校园是全面建设和谐社会的必然要求。一方面,构建和谐社会为和谐校园建设提供了持续的动力,一个幸福、公正、和谐的社会,将为和谐校园的建设提供良好的外部环境;另一方面,实现和谐校园,将直接为和谐社会的发展提供智力支持和技术支持。

3. 构建和谐校园体现了学校发展的价值取向,体现了学校的软实力。追求个人、知识、社会的和谐发展将成为21世纪大学理念的价值取向。一所大学的发展应该是软实力与硬实力共同提升,尤其是软实力。软实力指的是学校的凝聚力、吸引力和向心力。构建大学和谐校园,营造高品位的文化氛围,让学生在这个氛围中去思考、去理解、去感悟,净化灵魂,升华人格,完善自己,这种和谐使学校的内在凝聚力、内外吸引力和向心力等各方面都能够得到发展,这也正是学校软实力的一种体现。

4. 构建和谐校园充分体现了党中央关于建设社会主义和谐社会的本质要求。构建和谐社会是一项复杂的系统工程,高等教育作为社会系统中起着十分重要作用的组成部分,在构建和谐社会进程中扮演着不可替代的重要角色。它以教育公平为改革主体,以促进人的全面发展为根本目标,以弘扬优秀传统文化为主要内容,以人才培养为新的增长点,以维护安全稳定为硬指标,体现了党中央关于建设民主法治、公平正义、诚信友爱、充满活力、安定有序、人与自然和谐相处的和谐社会的根本要求。同时,构建平安和谐校园是保障高校育人功能实现的重要途径。高校既是一个相对独立的系统,又是一个开放的系统。说它是一个相对独立的系统,是因为高等教育有它自身发展的客观规律和应遵循的办学原则,它有很强的学术性质、科研性质,完全不同于其他党政机关或企业生产单位;说它又是一个开放的系统,因为在高等学校里各类人才济济,学科群体和专业设置层次复杂,是一个人才荟萃、知识密集的地方。信息传递快,不仅与社会联系紧密,而且对社会经济发展、社会稳定起着十分重要的作用。作为高等学校,不仅要主动适应社会、服务社会,还要在社会主义精神文明建设等方面成为社会的楷模。

(二)在构建和谐校园的过程中应着力处理好以下几个"和谐"关系

1. 学科发展的和谐。构建和谐校园,首先要做到学科发展的和谐。高校要保持各个学科之间的布局合理、互相支撑、协调发展,既要建设好重点学科和特色专业,使学校的最大优势充分发挥,又要兼顾一般常设学科和新设学科,这是科学发展和学科发展本身的要求。高校对学科和学院布局的调整,包括建设新校区、成立新学院、申办新专业等,都是进一步优化学科布局、加强学科协调的重要举措。人事工作也要积极配合学校的学科调整,在人才的引进和培养方面、在对不同学科人才的评价与管理方面多做工作,把不同学科的人事关系协调起来,形成各类不同的人才发挥各自不同的作用,也就是我们常说的"人尽其才,物尽其用",从而促进各学科的协调发展。

2. 规模与质量的和谐。处理好规模与质量水平的关系，其着眼点是稳定本科生规模、积极发展研究生教育，落脚点是提高人才培养质量，保持学校规模、结构、质量之间正确的辩证关系。规模是质量的基础，质量是规模的关键，没有质量就没有规模，没有规模也就没有效益。同时要坚持多元化的质量标准的发展观，既要有精英教育的质量观，给少数智商发展水平高的学生提供优质的个性化发展空间，更要树立大众化的质量观，给大多数学生提供成长成才的平台和空间，使规模和质量二者和谐发展。

3. 人的发展与学校发展的和谐。人的发展与学校发展的和谐，要做到两个统一：一是要尽力做到使教师的个人发展与学校发展的和谐统一；二是要尽力做到使学生的个性发展与社会需求的和谐统一。学校管理应该始终以人的发展为本，着眼于人的终身发展，着眼于学校的长远发展。只有实施人本管理，才能把全校师生凝聚在一起，共同把学校的教育教学推向新的台阶。

人本管理是人们通过多年的管理实践逐步形成的一种管理思想和模式。在学校实施人本管理，其核心是把人置于学校管理的中心地位，尊重人、理解人、关心人、激励人、教育人、保护人，充分开发人的潜能，实现人与学校的共同发展。一个实行人本管理的学校，其基本管理思路就是将人置于管理过程的中心，将以人为本作为学校共同的价值观体系的核心，以成员的集体主义行为为基础，达到调动成员的积极性、主动性和创造性以及在推动学校发展过程中实现人的全面自由发展的目的。

4. 校园文化设施与学校发展的和谐。高等院校的校园文化设施建设应该包括两个方面：一方面是硬件建设，必须根据实际情况有序推进，目的在于营造更加整洁的校园环境，为学生的学习和生活提供更好的设施和条件；另一方面是软件建设，必须融入高校自身的文化理念和价值观，目的在于营造更加浓厚的学术氛围，为学生的成长和成才提供更好的环境和氛围。硬件建设和软件建设要同步推进，相辅相成，相得益彰，才能发挥最佳效果，努力营造更加整洁的校园环境和更加浓厚的学术氛围。

5. 科学精神与人文精神的和谐。科学精神与人文精神两者的有机整合、真正融合，是21世纪全球文化发展的总趋势，是构建和谐校园的基本要求。有科学精神的人文教育，才是有价值的人文教育；同样，有人文精神的科学教育，才是有价值的科学教育。人文精神和科学精神之间的关系具有依存性、一致性和包容性。人文精神既含有发展社会、发展文化的精神因素，也包括发展科技的精神因素。同样，科学精神中既含有科学技术的精神要素，也包括促进社会发展和终极关怀的精神要素。人文精神和科学精神在最高层面上是高度融合并和谐发展，关键还在于，要深刻理解科学与人文之间的内在关联，特别是深刻理解科学精神的人文性，在人文精神中加重科学精神的培养，在科学精神中注重人文精神的渗透等。

应当说，在处理这几方面的和谐关系，做好这些工作方面，我们高等学校的党政工团组织和各级领导都付出了大量的心血，做了大量艰苦细致的工作。无论是作为学校领导层面，还是中层职能机构和干部层面或是师生员工群体层面，长期以来，正因为大家都为之做出了辛勤的努力，才有了学校今天的发展局面，尤其是各二级学院组织开展的党的组织活动、思想政治教育活动以及师生员工共同参加的主题活动和各级共青团学生会组织在这方面开展的各种健康向上、丰富多彩的社会实践活动、校园文化娱乐活动，都为营造健康向上的校园文化氛围，陶冶广大师生的情操起到了积极的推动作用。学校内部的广播电视、宣传专栏等各种文化宣传阵地，也为活跃校园文化氛围起到了一定的积极作用；我们所进行的校内人事分配制度改革、教学管理改革等一系列的工作，也都不同程度地起到了一定的积极作用。但是，实事求是地讲，由于我们的大多数学校都是正在发展中的以教学为主的本科院校，我们很多学校的历史传统文化和长期积累的那种独特的文化品位、文化精神、文化氛围以及师生员工中长期形成的浓厚学术氛围和拼搏向上的人文精神还都远远不及建校早、规模大的老院校。也就是说，我们所在的学校独特的精神究竟是什么，风格是什么，什么东西最能代表我们这所学校的独特风貌，什么东西最能体现我们这所学校的特色，当人们走进我们这所校园的时候，会被什么精神、什么现象所吸引、所打动，都还不十分确定。客观地讲，从人、事、物、景、情五个方面，我们有的高校还没有明显地突现出自己的学校平安和谐校园的浓厚氛围。相反，有些客观存在的不良现象，还必须引起我们的高度重视。比如，有少数同志或者个别同志的心思和主要精力总是不能放在钻研业务、搞好本职工作上，而是整天奔波于部门之间、上下级之间，到处打听消息，把道听途说、捕风捉影来的只言片语作为"内部消息"或者"最新消息"在干部群众中四处散布；更有甚者，还有个别同志对于持不同意见或者曾经因其他原因产生过一些小矛盾的同志，总是耿耿于怀，千方百计寻机报复，不是到处散布对人家的不满，就是挖空心思地罗列各种线索对人家进行诋毁诬陷、投送匿名信，或向有关部门和领导"告状"，甚至不择手段地进行"恶告"，搞人身攻击。在这里，根据公开报道的国家有关部门破获的诬陷栽赃案例和平时所闻所见到的有关实际案例，我们不妨对"恶告"的表现及实质作一些分析。

"恶告"的表现及实质。所谓"告状"，是指当事人请求司法机关审理某一案件，也指向某人的上级诉说自己或别人受到这个人的欺负或不公正待遇，请求司法部门或上级予以公正解决。即使告状，也应在实事求是的基础上，遵守必要的规矩和程序。什么是"恶告"呢？顾名思义，"恶告"就是恶意告状，指出于狭隘、非法的个人利益和阴暗心理，对别人实行匿名诬告。"恶告"的表现形态和明显特征有许多种，但主要有以下几种：一是捕风捉影。听风即雨，道听途说，胡乱猜测，毫无根据地生拼硬凑，罗织罪名，陷害好人，所反映的情况与事实严重不符。二是夸大其辞。把一说成十，把芝麻说成西瓜，把个别问题说成普遍问题，把具体问题说成原则问题，把一般认识问题说成政治问题。三是"合理"想象。丢了斧头就断定邻人所偷，听说人家打扑克就说一定是赌博，依靠自己的"合理想象"和所谓逻辑推理，揣度事实，妄下结论。四是无中生有。胡编乱造，捏造事实，根据自己肮脏的"需要"移花接木、张冠李戴，甚至编造出某人与党中央不保持一致、背后谩骂某某高级领导人等谎言，肆意栽赃陷害，把脏水往别人身上泼。五是颠倒黑白。把是说成非，把功说成罪，为达到不可告人的目的，将毒蛇美化成天仙，将清官告成贪污犯，在他的笔下，真善美与假恶丑180度大转弯。六是恣意要挟。有的讲究"效益"，害人心切，担心"状子"发出后引不起重视，石沉大海，便在信的末尾写上"如不处理，将继续上告"云云；有的甚至扬言"这个问题如不解决"，就杀人放火，等等，以此来要挟领导。七是伺机中伤。在告状的时机上，有的也煞费苦心。通常是在干部考核、班子调整、晋职晋级时，或者在评功评奖、入党提干、上学出国时，自以为别人"影响"了自己被提拔使用或可能"占"了本属于自己的某个位子，便适时地操起"恶告"的大棒，恶意中伤，必欲除之而后快。更有人富有"远见"，居心叵测，当别人成为某方面培养的重点或新"苗子"时，小荷才露尖尖角，早将大棒打过去。八是"借刀杀人"。往何处告呢?这类人也是"匠心独具"。一般是认为上级领导、机关谁"管用"就往谁那里告，目的是借领导的批示和过问来诋毁别人，"整"倒自己的对手。实际是他自己忙乎了半天，提拔晋升本来就跟他毫无任何关系，也不存在别人挤占了他的"位子"。九是"欺世盗名"。在署名问题上，做贼心虚，常常借口怕打击报复，不署真名，通常是署"某单位广大群众"、"全体干部"、"几名共产党员"，等等。更为恶劣的是，还有假借别人真名"恶告"的。十是"瞒天过海"。有的为了不露马脚，逃避诽谤、诬告罪责，一般用电脑打印，自己不留一点笔迹；有的在投寄地点上，西城写信东城寄，城市写信农村寄，可谓机关算尽。"恶告"的表现凡此种种，不一而足。其实质，第一是歪曲事实，所反映的问题假多真少，或者根本就是无稽之谈；第二是不负责任，对所告之问题从来不承担后果；第三是浑水摸鱼，企图把单位搞乱，把人们的思想搞散，自己从中渔利；第四是损人利己，泄私愤，图报复，踩着别人的肩膀往上爬，用牺牲别人利益、集体荣誉和事业的代价换取自己的蝇头小利。从根本上说，则是品行恶劣、道德败坏的极端个人主义。

"恶告"的危害。"恶告"是一种恶劣行径，是典型的歪风邪气，是一颗

"毒瘤",其危害是很大的。一是扰乱上下视听,破坏稳定大局。好端端的一个单位,出现一个甚至几个"恶告"的,常常会搅得人心不安,正常秩序遭到破坏。在上级领导那里也会造成团团迷雾,甚至影响他们正确决策。二是干扰上级工作,导致劳民伤财。过去说"8 分钱查半年",现在的邮票是 8 角钱了,其恶劣影响也远不止半年了。如果查起来,要派调查组,要领导带队,要花差旅费,要找很多人谈话,什么问题没有也要写出调查报告,这要耗费多少人力物力!三是侵犯他人权益,消减积极因素。与事实不符的告状信闹得沸沸扬扬,本来一位品行端正、为人正直、工作能力很强的同志,只因为敢于开拓新的工作局面或性格耿直而得罪了本单位少数同志或个别同志,由于这些个别人的恶作剧反倒让想干事、能干事的人成了被告者,对被告人的名誉和威信无疑是很大损毁,常常会给被告人带来严重的精神负担,极大地挫伤其工作积极性,有的甚至会酿成惨剧。其结果不仅直接影响了本单位事业的发展或者重大改革工作的推进,而且使本单位、本部门大多数干部职工的根本利益受到了严重的损失。四是涣散内部团结,离间同志关系。恶告者在暴露之前,一般隐蔽较深,被告者就会怀疑张三怀疑李四。周围群众也会猜这估那,这就造成大家之间互不信任。以往的深层次矛盾也会被诱发,造成人心涣散,关系紧张,朋友分手,兄弟反目。五是助长不良风气,败坏单位形象。"恶告"的多了,尤其是一时"得逞"了,必然造成好人受气、坏人得意,正派的人吃亏、搞阴谋诡计的人占便宜。这样单位的风气就坏了,有志之士就会离心离德,群众就会上街骂娘,上级领导和机关对你这个单位就会冷眼相看,单位的凝聚力和战斗力就会受到极大影响,甚至会影响到干部职工正常的职称晋升和工作调动,影响到上级对单位的支持力度和社会对单位的信任程度。

多行不义必将身败名裂。"恶告"者总是自作聪明,利令智昏,以为自己做得漂亮,神也不知鬼也不觉,其实他打错了算盘,那点不留笔迹之类的雕虫小技,只能欺骗自己。鲁迅先生早就警告过这类人:"捣鬼有术,也有效,然而有限,所以以此成大事者,古来无有。"都是以害人的目的开始,以害己的结果告终，搬起石头砸自己的脚，这是“恶告”者的必然下场，古今皆然，毫无例外。

要旗帜鲜明地反对“恶告”。“恶告”的原因很多，如不能正确对待组织、别人和自己，不学无术，嫉贤妒能；组织纪律观念不强、法律意识淡漠，存有侥幸心理；信念扭曲，利己主义、自由主义等腐朽思想严重，心胸狭窄，心理阴暗；道德败坏，置他人利益、集体荣誉于不顾，唯恐天下不乱。从根子上分析、从认识论角度来看，主要是缺乏辩证唯物主义和历史唯物主义的世界观、方法论，缺乏远大理想和高尚情操。因此，反对“恶告”，关键是解决好世界观和人生观问题。反对“恶告”，作为各级党组织和领导来讲，也负有重要责任。要在重视单位思想政治教育和精神文明建设的同时，加强教育疏导，理顺情绪，提高所属人员的思想境界，构建积极和谐的人际环境；要公正用人，科学管理，合理分配，努力化解各类利益群体之间的矛盾；要充分利用各种有效的正面教育、党团组织生活等时机，开展积极的批评和自我批评，创造有民主又有集中，有纪律又有自由，有统一意志又有个人心情舒畅、生动活泼的那样一种政治局面，以消除滋生“恶告”的土壤。当然，对于不接受批评教育，不认真总结和反省自己的错误，坚持一意孤行的个别人，绝不能姑息迁就，一旦发现，应当让他受到群众舆论的谴责和党纪党规的处理。

在我们的现实生活当中，这些个别同志的所作所为确实与我们构建平安和谐校园的要求格格不入，与在高等学校工作的一名受过高等教育的人应具备的思想道德品质和做人的最起码的道德格格不入。为什么有的同志心思不在工作上，总是千方百计地想法算计别人和诋毁别人呢？就是因为这种人不懂得做人的基本道理，对自己的言行没有一个基本的把握和制约，根本不懂得该做什么，不该做什么；对别人没有一个基本的比较客观的认可和评价，不懂得怎样尊重人、理解人；对同事和朋友没有一个基本的最起码的诚实和信任，不懂得只有对别人的诚实和信任，才能换得别人对自己的诚实和信任；对工作没有一个基本的负责态度和应有的热情，不懂得对事业负责、对本职工作负责就是对自己负责、对家庭负责；对个人的追求没有一个基本的正确目标和合理定位，不懂得正确地认识自己、把握自己，不知道自己能干什么、适合干什么、能干成什么。这种人总觉得世界对他很不公平，好像谁都欠了他的。也许有的人在本意上很可能也不愿意这样做，只是因为受个人根深蒂固的错误思想的支配和修养程度所限，做出一些不健康的，既严重有损于别人、也对自己无利的事。在这里，我们很善意地建议这些同志，一定要重视你的思想，因为它支配你的行为；一定要重视你的行为，因为它养成你的习惯；一定要重视你的习惯，因为它反映你的修养；一定要重视你的修养，因为它代表你的人品；一定要重视你的人品，因为它代表你活着的价值。总而言之，构建和谐社会也好，构建和谐校园也好，构建和谐机关也好，首要的问题是人的问题，包括人的思想、人的观念、人的品德、人的修养，乃至胸怀和度量。

人作为社会关系的总和，在认识和改造客观世界的过程中也在认识和改造自己。同时，人作为万物之灵，又都有自己的思想、情感和需求。任何人在成长过程中，都非常需要得到别人的理解和支持。大家不是都在说理解万岁这句话吗？理解能够增添动力、激发活力。在社会生活的实践中，我们每个人都需要得到别人的理解，而一旦得到人们的理解，我们就会增加克服各种困难、继续努力向前的勇气。懂得理解别人的人，就会主动关心和帮助别人，就会看到别人的长处和优点，甚至也会发现曾经反对过自己或者仍然对自己有意见的人的很多优点。有一则故事很能说明问题。当年，俄国著名作家屠格涅夫因为欣赏一篇题为《童年》的小说，便四处打听小说的作者，并态度明确地表示对小说的充分肯定和对作者的充分理解之意。小说的作者由于得到了前辈的理解和肯定，受到了很大的鼓舞和激励，从此刻苦钻研于小说创作而一发不可收，最终成为享誉世界的文坛巨擘，这个人就是伟大的文学家列夫·托尔斯泰。这个事例说明一个简单的道理，就是在日常生活当中，当我们能够给一个需要理解和帮助的人真心给予及时的理解、肯定和帮助，有可能会改变这个人一生的命运；而当一个人在最需要理解、肯定和帮助的时候,我们给他的是冷漠、嘲笑甚至是落井下石,很可能就因此而毁了他的一生。因此,我认为能够懂得理解和尊重他人,不仅是一种做人的美德和智慧,而且是积德积福、为人行善的大好事。"人上一百,形形色色"。我们每一个人都生活在社会中,彼此之间难免存在利益的差别、思想的分歧,但更具有一致的目标、相通的感情,更需要相互的支撑、相互的理解。而能否做到这些,主要取决于我们每个人的思想道德修养程度如何。

作为在高等学校里从事教育教学工作的每一个同志,或者在教育部门工作的公职人员,我们中间绝大部分人都是受过大专以上高等教育的,有的还是硕士、博士、博士后。因此,我们必须清楚地认识到,对于我们每一个人来讲,个人自身修养的价值应当大于所获知识的价值。知识与修养是立身之本,也是成事之基。知识与修养的关系是一个永恒的话题。知识是人们在改造世界的实践中所获得的认识和经验的总和。观念形态的知识以语言、文字、图表等形式固定下来以后,就具有了可传承性和习得性,成为人们在生产、生活、工作中经常运用的一种工具。也就是说知识可以使人聪明、可以使人高尚、可以使人增强创新能力,但知识并不能让每一个人都高尚。所以,对每一个人来讲,修养和品德就更加重要。修养指的是人们在思想道德、品质品格和精神境界等方面经过锻炼和培养而达到的一定水平。一个人的修养如何,一个重要的方面就是看他如何运用所掌握的自然知识和社会知识去对待生活、对待工作、对待他人。我们大家常说知识就是力量,关键看我们用所学的知识产生的是什么样的力量,是有利于社会、有利于同志和朋友的正面力量,还是有损于社会、有损于事业、有损于同志和朋友的反作用力量。人类从刀耕火种、结绳记事发展到新科技革命和知识经济时代,知识发挥着重要的、不可替代的作用。作为自然知识重要表现形态的科学技术,在当代更发展成为推动社会进步的"第一生产力"。然而,人类知识的积累、科学技术的发展从来都具有两面性,运用得好,能为人类自身造福;运用不当或为恶人所用,则可能导致知识的"异化”,成为祸乱之源。例如,人类对核能的开发,开辟了利用能源的新途径;但核武器的出现,却使人类笼罩于自身制造的死亡阴影之下。近年来渐趋成熟的克隆技术,同样带有鲜明的双刃剑特征。就个人而言,知识既可以成为完善自身、服务社会的手段,也可能成为欺世盗名、违法犯罪的工具。目前社会上存在的形形色色的“学术腐败”、“高科技犯罪”,就说明了这一点。由此可以看出,仅有知识是不够的。不断提高思想道德修养,正确运用所掌握的知识,对现代社会的公民尤其是知识分子来说,显得愈益重要。从一定意义上可以说,修养的价值大于知识。

丰富知识是一种学识积累,加强修养是一种品德历练。这两者都是一个艰苦的过程。然而,人类社会发展进步的过程表明,同知识的获得相比,修养的提高似乎难度更大。大概也正是由于这个原因,我国古人十分强调正确处理修养和知识亦即“德”与“才”之间的关系。儒家所谓的“三不朽”——“太上有立德,其次有立功,其次有立言”,就把德行修养作为最高追求。北宋政治家、史学家司马光认为,“才者,德之资也;德者,才之帅也”。也就是说,才是德的基础,德是才的灵魂,二者密切联系,但德是第一位的。显然,这并不是简单的重德轻才,而是在深刻把握修养与知识的内在关系后得出的结论。在我国学术思想史上,固然有心口相背、言行不一的“乡愿”,但真正为后人所景仰的大家,肯定不仅仅是因为他们“才高八斗”、“学富五车”,而更多地是因为他们既具有广博的学识,又具有高尚的情操。

近现代以来,社会分工日趋复杂,学科分类日益精细。很多分支学科都从哲学这个大而全的“母体”中分离出来,分门别类地发展壮大。人们认识和改造世界的深度和广度、能力和水平,都远非古人可比了。知识的传承和拓展,也不再如亚里士多德所说的只是“闲暇者的一种嗜好”,而成为学者赖以谋生的一种职业。学科研究的精细和学术的职业化,也达到了前所未有的程度。与此同时,某些背离人们初衷的负面效应也渐渐显现,一些学者终其一生都在一个非常狭窄的学科范围内开展研究,对此之外的学问知之甚少。他也许能成为某个知识领域的“专家”,却未必具有必备的人文道德素养。学术职业化在客观上带来了工具理性与价值理性的紧张关系,知识和学问在一些人眼中只是一种“为稻粱谋”乃至沽名钓誉的工具,而消解了正义、良知等价值理性的神圣光环。特别是在有关机制或制度不健全的情况下,学者工具理性的膨胀往往容易引发急功近利、剽窃造假、以“学”谋私等“学术浮躁”和“学术腐败”现象,进而导致学术研究和道德水平的双重退化。有鉴于此,许多有识之士大声疾呼:学术研究须注入人文关怀,确立学术规范,加强道德自律。这也提示我们:知识与修养的关系在新的时代条件下具有了新的内涵;“修养的价值大于知识”,应当成为我们教育工作者特别是担任一定领导职务者的一种共识。

生活的现实告诫我们,“尺有所短、寸有所长”。我们每一个人不仅精力有限,而且自身都不同程度地存在一定的短处,也就是我们常说的不足之处。如果每一个人不把主要精力放在充分发挥自己的长处上,而是把主要精力放在如何改进自己的短处和不足上,甚至把更多的精力和时间放在去发现别人的短处和缺点上,那么,发挥自己长处的精力和时间显然不够用。因此,在现实的生活和工作中,无论对别人还是对自己,我们都应当把注意力放在充分发挥长处展现自己的优势上。作为任何一个组织的领导人,就应当尽可能合理协调地安排使用好每一个人,为每一个人最大限度地发挥个人的聪明才智创造尽可能良好的条件。这就好比木匠用料,必须因质取材,而不能求全责备。能做大梁的自然要上房顶,能做板材的当然要用作门窗,能做篱笆的也只能围墙护院。这样所有的木材全都有了用场,使资源得到了充分利用。用人也是如此,不在乎你是干什么工作、身居什么位置,而是干什么工作、在什么岗位能把你的作用发挥得最充分、你的心情最愉快,这才是最佳的效果。

人类是智慧的生物，因为造物主创造的每一个人都有自身的不足之处,而各种各级社会组织机构的出现可以说是人类最伟大的发明。组织机构和它的领导者可以通过合理调配而解决人与人之间的优势互补、取长补短的问题。比如,张某头脑灵活、思维敏捷、热情大方,王某忠厚老实、吃苦耐劳、不善言辞,这两人合作肯定是最佳搭档;李某工作经验丰富、成熟干练、遇事沉着冷静、善于正确判断,赵某热情活泼、敢想敢干、关键时刻勇于负责,这两人合作也肯定是最佳伙伴。作为组织和领导者的责任,就是要创造机会让每个同志的短处由别人给予弥补,这就达到了我们大家所希望的优势互补、扬长避短。如果真正达到了这样的效果,不仅会大大提高工作效率,而且会大大促进组织之间、人与人之间、上下级之间和谐关系的建立。当然,这里面最起码要具备三个条件:一是领导必须要有科学的领导艺术和较高的用人水平;二是组织所属的人员必须要有良好的心态和服从协调的自觉性;三是组织和个人之间、上级和下级之间必须要有很好的交流和沟通,达到相互理解的一致性。就目前的现状来讲,需要各级组织各级领导应当具备的第一个条件方面,还是很不完善、很不理想的。尽管我们各级组织和大部分领导也确实在这方面做出了努力,力求把干部人事工作搞得更合理一些,使大家的积极性和创造性发挥得更好一些,但由于受主要领导或班子成员自身水平能力所限以及某些客观因素的影响,很多工作还不尽如人意。确切地说,我们的干部人事工作、人力资源的合理配置以及奖惩制度,还都离公开、公正、公平确实有很大的差距,在一定程度上也是直接影响校园和谐的主要因素之一。这仍需要我们大家和学校各级组织各级领导,尤其是学校党委全体成员在今后的实践中不断提高和加强,而绝不能由于我们自身的水平问题影响了学校的整体发展。所以,在我们每一个人的周围,无论是上级、同事,还是下属、朋友,都有需要别人充分理解和支持的时候,都有很多值得我们自己虚心学习的地方。所谓"三人行,必有我师焉",说的就是这个道理。一个懂得理解别人并善于向别人学习的人,在他把支持和力量给了别人时,也把激励和力量留给了自己。因为在他理解和支持别人的过程中,就已经无形中得到了别人的更多理解和支持,自己往往也能以人为镜,看到不足,找出差距,从而不断提高自己的能力和水平。在这一点上,我是深有感触的。我之所以能有今天，并不是我个人有多少本事、多少能力，而是因为我的领导、我的同事、我的朋友，还有很多虽然平时接触不多，或者还不相识，但又曾经在一个单位、一个部门工作过的人给了我很多的关心、理解和帮助。是这些领导、同事和朋友用他们的双手拉着我进步，用他们的肩膀给我搭起了向上的阶梯，用他们的宽容给我创造了改正错误、不断进步的机会。如果我们大家都能懂得理解别人，赞赏别人，就有利于形成融洽和谐的人际关系，有利于同事之间、上下级之间的沟通和交流。相反，如果一个人总是把同行、同事看成是冤家，看他人一无是处，“他是伤疤我是花、我最美丽他最差”，往往会引起不必要的矛盾和冲突，最终也会使自己难有作为，甚至自己毁了自己。只有学会理解别人、主动支持和关心别人、以诚待人的人，才能使自己的优势得到最大的发挥，缺点和不足得到及时的纠正。与此同时，建立和谐的人际关系，还需要我们每个人有感恩之心、报恩之情。古人说得好，“滴水之恩，当涌泉相报”。感恩是我们中华民族的优良传统，也是作为一个正直人最起码的品德。事实上，在我们人与人之间的相互交往中，很需要有一种感恩报恩之心。因为父母对我们有养育之恩，老师对我们有培养之恩，领导对我们有知遇之恩，同事对我们有理解和帮助之恩，朋友对我们有关爱之恩，社会对我们有宽容之恩。赠人玫瑰，手留余香，这是一个利人利己的事情，为何我们不去做好呢？一个经常怀有感恩之心的人，就会心地坦荡、胸怀宽广，就会自觉自愿地、高高兴兴地给别人以帮助，给别人以友谊，给别人以理解。就不会去有意地伤害他人、诋毁他人，更不会忘恩负义、以怨报德。而那种从来不知道感恩的人，也不愿意感恩的人，无论何时何地都是以个人和家人利益为重、为先，心里只能装得下自己和家人，从来不为别人着想，更不可能为了别人的利益而放弃个人的名利。有的人甚至怀有“我做不成的事你也别做成，我得不到的东西别人也不能得到”的一种仇视心理，只要对他自己有利，什么事情都干得出来。有时，为了个人的一点点私利，可以毫不顾忌地去伤害与自己朝夕相处的同事，伤害上级和下级，甚至连亲朋好友也可以陷害。这样的人多了，带给集体、组织、同事、朋友的只是灾难和伤痛，也会影响一个单位上下级之间、同事之间关系的融洽和谐。这种人到处都有，正直的人、一心干事业的人是防不胜防。我们没有能力完全阻止这种不道德的行为，但是我们可以做到“入污泥而不染，同流而不合污”。因为这种人占得了一时的便宜，尝得了一时的甜头，但最终会聪明反被聪明误，搬起石头砸了自己的脚，以害人开始而以害己告终，这是事物发展的客观规律，谁也无法避免；正所谓“种瓜得瓜、种豆得豆”，“善有善报，恶有恶报，不是不报，时辰未到，时辰一到，统统要报”，这一点我是相信的。因为我在长期的工作与生活当中，从来没有见到哪一个经常做害人之事的人会有好结果，他们的结果都是很可悲的。所以，我做人做事的底线标准，就是在我的工作和生活实践中，虽然确实无法避免不做错事、不说错话，但是我任何时候都提醒自己：在任何时候违背党的纪律和原则的话不能说；在任何时候亏人心冤枉好人的话不能说；在任何时候违法乱纪的事不能做；在任何时候昧良心伤害朋友的事不能做。简单地讲，政治上必须听党的话；经济上绝不能有发财的欲望；职务上必须尽职尽责，敢于担当；为人上必须知恩图报有良心。尤其是在我的工作每前进一步时曾经给过我帮助的人、在困难时候曾经给我关心的人，我会尽力通过不同的方式感恩他们、报答他们，我永远记着他们，终生难忘。我认为这是我做人和做事最起码的道德底线。如果连这最起码的都做不到，何谈品德高尚和思想上的先进性呢？又何谈领导干部的风范呢？尽管我是这样提醒和要求自己的，但在实践中，由于自身修养不够，水平能力所限，确实在过去的工作中已经说了不少错话、做了不少错事。尤其是二十多年来，长期工作在主要领导岗位上，由于各方面的主客观原因，无疑做了很多错事。比如，作为主要领导，曾经没有把一些有本事、信得过、靠得住的好同志及时安排到领导岗位上，而伤害了一些好同志、好干部的思想感情；也由于没有严格按照原则办事而感情用事，造成了一时的认人不清、看人不准，把能力虽较强，但人品很差的个别人用到了不该用的工作岗位上。因此，不仅为品行不端的人提供了助长歪风邪气的机会，而且也挫伤了一些好同志、好干部的积极性。回想起来，深感痛心。作为领导干部来讲，确实应当认真反省，这对我来说是很大的教训和警示。这都是需要我在今后的实际工作中不断克服和改进的重要方面。总之，我的体会，在现实的社会生活当中，人与人相处不仅是一门学问、一门艺术，更是一个道德问题。只要我们每个人都能用理解代替误解，用真诚代替虚伪，用宽容代替苛求，用支持代替指责，人与人之间，如师生之间、同事之间、上下级之间就会多一分温馨和关爱，我们的校园就会多一分和谐。从这个意义上来讲，构建和谐校园或者和谐机关，既是历史对我们大家提出的一个新课题，也是需要我们大家努力传播的一种新文化、新风尚。

二、关心师生员工切身利益是构建和谐校园的基础

众所周知，我们党的宗旨是全心全意为人民服务。坚持全心全意为广大师生员工做好服务工作，就是党的宗旨在高校的具体体现。我们努力实践"三个代表"和科学发展观的重要思想，落脚点就是落在为广大师生员工办实事、解决实际困难上来。学校的各级党政组织和各级领导，只有真心实意地为师生员工做好应做的工作、办好应办的事，才能真正得到大多数师生员工的拥护和支持，也才能广泛地团结广大师生员工，形成一心一意谋发展、聚精会神抓建设的良好局面。

现在，我们全省教育系统和我们各个学校的"十二五"规划正在研究和制定之中，办学定位、办学指导思想以及长远的发展目标，都会更加明确，关键的是要组织和动员全体师生员工，以积极向上的态度和饱满的工作热情，扎扎实实地落实到各项具体工作之中。学校各级党组织和党务工作者，要在科学整合思想政治工作资源的基础上，积极探索新形势下加强党建和思想政治工作的新途径、新方法、新内容。通过有效的工作，在校内营造一个有利于学校向前发展的和谐的内部环境，从而调动一切可以调动的积极性，挖掘一切可以挖掘的潜力，创造一切可以创造的条件，让广

大师生员工心情舒畅地工作、学习、生活。特别是尽力让副高以上的高级知识分子的作用得到更加充分的发挥，让青年教师健康成长的环境更加宽松,让广大学生都把精力集中到努力学习和健康成才上。作为学校各级党政组织和领导干部，要组织和带领广大教职工不遗余力地加快学校建设的步伐,要通过发展来加快学校办学规模、办学质量、办学效益的提高。实事求是地讲,这几年我们各高校的党政领导,都在致力于和党委一班人把这方面的事做好,但从目前的现状来看,确实还有很多令人不满意的地方。不仅广大教职工不是很满意,就是我们担任学校领导的同志自己也感到很不满意。正因为如此,各学校的领导,尤其是党政主要领导,都在千方百计、积极努力开创学校各项工作的新局面,改善学校的办学条件和发展环境。但是更多的问题,也只有在今后的工作中,在我们大家的共同努力下,才能逐步得到解决。

学校党委要按照“贴近实际、贴近生活、贴近群众”的要求,始终把解决师生员工切身利益的突出问题作为工作重点之一。“群众利益无小事”,关注群众利益,为群众办好事、办实事,既是营造和谐校园的可靠保证,也是营造和谐校园的基本目标。学校的广大师生员工知识丰富、勤于思考,每个人都富有独立的思考能力和辨别能力,任何人都不会盲从。而且知识分子更具有强烈的民主意识,善于发表自己的意见和建议。所以,各级党组织,特别是校党委,必须广开言路,认真听取来自各方面的批评和建议。这样既可以让大家把心里话说出来,又可以集中群众的智慧,发挥大家的积极性、创造性。我们还应该理直气壮地树立正气,抑制不良行为,净化、优化校园风气。优良的自然环境是我们大家健康生存的基本需要,良好的舆论环境和人文环境可以为我们大家提供健康的精神家园。实事求是地讲,现在大家都会感到不但不愁吃、不愁穿、不愁住,也不愁没车坐,很多教师和职工都买了自己心爱的小汽车，这就是我们高校教职工生活水平明显提高的体现,我确实为之兴奋、为之高兴。当然,也确实还有同志因为在本单位里还没有一个让人比较满意的精神轻松、心情愉快的人际关系氛围而发愁。在我们的日常工作和生活当中,经常因为不应该发生的是是非非和无原则的矛盾、纠纷使得人际关系错综复杂,也确实给一些同志造成了精神上的压力、工作上的负担。这些不良行为虽纯属极个别人所为,但它的影响极坏。用大家的话来讲,这是鼠辈之流、害群之马。如何防止和抵御这些不良行为对我们大家的侵害呢?一靠我们加强党的思想建设、作风建设,充分发挥广大党员的先锋模范作用和思想政治教育工作,用健康积极的东西抵制错误的东西;二靠用好的作风、好的行为去凝聚人心,使广大师生员工紧密团结、齐心合力,尤其是靠广大共产党员和党员领导干部自身的正气,以正压邪;三靠我们要加大依法治校、依法治教和综合治理校园的力度,让坏人坏事、不良风气失去生存的土壤;四靠我们大家都不信谣言、不传谣言,不信邪、不上当,端端正正做人,光明正大做事。大家都走正路,走阳光大道。那样,崎岖小道、邪门歪道自然就没多少人去光顾了,个别行为不正的人也就自然暴露在光天化日之下了。对于直接影响到校园安全、师生团结、政治稳定、学校声誉的人和事,要加大预防措施,做到防患于未然。也就是说,应当建立预警机制,凡事预见在先,把各种不稳定因素解决在萌芽状态。因为我们在学校的建设和发展过程中,不可避免地会出现这样或那样的问题与矛盾,如果处理不好,就会酿成事端,不但分散领导的精力,影响教职工的情绪,干扰学校的正常发展,不利于和谐校园的建设,而且会严重影响学校在社会上的信誉度和投资渠道的畅通。因此,我们大家都要以学校主人翁的精神来关心和重视构建平安和谐校园的建设问题,要设身处地为学校着想、为自己着想,要真正树立"校兴我荣、校衰我辱"的主人翁精神。

三、从"和而不同"到和谐共处是构建平安和谐校园的必然过程

我们所要构建的和谐校园,是指文明向上、协调有序、宽容大度、安全稳定的校园,其具体内容主要概括为:宽、公、善、和。

“宽”,主要指营造宽松、宽容、宽厚的环境,激活学校的整体创造力,真正确立师生员工在学校的主体地位。就是要形成激励、支持先进,抵制歪风邪气,大家共同积极向上的良好氛围,使一切有利于学校发展进步的良好愿望和举措得到充分的尊重和支持,使所有脚踏实地、勤奋工作、敬业爱岗,为学校建设与发展努力作贡献的人得到充分的肯定和应有的回报;就是要在学校发展的基础上,努力为师生员工的全面发展创造良好的物质文化环境,实现学校与师生员工的共同发展;就是要坚持把改革的力度同师生员工的心理承受能力结合起来,兼顾不同层面师生员工的利益,化解矛盾,协调各方面的关系,确保师生员工安居乐业、身心健康。也就是说,要通过我们长期坚持不懈的思想宣传教育和正面引导工作逐步把原来控制人、管理人、约束人转变成为发展人、引导人、尊重人、关心人,不断增强师生员工的自信心、自尊感和自由度,使他们树立强烈的主人翁意识,激发大家关心学校、热爱学校、建设学校的热情,为学校发展注入活力,确保学校各项事业快速、健康、协调地发展。当然,要真正实现这个目标,并不是一年两年的事,更不是只争朝夕的事,而是要经过一个较长时期的循序渐进的工作过程才能逐步实现。

“公”,是指用“公开、公平、公正”的原则加强学校的民主政治建设。学校要坚持依法治校、依法治教,实行校务公开、民主决策、民主监督、民主管理,在教职工代表大会制度的基础上继续拓宽教职工参政议政的渠道,落实教职工对学校重大问题和校务的知情权、监督权、决策权,紧紧依靠广大教职工管理好学校,促进决策的民主化、科学化。只有这样,才能树正气、祛邪气,调动广大教职工的积极性,才能形成强大的凝聚力。置身于这样的校园环境中,学生才是快乐的,教师才是快乐的,干部才是舒心的,工人才是高兴的,领导班子才是从容的。也只有这样,每个人才能工作得顺心、学习得用心、相处得开心、生活得安心,这无疑是我们大家共同追求的真正的“和谐校园”。

“善”,就是指要倡导在全校“树善良之心、成善良之事、做善良之人”。

"善"就是要坚持以马列主义、毛泽东思想、邓小平理论、"三个代表"重要思想和科学发展观为指导，坚持社会主义理想信念，加强和改进师生员工的思想道德教育，弘扬以爱国主义为核心的民族精神和以改革创新为核心的时代精神，继承中华民族优秀的传统文化，学习现实生活中英雄模范人物的高尚品质和道德情操，努力践行"爱国守法、明礼诚信、团结友爱、勤俭自强、敬业奉献"的基本道德规范。"善"既是为别人，也是为自己。行善能使别人快乐，也使自己快乐，更能使自己的道德升华，使环境净化。即使在我们的党内民主生活会中，或者其他党内教育活动中，或者开展正常的党内批评与自我批评中，同志之间、党员之间、上下级之间都要有一种求和气、讲团结的良好愿望，任何时候要多看到别人的优点和长处，人家的缺点和不足尽量让人家自己认识、自己反省。我们不要苛求责备，也不要老是盯着别人的缺点和伤疤看不够，即便是要开展相互批评，也应当是诚心实意的、善意的、实事求是的，一就是一、二就是二，千万不能借题发挥，大做文章，更不能只抓其一点攻其全面。离开了诚心就谈不上求同求和。当然，作为被提意见者，也应当有一个正确的态度、宽阔的胸怀，以诚恳的态度虚心接受别人的批评或建议。毛主席曾经反复告诫我们，因为我们是为人民服务的，所以我们有了缺点就不怕别人的批评指正，不管是什么人，谁向我们指出都行，只要你说得对，我们就改正，只要你说的办法对人民有好处，我们就照你的办。总之，你行善、我行善、他行善，大家行善，我为人人，人人为我，就会家庭更温馨，邻里更和睦，人际关系更融洽，校园环境更文明，学校也就会和谐有序地健康发展。

"和"，就是指要营造我们大家都"心平气和、家庭祥和、政通人和、内谐外和"的氛围。"和"全面涵盖了人与人之间、学校与社会之间、学校与自然之间的协调融洽关系。"和"是一种哲学，"和"是一种道德，"和"是一种修养，"和"是一种艺术，"和"是一种境界。"和"能致祥，"和"能聚力，"和"能生财，"和"能幸福。"和"就是要简化、净化、优化人际关系，提倡"君子之交淡如水"，追求志同道合。"和"意味着按客观规律办事，意味着人与人优势互补,意味着众志成城。追求“和”的境界,就是要最有效地调动所有人的主观能动性、创造性,就是要最有效地利用各种自然资源、人力资源、社会资源,实现我们学校的更快发展。有两条短信大家都很熟悉,一条是:在地球别跟自然斗,在社会别跟组织斗,在单位别跟领导斗,在家里别跟老婆斗;一条是:钱多钱少够用就好,官大官小健康就好,家贫家富和气就好,你烦我恼理解就好,人的一生平安就好。尽管两条短信不一定完全正确,有它的片面性和消极方面,但它确实反映了人们对健康、团结、稳定、和谐的共同追求,反映了人们对美好生活环境和平安人生的追求,反映了人们渴望家庭和谐、单位和谐、社会和谐。这种良好的愿望说到底还是追求一个“和”字。

当然,要实现人与人之间的和,相互谦让、减少或者杜绝人与人之间无原则的抗争是前提。无论遇到什么事,每个人都能设身处地地为对方着想,也就是我们常说的将心比心,这件事情就好办多了,自然也就减少了双方之间不必要的精神损失或经济损失。这里有大家都比较熟悉的几个故事。一是在安徽桐城西街,有一条宽六尺、长约百米的小巷,人称六尺巷。相传康熙年间,一叶姓人家与当朝宰相张英家因宅基地问题发生争执,官司打到县衙。想必张家过于宽厚,或是为官实在清廉,邻里竟敢和他家打官司。当时的县官也是够可以的,竟然受理了当朝宰相的案子。张家管家只好函告张英,希望相爷能关照一下。谁知张英看信后,却批了一首诗寄回,诗曰:“千里修书只为墙,让他三尺又何妨?万里长城今犹在,不见当年秦始皇。”张家看罢信,立即吩咐让出三尺。叶家见张家让出三尺,遂也让出三尺。于是留下了今天的六尺巷。张英何许人也?看过电视剧《雍正王朝》的人都知道,康熙雍正年间,有一两朝宰相(军机大臣)张衡臣张庭玉,“金鸡报晓,勤勉侍朝”,深得皇帝信赖。张英者,张庭玉之父也。张氏父子,乃两代宰相。张英乃当朝宰相,一人之下,万人之上,莫说宅基地,天下什么不可得?但他却大笔一挥,让了三尺。张英若不让,谁能把他咋着?但话又说回来,如果不让,即便不留下以势压人的骂名,至少桐城要少两处古迹。今天,在桐城除了六尺巷外,还有一大小宰相墓,即张英张庭玉父子宰相墓。两处旅游景点,不但使张家父子被传为美谈,也为家乡增加了旅游收入,这些想必是二张所料不及的。仅此一点,张家就够意思于桐城人民了。张英让地,属于利让。二是廉颇蔺相如,则属于义让。在邯郸,有一回车巷,即记载了廉颇蔺相如将相和的故事。老将廉颇,自恃资格老,功劳大,看不起破格提拔的年轻宰相蔺相如,甚至几次拦路欲当众羞辱他。蔺相如倒是站得高、看得远,不和老头一般见识,见状即打马回车。有人问及蔺相如,蔺反问之:“诸位看秦王与廉将军谁厉害?我都敢在大庭广众之下斥责他(指和氏璧之事),为什么怕廉将军呢?”众人不语。蔺相如接着说:“秦国之所以不敢侵略赵国,就是由于有我们文武二人在。二虎相斗,必有一伤,获利的却是秦国。”众人闻之皆很佩服。廉颇听后,更是羞愧难当,遂背上一捆荆条,到蔺府请罪。自此,二人密切配合,共辅赵国,使秦长期不得侵犯,二人也才成为生死之交,还为后人留下了“负荆请罪”、“将相和”的佳话。

历史上因善于“让”而得以保全、得以流芳的例子不胜枚举,孔融让梨,成为千古美谈;管仲鲍叔牙经商,以让利著称,一时传为佳话,遂有“管鲍之交”,流传千古;尧不计私利,将江山让位给舜,尧舜禅让使二人成为历史完人。

与“让”相反的是争,其行为方式和后果与前者迥异。有一个“人彘”的故事,是说吕后妒忌刘邦宠爱的戚夫人。戚夫人不知好歹,以为受宠,就忘乎所以,不择手段地为儿子如意争太子的名分。结果,刘邦一死,吕后掌权,先杀了她的儿子赵王如意,戚夫人则被弄聋双耳,弄瞎双眼,灌上哑药,砍去双足,丢进茅房,只有当人彘的份。吕后也太狠毒了点。可戚夫人若早知如此,又何必当初?同是刘邦姬妾的薄夫人,就比较明白“让”的道理,小心翼翼,从不张扬,凡事都让着吕后。刘邦死后,虽被发配,但终得以保全。周勃除诸吕,其时刘邦的儿子已经被吕后杀得差不多了,只剩下薄夫人的儿子刘恒,遂被请出,立为汉文帝。由始文帝及儿子景帝至孙子武帝,有了文景之治和汉武帝的文治武功。

因相争而亡命最可笑的还是“二桃杀三士”的故事。相传春秋时,齐国齐景公时期,有三个大力士,一个叫公孙捷,一个叫田开疆,一个叫古冶子,号称“齐国三杰”。三杰勇不可当,却气量狭小,更不把宰相晏婴放在眼里。一天,齐景公设宴招待在齐国友好访问的鲁昭公。二位国君加二位宰相分主宾席就座,三勇士佩剑侍立于堂下。酒至半酣之际,晏婴端来六枚金桃,宾主四人各品尝一枚。所剩二桃,晏婴提议奖给三杰。话未说完,公孙捷走上来,说我曾打虎救主,该吃一个。晏婴说,该吃一个。古冶子接着喊道,我曾跳水救过主公,也该吃一个。晏婴说,也该吃一个。剩下田开疆,急得大叫,说我讨伐徐国,立过大功,难道不该吃吗?晏婴说,田开疆功劳比他们二位都大,可是说晚了。田开疆说:打虎跳水有什么了不起,我这样大的功劳却吃不着桃,有什么脸活着,遂拔剑自刎。公孙捷一看,大叫,我功小而吃桃,有什么脸活着,也自杀了。古冶子一看,更大喊说,他们都死了我也不活了,遂也自尽身亡。三个匹夫,为二枚桃子自杀,可笑也夫,可悲也夫,可叹也夫。

以上是为小利相争而亡命的故事,更有甚者,还有因一己之利相争而亡国的故事。明崇祯帝自杀后,江南先后建立了三个南明小朝廷,一个是南京弘光朝的福王,一个是会稽(今绍兴)的鲁王,一个是福建隆武朝的唐王。三个政权如果联合起来,也够多尔衮打一阵子的。可偏不,先是福王怕鲁王抢他的地盘,把他打发到南边去了。弘光朝灭后,鲁王唐王更应抱团才是。可他们却都以龙子龙孙自居,为名分大打出手。先是鲁王囚禁了唐王的使臣,接着是唐王杀了鲁王的使臣。没等朱元璋的两个后代自己杀完,清军已经长驱直入了。朱元璋在孝陵中如知道此事,当作何想?早知如此,生他们干什么?如果二桃杀三士可悲,三个南明小朝廷窝里斗实在可气。

三个赳赳武夫,三个小朝廷之君,亡命亡国,只为一争;张英、蔺相如传为佳话,只为一让。“让即是得,争即是失”,由此我想起老子《道德经》

中的话:"上善若水,天下莫柔弱于水,而攻坚强者莫之能强。"水是最柔的,"水善下成海,山不争极天";水又是最强的,发起大水来,不可阻挡。以柔克刚,此之谓也。这些故事生动地告诉我们大家一个不可否认的事实,这就是互相谦让有利大局,有利个人,无端的争斗有害大局,有害个人。

为此,作为一所学校也好,作为一个部门也好,我们每一个人,尤其是每一个党员干部都应当大做"和"的文章。我们要不断加强自己的道德修养,重视自己的人格完善。因为大家都清楚地知道,重视人格完善和强调人与人、人与自然之间关系和谐的思想和价值取向,贯穿在整个中国传统文化之中。这个信念和传统在中国悠久的历史发展中,对保持社会稳定、维护多民族国家的统一起过巨大作用。我们要构建社会主义和谐社会,应该而且必须充分发掘这个极其宝贵的文化资源,使之向现代转化,成为当代中国人的普遍信念,成为我们高等学校每一个人的信念。

构建和谐社会首先要提高人的素质。特别应重视人的人文素养,即珍视人的价值,保持人的尊严,崇尚道德情操和人格理想的追求;能够以博爱深广的心灵,去看待天地间一切有情、无情的物类,对于世间万物都给以热诚的同情。如果说西方文化倾向于求"真",属于"科学型文化",那么中国传统文化明显倾向于求"善",属于"伦理型文化"。伦理型文化主要关注的是人,关注人之为人的精神问题,同时关注人与人之间以及人与自然之间关系的和谐。

"天人合一"的思想是中国人最基础的信仰。它认为,人与自然、人道与天道是融会贯通的,即宇宙真理与人生真理是重合一致的。自西方工业革命300年来,人与自然的对立已经到了相当可怕的程度,在中国也不例外。人们对各类动物的乱捕滥杀,对森林树木的乱砍滥伐,对绿色草原的乱耕滥种,都造成了对自然生态环境的破坏,而最终受害的则仍然是我们人类。不是南边遭受水灾,就是北边遭受旱灾。这就足以说明了我们人类要很好地生存,必须保护自然,保护生物,与大自然和谐相处,才会使人类有安定平和的生活。所以,在今天重提"天人合一"的思想,意义非常重大。

1988年,一批诺贝尔奖获得者在巴黎聚会,其中,物理学奖得主阿尔文说:"如果人类要在21世纪生存下去,就必须回到25个世纪之前去汲取孔子的智慧。""孔子的智慧"显然是代指中国古代圣贤的智慧,亦即"天人合一"的思想。宋代杰出的思想家张载就把天、地视为人类的父母,进而说:"民,吾同胞;物,吾与也。"即天地间所有的人都是我的兄弟姐妹,所有有生命和无生命的物类都是我的朋友,这是何等宏伟博大的胸襟!古人这一平等对待自然的思想是极其宝贵的,在今天发扬起来,可以补救源自西方"戡天役物"的作为带来的弊端。

"和合"这个文化概念源于"天人合一"的观念,在古老的《周易》中就已形成。"和"的含义是性质相异的元素和谐地共处于一个统一体中,"合"的含义是共处于一个统一体中的异质元素在一定条件下相互沟通和融合。无论自然界还是人类社会,只有把各种不同的因素和力量合理搭配使之处于相对平衡的状态,才能使万事万物各得其所,成长发育,形成生机勃勃的繁荣局面。儒家经典《礼记》中关于"大道之行也,天下为公"的大同社会的描绘,就表达了传统社会的中国人对和谐、和平的太平世界的向往和渴求。在我国民间,人际关系讲"以和为贵",夫妻关系讲"琴瑟之和",家庭关系讲"家和万事兴",等等,都说明注重"和合"的价值取向已得到人们的普遍认可。

尤其值得我们珍视的是孔子提出的"君子和而不同,小人同而不和"的思想。"不同"而能够"和",才能够形成多姿多彩的和谐统一。在一个单位,一个部门,只有让各种不同年龄、不同职务、不同学历、不同性格的人友好地团结在一起,才能共同做好工作,也才能提高工作效率。任何事物一旦形成了本来不该有的统一,就必然会走向它的反面,这就叫物极必反。我们的国家是由多民族组成的,中华民族历来就是"多元一体"的格局,形成了色彩多样、内涵丰富的大社会,证明了"和而不同"思想的正确和可贵。

当然，我再三强调“宽、公、善、和”并非是不要原则，不讲政治，而是在我们努力构建和谐校园的进程中，在处理人与人之间，包括师生之间、干群之间、上下级之间的各类矛盾时，只要符合党和国家的方针政策，符合大的原则和规定，符合大多数师生员工的根本利益，任何事情我们都应当在宽容大度的前提下本着“和而不同”的原则，经过细致的调查研究和细致的思想政治教育工作，经过坦诚相见的沟通，最终一定能达到和谐共处的目的。大家可以想一想，我们党在抗战期间，无论对国民党还是其他民主党派的方针，只要统一抗日，什么问题都可以谈，都可以达到共同；现在我们党在处理台湾问题上又提出，只要坚持一个中国的立场，那就什么问题都好谈。那么，我们作为革命队伍的同志和党内的同志，难道还有什么根本利害冲突的问题不能沟通和达到基本一致呢？同志之间、上下级之间，有什么想法、意见和分歧，就不能双方诚心实意地交换一下，换位思考一下，为什么非要闹个我成你败、我上你下甚至鱼死网破的悲惨结局呢？值得吗？依我看确实不值得。因为在现实生活中，无论多么强大的人都有他最致命的弱点，再弱小的人也同样有他强大的一点，如果任何一方肆无忌惮、毫无约束地去做事，造成的结果必然是两败俱伤，毫无例外。也许会有人很侥幸地说，我自己干的，别人又不知道，怕什么？以前我就是这么干的，现在还不是挺好的。可你千万别忘了“给别人挖的坑最后都是自己跳”、“螳螂捕蝉，黄雀在后”，你做了那么多损人利己之事，你倒霉的时候只是迟早的问题，常言道：“若要人不知，除非己莫为。”

四、情感和谐的干群关系是构建平安和谐校园的先决条件

心理学研究表明，人在满足生理与安全需要之后，都希望能寻求一个自己所归属的群体，能在这个群体中获得尊重、关心、爱护和帮助。因此，作为学校的各级党政组织及其负责人，也就是我们在座的各位领导同志，除了应当关心爱护我们的教职工外，还应当真正学会尊重和赏识我们的教职工，尤其是要学会赏识我们的干部、教师。这就如同赏识我们自己所

从事的职业一样，让我们的广大干部、教师和每一个职工都沐浴在赏识的阳光下。这种赏识表现在工作中，作为领导干部首先要主动协调干群情感。我始终认为，已经因年龄而退休的老同志就是我们的前辈，他们的今天，就是我们的明天。在现任岗位上一起共事的不仅是我们的同事，也是我们的兄弟姐妹。大家能有幸在一起共事几年，就是一种难得的缘分，也是一种情分。上下级的关系、领导被领导的关系都是暂时的，而且是短暂的。今天我是你的领导，明天你可能就是我的上级或直接领导，任何一个能力再强、本事再大、身体再好的人，都不可能在某个岗位上干到底，都有按规定年龄退下来的一天。年轻干部的提拔任用，这是历史的必然，谁也无法阻挡，也不应该有任何阻挡行为。比我们自己能干的人多得是，为什么偏要今天我整你，明天你害我呢？现在感觉不到或者体会不到的话，等我们在不同时期退休下来再体会的时候，就会后悔莫及了，肯定会有人十分感慨、而又后悔当初不该做了那么多的对不住同事和朋友的事。当然，也会有人永远都不会反省自己，更不会真正意识到自己的错误。因为历史不会再让我们回过头来重新享受人生的青春年华，也不会有机会让每个人来世再重新做人。作为领导干部也好，普通百姓也好，我们自身的能力强不强、水平高不高、人品好不好，不是自己说了算，而是靠上级、同级、下级以及更多的人在与你的共事、交往、相处中用实际感受所给的公众结论才是客观的，也是你自己所干预不了的。所以我们在建立和谐的上下级关系和干群关系过程中，领导者要善于发挥“情感效应”作用，领导对干部、教师、职工真诚深厚的情感，是开启教职工尤其是教师美好心灵的钥匙，是激发广大教职工追求真理的动力，是建立和谐干群关系的关键。教职工积极的工作情感，可以使各自的具体工作别开生面，具有活力。因此，在做好教职工思想政治教育工作的具体过程中，我们担负领导工作的每一位同志，必须与自己的同事、部下，哪怕是一位刚参加工作的新同志去交朋友，建立同志式的纯朴的感情。这就是我们常讲的以情感人、以理服人。无论是在组织和领导自己所在单位、部门教职工开展每一项工作或是对教职工进行必要的宣传教育过程中，我们作为领导者，就应当对领导与被领导者之间、干群之间在期望、目标、观点上出现的一些不和谐的音符采取一种积极的、宽容的态度对待和处理。相反，如果我们对自己的教职工队伍、对自己周围一起共事的同志没有一种实实在在的友爱之情，对自己周围的同事缺乏一种信任之情，用过去那种阶级斗争的眼光去看人，就会感到到处都是敌人；用浓厚的老乡观念和个人小圈子的眼光去看人，就会认为到处都不是自己人；用拉帮结伙和小山头的眼光去看人，就会觉得到处都是仇人；用以小人之心度君子之腹的眼光去看人，就会以为到处都是坏人。所以说，作为任何一级领导，都应当允许自己的同事、部下、教职工存在个性差异，存在一些不影响大的原则和正常工作开展的缺点和不足。并应当主动地发现每一个同事、部下和教职工的"善良本性"，致力于挖掘他的优点和特点。因为，我们做领导的对自己的部下和同事的赏识若能与他们的意见、兴趣及心理特征相吻合，就完全有可能使他们的积极性、创造性得到更充分的发挥，更重要的是，一些不良行为或特征会随之被淡化和减弱。因此，我们做领导的学会了解不同人的心理状态和不同需求是很重要的，它可以让我们做领导的从"移情"中真正懂得赏识不同群体、不同人的不同特点。同时，我们做领导的应当主动改变过去那种"以领导为中心"、"领导绝对权威"的作风，要想真正了解和赏识我们的教职工，就应当允许和支持他们向我们提出各种不同的合理化建议和意见，哪怕是很尖锐的批评意见。只要是通过正常的渠道，只要是善意的，我们都应当虚心接受。俗话说"良药苦口利于病，忠言逆耳利于行"。让每个教职工尤其是让关心学校发展、为学校着想的同志有很充分地表白和展示自我的机会，并以此为契机激发他们的积极性、创造性，挖掘他们的特长和潜能，促使更多的教职工尤其是教师的个性自由发展，这样，才能培养出我们今天素质教育中所强调的具有独立人格、自我完善和创新精神的党政管理人才、企业管理人才、专业技术人才，也才能使我们的教职工队伍尤其是教师队伍的整体素质得到更快的提高。前段时间在先进性教育和科学发展观学习教育活动中，各学校在广泛征求广大党员和教职工意见时，大家对学校党委和学校的领导成员提出了很多重要的意见和建议，这对我们每个领导和党委的工作很有帮助，我更加觉得我们的广大教职员工的可亲、可敬、可爱。目前我们之所以有些同志不愿在学校工作，想调到南方去工作，我想除了南方的气候、待遇条件以及他们个人对某些利益的追求之外，也是因为我们的校园还不够和谐，人情还不够温暖，这些同志还感到有许多不满意之处，所以选择了离开学校的方式。为此，我们更加尊重和热爱能够安心留在学校里与咱们一起同甘苦、共患难，为学校发展继续努力的各位老师、各位同志。尤其是在座的全体共产党员、党总支书记、党支部书记和各位领导、各位专家学者，你们才是党委的后盾，才是学院的脊梁。只要我们有了一支以全体合格的共产党员为骨干力量的高质量、高素质的教职工队伍，就为我们构建平安和谐校园提供了最重要的先决条件。

五、领导班子协作共事、干群关系真诚团结，是构建平安和谐校园的基础

团结，历来是我们胜利的保证。党的十六届四中全会《决议》指出：提高党的执政能力，完成执政兴国的历史重任，必须加强全党的团结，加强党同人民的团结，加强各族人民的团结。可以说，对于整个党来说，增强团结是加强党的执政能力建设的一个重要内容。对于任何领导班子或任何一个领导干部本身来讲，团结不仅是一个水平问题、能力问题，也是一个政治素质问题和思想品质问题。

团结就是力量，团结出凝聚力、出战斗力、出生产力，团结出干部、出人才。这是大家所熟悉的也是经常挂在嘴边上的。而真正能从内心体会到它，并为之去坚持不懈地努力就很不容易了。

工作实践一再证明，大到一个国家或者一个地区或部门，小到一个单位能否加快发展，跟这里的领导班子是否团结、干部和群众的情绪是否稳

定有着直接的关系。班子团结，干部群众必然有一定的凝聚力和向心力，大家都想着单位事业的发展，盼望班子带领他们前进去推动各项工作的顺利开展；班子不团结，甚至勾心斗角、相互拆台、相互诋毁，必然造成干部群众人心惶惶，无所适从，甚至在干部群众中造成不应有的团团伙伙，其结果不但使正常工作无法如期开展，而且大家的心情都很压抑，都担心自己会不会跟错了人，会不会站错了队。试想在这种情况下，谁还有心思去认真抓工作，谁还有好的心情在这里生活？但是在我们的工作和生活的实践中仍然有个别的人，甚至个别领导干部，在做这种违背党心、民心和搅乱人心的伤天害理之事。甚至有的领导干部临到退休的一天了，还到处游说领导班子成员这个也不行、那个也不行，好像对谁都很不放心，只有他自己永远坐下去才合适。这些人并非不明白这里面的道理，也并非不明白这样做的危害，只是个人的私心杂念和小肚鸡肠的不健康心理状态导致他们做出与自己职务、职责、身份完全不相适应的事情。这是很不应该的，也是非常危险的。如不及时反省和纠正，很可能自己把自己推到了与组织和群众的严重对立状态，甚至是干了几十年领导工作，最后自己却成了孤家寡人。因此，对于我们每一个党员领导干部来讲，不仅要懂得尊重人、关心人、爱护人，也应当把增强党性观念和增强团结意识作为一个重要的学习内容和接受教育的过程。因为实践证明，无论多么大的领导，你如果不懂得尊重人、关心人、爱护人，只想凭所担任的职务和权力的威力开展工作，只能是短暂的，最终群众是不会认可的。尤其是我们有个别领导，对于自己的孩子、位子、房子、票子、车子，样样关心、样样着急、一样也不能少，只要有机会就什么也不放弃，而对班子成员和部下的切身利益、具体困难视若罔闻、漠不关心。一旦人家请求予以解决，就批评人家要求太多，甚至指责说人家以权谋私。如果和这种领导人一起共事，谁也不会长久坚持下去。

面对新形势和十分繁重的工作任务，我们每一个共产党员尤其是党员领导干部应当把重视团结、善于团结、爱护团结作为必备的一种政治素质来培养，作为一种思想境界来提升，作为一种能力来强化。把团结作为必备素质来培养，是因为领导干部的素质虽然是多方面的，但善于团结是其中的一个重要方面。领导干部要加强自己的党性修养，带头加强团结，不断提高自身素质和领导水平。既然党和人民把我们推到了这样一个领导岗位上，我们就应当时时处处以党的事业为重，以工作大局为重；应该有宽广的胸怀，有护人之心、容人之量，积极培养自己容人容事、不计恩怨的雅量，相互谅解、坦诚相见的气度，坚持在实践中能够做到大事讲党性、讲原则，小事讲友情、讲风格，胸怀坦荡、光明磊落。

我们要把团结作为一种思想境界来提升。大家应当清楚地知道团结共事的能力源于共同的理想和追求，源于对党的事业高度负责的精神。对于任何一位领导干部来讲，团结是美德，是责任，更是一种境界。要达到善于团结的境界，领导干部就必须以党的事业为重，以同志之间的真诚和友情为重，唯有如此，才能在工作中坚持党性，坚持原则，坚持真理，正确行使权力。用公道、公正和公平来团结人，形成团结的氛围，凝成团结的力量。能否做到精诚团结、聚精会神搞建设、一心一意谋发展，是衡量党员和党组织是否符合先进性要求的一个重要标志。我们应当把团结作为全校党员尤其是党员领导干部必备的一种思想境界来提升，善于把事业、原则和感情有机结合起来，以事业为基础，以原则为准绳，以感情为纽带，通过上下的齐心努力，通过全体党员和各级党组织的团结，来带动全校党员和广大师生员工的大团结。

我们要把团结作为必备能力来强化。团结是增强领导班子凝聚力、战斗力、创造力的保证。搞好全校的团结，首先要靠各级党政领导班子的团结和带动，而搞好领导班子团结则要靠班子每一个成员，但关键靠“一把手”。在团结问题上，对任何一所学校、任何一个单位的“一把手”的要求应更高一些。我们作为各级组织的“一把手”，一定要从我们自己做起，在任何时候影响团结的事不做，影响团结的话不说，宁肯别人委屈我们甚至冤枉了我们，我们做“一把手”的也不能有意去委屈别人、冤枉别人。因为在平时的工作中，经常由于我们对情况了解不够，或者主观片面而误解了很多好同志、好部下，如果再有意识、有准备地去误解别人、伤害别人，那就更不应该了。我想，只要我们尽心尽力地向好的方面去努力了，即使暂时甚至一个阶段得不到同事和部属的理解也不要紧，时间和事实会证明一切的。

总之，团结是稳定的基础，稳定是发展的前提，发展是稳定的目标。只要我们认真学习贯彻好党的十七届五中全会精神、全教会精神、省委十一届十次全委（扩大）会议精神，大家齐心合力、一心一意地为了事业的发展求得团结，维护团结，在团结中求得稳定，在稳定中促进发展，就会通过发展使我们更团结、更稳定。而只有全校的大团结才会有校园的稳定，只有以团结、稳定为基础，才能达到平安和谐。我想这一定是全校上下的共同愿望，让我们团结起来为之而努力奋斗吧！

后　记

《大学知行录》这本书是我学习、研究甘肃省高等教育理论和实践的一个阶段性成果，是在我主管高等教育工作数年间一系列专题报告的基础上，经过反复修改、补充和完善而成的。

在本书写作过程中，我得到了甘肃省委、省人大、省政府、省政协有关部门领导的热情指导和帮助，我的研究与写作也正是在省委、省政府对全省高等教育的总体部署框架下进行的。相关高等学校的专家学者也提供了翔实可靠的调查研究资料，并提出了富有价值的评论和建议。省教育厅高等教育处、科学技术处（学位办）、发展规划处、省高等学校招生办公室等处室的同事们，不仅为支持我做好高等教育工作付出辛勤的努力，还为我提供了第一手的资料。省教育厅各位厅领导和全体同事们在多年的工作中都给予我很多的支持和帮助，我对他们的无私奉献和热情支持表示最诚挚的感谢。我的家人也在本书的写作过程中，千方百计为我创造了良好的学习、工作环境，及时给我鼓励，感激之情难以言表。

特别感谢读者出版集团董事长吉西平同志，甘肃教育出版社社长、总编辑王光辉同志，责任编辑杨万玉女士、王文琴女士，省教育厅高教处全体同志，没有他们的大力支持和辛勤工作，本书是难以现在面世的。

本书内容大多来自我的工作实际，涉及面宽但研究仍不够深入，分析不够透彻，加之本人水平和研究功力都很有限，其中肯定存在诸多不足甚至错误之处，敬请各位领导、专家、同仁和读者不吝批评指正。

孙　杰

2011 年 10 月